出口食品生产企业卫生注册登记指南

李凤贵　主编

中国农业出版社

图书在版编目（CIP）数据

出口食品生产企业卫生注册登记指南/李凤贵主编.
北京：中国农业出版社，2006.11
ISBN 7-109-11240-3

Ⅰ.出… Ⅱ.李… Ⅲ.①出口商品-食品-食品加工-卫生管理-法规-中国②食品工业-工业企业-企业登记-基本知识-中国 Ⅳ.①D922.16②F426.82

中国版本图书馆 CIP 数据核字（2006）第 126870 号

中国农业出版社出版
（北京市朝阳区农展馆北路 2 号）
（邮政编码 100026）
责任编辑 舒 薇

中国农业出版社印刷厂印刷 新华书店北京发行所发行
2006 年 12 月第 1 版 2006 年 12 月北京第 1 次印刷

开本：787mm×1092mm 1/16 印张：13.25
字数：300 千字 印数：1～2 000 册
定价：40.00 元

《出口食品生产企业卫生注册登记指南》

编　委　会

主　　编　李凤贵

副 主 编　高思胜　卢晓中　张世金　胡正明　张昭谭

编　　委　李西峰　杨　弘　马佐喜　姜英辉　林　海

编写人员（排名不分先后）

陈林涛　李君实　辛　怡　王玉娟　王　玲　肖梅春　卜春玲　王华章　邹凤顺　徐春婷　刘　萍　张凤娟　孔轶群　孟昭宇　张　德　苏　俊　崔海英　刘文波　戚一达　李　群　李华阳

序　　言

光阴荏苒，悠忽港口西移三载已逝。历经几许寒暑，我们搜集汇编的材料得以郑重成稿。回首三年几经风雨的港口西移战略，几多艰辛、几多欢乐、几多荣耀，此书将为发展路上沧海之一粟。“不积跬步，无以至千里；不积小流，无以成江河”，正是日常的积累和总结，不断的启发和激励，方成今日之成果。

然而，“天下无粹白之狐，而有粹白之裘，取之众白也”，我们材料的完成，得益于许许多多良师益友的帮助，得益于千千万万图书资料的借鉴，感激之情，非我们寸管所能形容之。

“敬教劝学，建国之大本；兴贤育才，为政之先务”，我局正处发展之黄金点，科技兴检，人才兴检，为我局之要务；强基础、提素质为我局之根本，该书虽无更高之学术价值，但皆日常工作之积累和结晶，望能为同业者之参考，也为强基础之帮助；我相信，必将有大批有志于此者，坚韧执著，知其不可而为之，让我们的科技兴检、人才强检战略大放异彩。

今日之日，正是我们建设黄岛、突破黄岛之日；今时之时，正是我们振兴黄岛、发展青岛之时。近二十年来，开发区建设成绩卓然，昭昭为举世所共知共见，今后也必能松柏长荣、青春永葆。我局、我辈生而逢时，正赶前湾港腾飞之际，“男儿不展风云志，空负吾生八尺躯”，我们当把“突破黄岛”铭之于心，捐私利，效公益，跻身于建设黄岛之行列，奋身于振兴青岛之伟旅，为昌明盛世尽绵薄之力。

今当出版，情不自禁，欣然命笔写出我之所感，愿与诸位同仁共勉，并以此作为序。

2006年10月

前　言

食品安全卫生问题已经引起国际社会的广泛关注。有关国际组织及世界各国都从不同的角度，加强了对食品安全监督的立法，强化了市场准入和进出口环节上的政府监控，采用食品安全卫生控制的理论体系，实现了“从农场到餐桌”的全过程控制。

为加强出口食品生产企业的监督管理，保证出口食品的安全和卫生质量，2002 年 4 月 19 日，国家质检总局*第 20 号令发布了《出口食品生产企业卫生注册登记管理规定》，自 2002 年 5 月 1 日施行；2002 年 3 月 20 日，国家认监委**发布了《食品生产企业危害分析与关键控制点（HACCP）管理体系认证管理规定》，自 2005 年 5 月 1 日执行。

为了更好地贯彻执行国家质检总局和国家认监委的规定，指导企业建立和实施卫生质量体系和 HACCP 体系，加强对出口生产企业人员的培训，规范检验检疫人员行为，提高依法行政的能力，我们组织人员编写了《出口食品生产企业卫生注册登记指南》。该书参考了国家质检总局和山东检验检疫局的许多文件规定，在此一并表示感谢。

欢迎使用人员对本书的内容和存在的问题提出宝贵意见，以便做出修订。

编　者

2006 年 3 月

---

* 国家质检总局为国家质量监督检验检疫总局的简称。

** 国家认监委为国家认证认可监督管理委员会的简称。

目　录

第一章　出口食品生产企业卫生注册登记的规章及规范

第一节　出口食品生产企业卫生注册登记管理规定

第一章　总　　则

第一条　为加强对出口食品生产企业的监督管理，保证出口食品的安全和卫生质量，根据《中华人民共和国食品卫生法》、《中华人民共和国进出口商品检验法》及其实施条例的有关规定，制定本规定。

第二条　国家对出口食品生产、加工、储存企业（以下简称出口食品生产企业）实施卫生注册、登记制度。

凡在中华人民共和国境内生产、加工、储存出口食品的企业，必须取得卫生注册证书或者卫生登记证书后，方可生产、加工、储存出口食品。

第三条　国家认证认可监督管理委员会（以下简称国家认监委）主管全国出口食品生产企业卫生注册、登记工作。国家质量监督检验检疫总局（以下简称国家质检总局）设在各地的直属出入境检验检疫局（以下简称直属检验检疫局）负责所辖地区出口食品生产企业的卫生注册、登记工作。

未经卫生注册或者登记企业的出口食品，国家质检总局设在各地的出入境检验检疫机构（以下简称检验检疫机构）不予受理报检。

第四条　国家认监委根据出口食品的风险程度，公布和调整《实施出口食品卫生注册、登记的产品目录》（以下简称《注册目录》，附件 1）。对《注册目录》内食品的生产企业，实施卫生注册管理；对《注册目录》以外食品的生产企业实施卫生登记管理。

第二章　申　　请

第五条　申请卫生注册的出口食品生产企业，应当按照《出口食品生产企业卫生要求》（附件 2）建立卫生质量体系。

申请卫生登记的出口食品生产企业，应当根据产品特点并参照《出口食品生产企业卫生要求》建立卫生质量体系。

第六条　出口食品生产企业在新建、扩建或者改建前，应当向所在地的直属检验检疫局申请选址、设计的卫生审查，审查合格方能施工。

第七条　出口食品生产企业在生产出口食品前，应当向直属检验检疫局申请卫生注册或者卫生登记，填写并提交《出口食品生产企业卫生注册/登记申请书》（一式三份）。总厂、分厂、联营厂以及不在同一厂区的加工车间应当分别提出申请。

第八条 出口食品生产企业在提交《出口食品生产企业卫生注册/登记申请书》时，应当提供本企业的卫生质量体系文件、厂区平面图、车间平面图、工艺流程图等有关资料。

第三章 评审和发证

第九条 直属检验检疫局接受出口食品生产企业提交的卫生注册申请书和有关资料后，组成由主任评审员任组长、1～2名具备资格的评审员参加的评审组，在10个工作日内完成该申请书和有关资料的审核。经审核不符合要求的，受理申请的直属检验检疫局应当在10个工作日内通知出口食品生产企业在30日内补正，逾期未补正的，视为撤回申请；经审核符合要求的，由评审组组长负责制定评审计划，并与出口食品生产企业商定评审的具体时间，按时进行评审。

第十条 评审依据：

（一）《出口食品生产企业卫生要求》；

（二）对列入《卫生注册需评审HACCP体系的产品目录》（附件3）的出口食品生产企业的评审依据为《出口食品生产企业卫生要求》和国际食品法典委员会《危险分析和关键控制点（HACCP）体系及其应用准则》。《卫生注册需评审HACCP体系的产品目录》由国家认监委公布和调整。

第十一条 评审组在进行现场评审前，应当将评审的目的、依据、范围、方法和要求告知出口食品生产企业，并听取其有关情况的报告。

第十二条 评审组应当采取提问、查阅记录、现场检查、抽样验证等方式进行评审并做好记录。

第十三条 在评审结束后，评审组应当将评审情况告知出口食品生产企业，对存在的问题提出不符合项报告和限期改进的意见。

出口食品生产企业应当在限期内将整改情况报告受理申请的直属检验检疫局。

评审组组长在评审工作结束后，应当向直属检验检疫局提交评审报告。

第十四条 直属检验检疫局对评审组提出的评审报告和出口食品生产企业的整改情况进行审核，并在15个工作日内做出评审结论。对评审不合格的，签发评审不合格通知；对评审合格的，批准注册并颁发卫生注册证书。证书编号规则由国家认监委另行公布。

经评审不合格的出口食品生产企业，自不合格通知发出之日起6个月内不得重新提出卫生注册申请。重新提出申请的，在申请前应当认真整改。

第十五条 卫生注册证书和卫生登记证书有效期为3年。卫生注册证书由国家认监委统一印制，由直属检验检疫局向卫生注册企业颁发。卫生登记证书由国家认监委统一印制，以直属检验检疫局名义向卫生登记企业颁发。

第四章 监督管理

第十六条 直属检验检疫局对注册企业实施监督管理。监督管理的主要内容包括：

（一）检查企业是否持续符合规定的卫生注册条件；

（二）卫生质量体系是否有效地运行；

（三）卫生注册编号使用管理情况；

（四）出口产品原料、辅料和成品的安全卫生质量状况及出口检验检疫等情况。

第十七条　对注册企业监督管理的方式包括：

（一）日常监督管理。由检验检疫机构派员对卫生注册企业实施日常监督管理。

（二）定期监督检查。直属检验检疫局组织卫生注册评审员对卫生注册企业定期实施监督检查。对肉类、水产、罐头、肠衣类卫生注册企业，每年至少组织一次全面监督检查。对季节性出口产品的卫生注册企业，应当按照生产季节进行监督检查。对获得国外卫生注册的企业，应当至少每半年（或者生产季节）进行一次全面监督检查。对其他卫生注册企业，直属检验检疫局可视具体情况确定监督检查次数。定期监督检查应当包括日常监督管理中发现问题的改正情况。

（三）换证复查。出口食品注册企业应当在证书有效期满前3个月向直属检验检疫局提出复查申请。受理申请的直属检验检疫局按照本规定第三章规定的评审要求，对申请企业进行复查，合格的予以换证，不合格的或者未申请换证的不予换证。

监督管理工作应当做好记录，并将发现的问题书面通知被检查企业。

第十八条　在对卫生注册企业的监督管理过程中，有下列情形之一的，直属检验检疫局应当书面通知企业限期整改，并暂停受理其出口报检，直至确认企业整改符合要求：

（一）发现有对产品安全卫生质量构成严重威胁的因素包括原料、辅料和生产加工用水（冰）等，不能保证其产品安全卫生质量的；

（二）经出口检验检疫发现产品安全卫生质量不合格，且情况严重的。

第十九条　在对卫生注册企业的监督管理过程中，有下列情形之一的，由直属检验检疫局发出通知，吊销其卫生注册证书：

（一）有本规定第十八条第（一）项或者第（二）项所列情形，且在限期内未完成整改的；

（二）企业因原料、生产、加工、储存内部管理等原因，其产品在国外出现卫生质量问题造成不良影响的；

（三）企业隐瞒出口产品安全卫生质量问题的事实真相，造成严重后果的；

（四）企业拒不接受监督管理的；

（五）借用、冒用、转让、涂改、伪造卫生注册证书、注册编号、卫生注册标志，或者本企业未注册食品使用本企业注册食品的注册编号的。

被吊销卫生注册证书的企业，自收到吊销通知书之日起1年内不得重新提出卫生注册申请。

第二十条　有下列情形之一的，视为企业的卫生注册资格自动失效：

（一）卫生注册企业的名称、法人代表或者通讯地址发生变化后30日内未申请变更的；

（二）卫生注册企业的生产车间改建、扩建、迁址完毕或者其卫生质量体系发生重大变化后30日内未申请复查的；

（三）1年内没有出口注册范围内食品的；

（四）逾期未申请换证复查的。

第二十一条 国家认监委对直属检验检疫局的卫生注册工作实行监督检查，必要时可以组织专家对卫生注册企业进行监督抽查。

第五章 附 则

第二十二条 对申请卫生登记的出口食品生产企业的评审、发证和监督管理由直属检验检疫局参照《出口食品生产企业卫生要求》以及本规定第三章、第四章的有关规定实施。

第二十三条 出口食品生产企业需要办理国外卫生注册的，必须按照本规定取得卫生注册证书或者卫生登记证书，依照《出口食品生产企业申请国外卫生注册管理办法》的有关要求，向所在地直属检验检疫局提出申请，由其向国家认监委申请推荐。

第二十四条 本规定由国家质检总局授权国家认监委负责解释。

第二十五条 本规定自 2002 年 5 月 20 日起施行。原国家进出口商品检验局（简称国家商检局）1994 年 11 月 14 日公布的《出口食品厂、库卫生注册细则》（国检监［1994］79 号）同时废止。

附件 1：实施出口食品卫生注册、登记的产品目录

一、注册产品目录

分类号

产品类别

Z01

罐头类

Z02

水产品类（不包括活品和晾晒品）

Z03

肉及肉制品

Z04

茶叶类

Z05

肠衣类

Z06

蜂产品类（不包括蜂蜡）

Z07

蛋制品类（不包括鲜蛋）

Z08

速冻果蔬类、脱水果蔬类（不包括晾晒品）

Z09

糖类（指蔗糖、甜菜糖）

Z10

乳及乳制品类

Z11

饮料类（包括固体饮料）

Z12

酒类

Z13

花生、干果、坚果制品类（不包括炒制品）

Z14

果脯类

Z15

粮食制品及面、糖制品类

Z16

食用油脂类

Z17

调味品类（不包括天然的香辛干料及粉料）

Z18

速冻方便食品类

Z19

功能食品类

Z20

食品添加剂类（专指食用明胶）

二、登记产品目录

注册产品目录以外的食品。

附件 2：出口食品生产企业卫生要求

第一条　为保证出口食品的安全卫生质量，规范出口食品生产企业的安全卫生管理，根据《中华人民共和国食品卫生法》、《中华人民共和国进出口商品检验法》及其实施条例等有关规定，制定本要求。

第二条　申请卫生注册或者卫生登记的出口食品生产、加工、储存企业（以下简称出口食品生产企业）应当建立保证出口食品的卫生质量体系，并制定指导卫生质量体系运转的体系文件。

第三条　本要求是出口食品生产企业建立卫生质量体系及体系文件的基本依据。

第四条　出口食品生产企业的卫生质量体系应当包括下列基本内容：

（一）卫生质量方针和目标；

（二）组织机构及其职责；

（三）生产、质量管理人员的要求；

（四）环境卫生的要求；

（五）车间及设施卫生的要求；

（六）原料、辅料卫生的要求；

（七）生产、加工卫生的要求；

（八）包装、储存、运输卫生的要求；

（九）有毒有害物品的控制；

（十）检验的要求；

（十一）保证卫生质量体系有效运行的要求。

第五条 列入《卫生注册需评审 HACCP 体系的产品目录》的出口食品生产企业，必须按照国际食品法典委员会《危害分析和关键控制点（HACCP）体系及其应用准则》的要求建立和实施 HACCP 体系。

第六条 出口食品生产企业应当制定本企业的卫生质量方针、目标和责任制度，并贯彻执行。

第七条 出口食品生产企业应当建立与生产相适应的、能够保证其产品卫生质量的组织机构，并规定其职责和权限。

第八条 出口食品生产企业的生产、质量管理人员应当符合下列要求：

（一）与食品生产有接触的人员经体检合格后方可上岗；

（二）生产、质量管理人员每年进行一次健康检查，必要时做临时健康检查；凡患有影响食品卫生的疾病者，必须调离食品生产岗位；

（三）生产、质量管理人员保持个人清洁，不得将与生产无关的物品带入车间；工作时不得戴首饰、手表，不得化妆；进入车间时洗手、消毒并穿着工作服、帽、鞋，工作服、帽、鞋应当定期消毒；

（四）生产、质量管理人员经过培训并考核合格后方可上岗；

（五）配备足够数量的、具备相应资格的专业人员从事卫生质量管理工作。

第九条 出口食品生产企业的环境卫生应当符合下列要求：

（一）出口食品生产企业不得建在有碍食品卫生的区域，厂区内不得兼营、生产、存放有碍食品卫生的其他产品；

（二）厂区路面平整、无积水，厂区无裸露地面；

（三）厂区卫生间应当有冲水、洗手、防蝇、防虫、防鼠设施，墙裙以浅色、平滑、不透水、无毒、耐腐蚀的材料修建，并保持清洁；

（四）生产中产生的废水、废料的排放或者处理符合国家有关规定；

（五）厂区建有与生产能力相适应的符合卫生要求的原料、辅料、化学物品、包装物料储存等辅助设施和废物、垃圾暂存设施；

（六）生产区与生活区隔离。

第十条 食品生产车间及设施的卫生应当符合下列要求：

（一）车间面积与生产能力相适应，布局合理，排水畅通；车间地面用防滑、坚固、不透水、耐腐蚀的无毒材料修建，平坦、无积水并保持清洁；车间出口及与外界相连的排水、通风处应当安装防鼠、防蝇、防虫等设施；

（二）车间内墙壁、屋顶或者天花板使用无毒、浅色、防水、防霉、不脱落、易于清洗的材料修建，墙角、地角、顶角具有弧度；

（三）车间窗户有内窗台的，内窗台下斜约45°；车间门窗用浅色、平滑、易清洗、不透水、耐腐蚀的坚固材料制作，结构严密；

（四）车间内位于食品生产线上方的照明设施装有防护罩，工作场所以及检验台的照度符合生产、检验的要求，光线以不改变被加工物的本色为宜；

（五）有温度要求的工序和场所安装温度显示装置，车间温度按照产品工艺要求控制在规定的范围内，并保持良好通风；

（六）车间供电、供气、供水满足生产需要；

（七）在适当的地点设足够数量的洗手、清洁消毒、烘干手的设备或者用品，洗手水龙头为非手动开关；

（八）根据产品加工需要，车间入口处设有鞋、靴和车轮消毒设施；

（九）设有与车间相连接的更衣室，不同清洁程度要求的区域设有单独的更衣室，视需要设立与更衣室相连接的卫生间和淋浴室，更衣室、卫生间、淋浴室应当保持清洁卫生，其设施和布局不得对车间造成潜在的污染风险；

（十）车间内的设备、设施和工器具用无毒、耐腐蚀、不生锈、易清洗消毒、坚固的材料制作，其构造易于清洗消毒。

第十一条　生产用原料、辅料的卫生应当符合下列要求并得到有效控制：

（一）生产用原料、辅料应当符合安全卫生规定要求，避免来自空气、土壤、水、饲料、肥料中的农药、兽药或者其他有害物质的污染；

（二）作为生产原料的动物，应当来自于非疫区，并经检疫合格；

（三）生产用原料、辅料有检验、检疫合格证，经进厂验收合格后方准使用；

（四）超过保质期的原料、辅料不得用于食品生产；

（五）加工用水（冰）应当符合国家《生活饮用水卫生标准》等必要的标准，对水质的公共卫生防疫卫生检测每年不得少于两次，自备水源应当具备有效的卫生保障设施。

第十二条　食品生产加工过程应当符合下列要求：

（一）生产设备布局合理，并保持清洁和完好；

（二）生产设备、工具、容器、场地等严格执行清洗消毒制度，盛放食品的容器不得直接接触地面；

（三）班前班后进行卫生清洁工作，专人负责检查，并做检查记录；

（四）原料、辅料、半成品、成品以及生、熟品分别存放在不会受到污染的区域；

（五）按照生产工艺的先后次序和产品特点，将原料处理、半成品处理和加工、工器具的清洗消毒、成品内包装、成品外包装、成品检验和成品贮存等不同清洁卫生要求的区域分开设置，防止交叉污染；

（六）对加工过程中产生的不合格品、跌落地面的产品和废弃物，在固定地点用有明显标志的专用容器分别收集盛装，并在检验人员监督下及时处理，其容器和运输工具及时消毒；

（七）对不合格品产生的原因进行分析，并及时采取纠正措施。

第十三条 出口食品的包装、储存、运输过程应当受到良好的卫生控制。

（一）用于包装食品的物料符合卫生标准并且保持清洁卫生，不得含有有毒有害物质，不易褪色；

（二）包装物料间干燥通风，内、外包装物料分别存放，不得有污染；

（三）运输工具符合卫生要求，并根据产品特点配备防雨、防尘、冷藏、保温等设施；

（四）冷包间和预冷库、速冻库、冷藏库等仓库的温度、湿度符合产品工艺要求，并配备温度显示装置，必要时配备湿度计；预冷库、速冻库、冷藏库要配备自动温度记录装置并定期校准，库内保持清洁，定期消毒，有防霉、防鼠、防虫设施，库内物品与墙壁、地面保持一定距离，库内不得存放有碍卫生的物品；同一库内不得存放可能造成相互污染的食品。

第十四条 严格执行有毒有害物品的储存和使用管理规定，确保厂区、车间和化验室使用的洗涤剂、消毒剂、杀虫剂、燃油、润滑油和化学试剂等有毒有害物品得到有效控制，避免对食品、食品接触表面和食品包装物料造成污染。

第十五条 产品的卫生质量检验应当符合下列要求，并得到有效控制：

（一）企业有与生产能力相适应的内设检验机构和具备相应资格的检验人员；

（二）企业内设检验机构具备检验工作所需要的标准资料、检验设施和仪器设备，检验仪器按规定进行计量检验，检验要有检测记录；

（三）使用社会实验室承担企业卫生质量检验工作的，该实验室应当具有相应的资格，并签订合同。

第十六条 出口食品生产企业应当保证卫生质量体系能够有效运行，达到如下要求：

（一）制定并有效执行原料、辅料、半成品、成品及生产过程卫生控制程序，做好记录；

（二）建立并执行卫生标准操作程序并做好记录，确保加工用水（冰）、食品接触表面、有毒有害物质、虫害防治等处于受控状态；

（三）对影响食品卫生的关键工序，要制定明确的操作规程并得到连续的监控，同时必须有监控记录；

（四）制定并执行对不合格品的控制制度，包括不合格品的标识、记录、评价、隔离处置和可追溯性等内容；

（五）制定产品标识、质量追踪和产品召回制度，确保出厂产品在出现安全卫生质量问题时能够及时召回；

（六）制定并执行加工设备、设施的维护程序，保证加工设备、设施满足生产加工的需要；

（七）制定并实施职工培训计划并做好培训记录，保证不同岗位的人员熟练完成本职工作；

（八）建立内部审核制度，一般每半年进行一次内部审核，每年进行一次管理评审，并做好记录；

（九）对反映产品卫生质量情况的有关记录，应当制定并执行标记、收集、编目、归档、存储、保管和处理等管理规定。所有质量记录必须真实、准确、规范并具有卫生质量的可追溯性，保存期不少于2年。

第十七条　对于必须使用传统工艺生产加工的产品，在保证食品安全卫生的前提下，可以按传统工艺生产加工。

第十八条　本要求由国家认证认可监督管理委员会负责解释。

第十九条　本要求自2002年5月20日起施行。原国家商检局1994年11月14日公布的《出口食品厂、库卫生要求》（国检监［1994］79号）同时废止。

附件3：卫生注册需评审HACCP体系的产品目录

序号	产品类别
1	罐头类
2	水产品类（活品、冰鲜、晾晒、腌制品除外）
3	肉及肉制品
4	速冻蔬菜
5	果蔬汁
6	含肉或水产品的速冻方便食品

第二节　出口食品生产企业申请国外卫生注册管理办法

第一条　为规范出口食品生产企业申请国外卫生注册工作，根据《中华人民共和国进出口商品检验法》和国家质量监督检验检疫总局《出口食品生产企业卫生注册登记管理规定》，制定本办法。

第二条　国家认证认可监督管理委员会（以下简称国家认监委）主管全国出口食品生产企业国外卫生注册工作。各直属出入境检验检疫局（以下简称直属检验检疫局）负责所辖地区出口食品生产企业申请国外卫生注册的评审和注册企业的监督管理工作。

第三条　出口食品生产企业向国外申请卫生注册应当具备以下条件：

（一）已获得出口食品生产企业卫生注册证书或者卫生登记证书；

（二）卫生质量管理体系符合拟申请卫生注册的国家或者地区有关法律法规的要求；

（三）产品的质量安全卫生稳定，最近一年内未出现安全卫生质量问题；

（四）能够维护国家的声誉和企业的信誉。

第四条 出口食品生产企业申请国外卫生注册，应当向所在地直属检验检疫局提出书面申请，并提供能够证明符合本办法第三条规定条件的有关资料以及厂区平面图、车间平面图、工艺流程图、卫生质量体系文件、主要生产工序的图片和国外要求的其他相关资料等。

第五条 受理申请的直属检验检疫局，应当组成评审小组（评审人员至少 3 人，其中主任评审员不少于 1 人），在 20 个工作日内完成对申请材料和有关资料的审查。

申请材料和有关资料符合要求的，应当组织对申请企业进行现场评审。申请材料和有关资料不符合要求的，应当通知申请企业在 30 日内对申请材料和有关资料进行补正，逾期未补正的，视为撤回申请。

第六条 评审依据：

（一）《出口食品生产企业卫生注册登记管理规定》规定的卫生注册评审依据；

（二）有关国家或者地区的有关法律法规及其主管当局规定的技术规范和卫生管理要求。

第七条 经现场评审不符合要求的，申请企业 6 个月内不得重新提出申请。

第八条 评审组应当做好现场评审记录，出具评审报告，对评审结果负责。

第九条 申请企业经评审符合要求的，各直属检验检疫局应当填写《出口食品生产企业申请国外卫生注册推荐表》（格式附后），连同有关申请材料（必要时）一并上报国家认监委。

各直属检验检疫局应当按照相关国家或者地区的注册申请要求，逐项核实推荐所需的申请材料和有关资料。

第十条 各直属检验检疫局上报的出口食品生产企业申请国外卫生注册材料，经国家认监委审核符合要求的，由国家认监委（以“中华人民共和国国家认证认可监督管理局”名义）统一向有关国家或者地区的主管当局推荐。

各直属检验检疫局上报的出口食品生产企业申请国外卫生注册材料，经国家认监委审核不符合要求的，不予对外推荐。

国家认监委对被推荐企业卫生条件等需要核实的，可以直接组成评审组进行复审，经复审不符合要求的，不予对外推荐。

第十一条 有关国家或者地区主管当局要求来华对出口食品生产企业进行检查或者复查的，由国家认监委组织安排，有关直属检验检疫局负责通知被检查企业。

第十二条 获得国外卫生注册的企业，应当保证本企业能够持续满足卫生注册条件，可以随时接受有关国家或者地区主管当局的检查。

第十三条 获得国外卫生注册的企业，由所在地直属检验检疫局按照《出口食品生产企业卫生注册登记管理规定》和有关国家或者地区主管当局规定的要求，对其实施监督管理。

第十四条 直属检验检疫局对获得国外卫生注册企业的监督管理工作应当指定专门机构负责。

第十五条 对获得国外卫生注册的出口食品生产企业的卫生注册编号，实行专厂、专号、专用管理。

注册企业不得将其他企业加工的产品以本企业注册编号出口。

违反专厂、专号、专用管理规定的企业，国家认监委可吊销其国外卫生注册。被吊销国外卫生注册的企业，自被吊销之日起一年内不得申请国外卫生注册。

第十六条　各地出入境检验检疫机构受理食品出口报检时，应当对出口食品生产企业的卫生注册编号进行验证。对违反专厂、专号、专用的，不得接受报检、放行。

第十七条　出口食品生产企业注册证书或者登记证书被吊销或者自动失效的，其获得国外卫生注册的资格自动失效。各直属检验检疫局应当将上述情况及时报国家认监委。

第十八条　获得国外卫生注册的出口食品生产企业，其出口产品在国外出现质量安全卫生问题，造成不良影响的，由国家认监委吊销其对国外卫生注册资格，并向国外相关机构通报。

被吊销国外卫生注册资格的企业，自被吊销之日起 3 年内不得申请恢复对相关国家的注册资格。

第十九条　获得国外卫生注册的出口食品生产企业，连续 12 个月未向有关国家或者地区出口注册产品的，应当在恢复对有关国家或者地区出口注册产品前 30 日内，向所在地直属检验检疫局申请复查。经复查合格的企业，方可向有关国家或者地区出口产品。

第二十条　对出口食品生产企业进行评审、复审和接待国外官方检查、复查的费用由申请对国外卫生注册的企业承担。

第二十一条　本办法由国家认监委负责解释。

第二十二条　本办法自 2003 年 1 月 18 日起施行。原国家进出口商品检验局 1993 年 4 月 24 日发布的《出口食品生产企业向国外卫生注册管理规定》（国检监［1993］125 号）和原国家出入境检验检疫局 1999 年 1 月 12 日发布的《关于规范推荐出口食品加工企业对国外卫生注册做法的通知》（国检认［1999］6 号），同时废止。

第三节　食品生产企业危害分析与关键控制点（HACCP）管理体系认证管理规定

第一章　总　　则

第一条　为了规范食品生产企业危害分析与关键控制点（以下简称 HACCP）管理体系的建立、实施、验证以及 HACCP 的认证工作，提高食品的安全卫生质量，扩大食品出口，根据《中华人民共和国食品卫生法》、《中华人民共和国进出口商品检验法》、《中华人民共和国进出口商品检验法实施条例》和国务院的有关规定，制订本规定。

第二条　国家鼓励从事生产、加工出口食品的企业（以下简称企业）建立并实施 HACCP 管理体系。列入《出口食品卫生注册需要评审 HACCP 管理体系的产品目录》（以下简称《目录》）的企业，必须建立和实施 HACCP 管理体系。

第三条　各地出入境检验检疫机构负责所辖区域内企业 HACCP 管理体系的验证工

作，并根据国外食品卫生管理机构的要求，出具 HACCP 验证证书。

第四条 根据国务院的有关规定，国家认证认可监督管理委员会（以下简称国家认监委）负责全国 HACCP 管理体系认证认可工作的统一管理、监督和综合协调工作，监督管理 HACCP 管理体系的实施和出入境检验检疫机构的验证工作，负责调整和公布《目录》。

第二章 企业 HACCP 管理体系建立和运行的基本要求

第五条 企业应当在符合国家有关食品安全卫生要求的基础上，建立 HACCP 管理体系。

企业必须建立和实施卫生标准操作程序，达到以下卫生要求：

（一）接触食品（包括原料、半成品、成品）或与食品有接触的物品的水和冰应当符合安全、卫生要求；

（二）接触食品的器具、手套和内外包装材料等必须清洁、卫生和安全；

（三）确保食品免受交叉污染；

（四）保证操作人员手的清洗消毒，保持洗手间设施的清洁；

（五）防止润滑剂、燃料、清洗消毒用品、冷凝水及其他化学、物理和生物等污染物对食品造成安全危害；

（六）正确标注、存放和使用各类有毒化学物质；

（七）保证与食品接触的员工的身体健康和卫生；

（八）清除和预防鼠害、虫害。

第六条 建立 HACCP 管理体系应当符合 HACCP 原理的基本要求：

（一）进行危害分析，提出预防措施；

（二）确定关键控制点（CCPs）；

（三）确定关键限值；

（四）建立监控程序；

（五）建立纠偏行动计划；

（六）建立记录保持程序；

（七）建立验证程序。

第七条 企业实施 HACCP 管理体系时，必须由本企业接受过 HACCP 培训或者其工作能力等效于经过 HACCP 培训的人员承担相应工作。

第八条 企业负有执行职责的最高管理者负责批准 HACCP 计划。HACCP 管理体系的运行必须有效保证食品符合安全卫生要求。企业在执行中应当定期或者根据需要及时对 HACCP 计划进行内部审核和调整。

第三章 认　　证

第九条 从事 HACCP 管理体系认证（以下简称 HACCP 认证）的机构，应当获得国家认监委的批准，并按有关规定取得国家认可机构的资格认可。

第十条　申请从事HACCP认证的认证机构应当具有足够数量的专业评审人员，上述人员应当获得食品相关专业的本科以上学历、有食品工艺方面的实践经验、接受过HACCP培训并取得了认证人员注册机构的注册。

第十一条　HACCP认证的依据是国家有关法律法规、国家标准或者行业标准和有关国际标准、准则或者规范等。

第十二条　企业建立和实施的HACCP管理体系可申请HACCP认证。经认证机构按照规定评审符合要求的，由认证机构颁发HACCP认证证书。

第四章　验　　证

第十三条　出入境检验检疫机构根据有关规定对企业建立和实施的HACCP管理体系进行验证。验证的依据是本规定第二章的基本要求。

根据中国政府主管部门与外国（地区）有关机构签订的双边协议或者合同约定及国外有关要求，企业应当接受国外食品卫生管理机构的验证。

第十四条　出入境检验检疫机构对下列企业实施验证：

（一）产品列入《目录》的企业；

（二）国外有关机构要求由出入境检验检疫机构出具HACCP验证证书的企业。

第十五条　验证的重点是：

（一）企业建立和实施HACCP管理体系的证明文件或者认证机构的HACCP认证文件；

（二）企业HACCP计划的合理性，即对所有潜在的显著危害进行全面、合理的分析，提出了适当的控制措施；

（三）企业HACCP计划实施的有效性，即HACCP计划的实施情况，以及实施后企业及产品安全卫生质量得到有效保证。

第五章　监督管理

第十六条　国家认监委对企业建立并实施HACCP管理体系实施监督，对出入境检验检疫机构的HACCP验证工作进行业务指导和监督检查。

第十七条　国家认监委监督、管理全国的HACCP认证认可工作，监督、规范HACCP认证活动。从事HACCP认证的认证机构、认证咨询和培训机构（含中外合资、合作、外商独资机构）的设立应当符合国家的有关规定。

第十八条　国家认监委负责国外食品卫生管理机构及其他相关机构对我国企业HACCP验证的管理和协调工作，受理有关的投诉、申诉，并组织调查和处理。

第十九条　出入境检验检疫机构在HACCP验证中，发现认证机构（含中外合资、合作、外商独资机构）的HACCP认证工作达不到规定要求及虚假认证和买证、卖证的，应当报国家认监委进行查处。

第六章　附　则

第二十条　本规定中以下术语的含义是：

（一）“关键控制点（Critical Control Point，简称 CCP）”是指可将某一项食品安全危害防止、消除或降低至可接受水平的控制点。

（二）“危害分析和关键控制点（Hazard Analysis and Critical Control Point，简称 HACCP）”是指对食品安全危害予以识别、评估和控制的系统化方法。

（三）“HACCP 计划”是指在 HACCP 原理基础上制订的列出了操作程序的书面文件。

（四）“HACCP 管理体系”是指企业经过危害分析找出关键控制点，制定科学合理的 HACCP 计划，在食品生产过程中有效地运行并能保证达到预期的目的，保证食品安全的体系。

（五）“HACCP 管理体系认证”是指企业委托有资格的认证机构对本企业所建立和实施的 HACCP 管理体系进行认证的活动。

（六）“验证”是指出入境检验检疫机构或国外食品卫生管理机构及其他相关机构对企业建立和实施的 HACCP 管理体系进行的监督检查活动。

第二十一条　对其他食品生产企业建立并实施 HACCP 管理体系及其认证、验证的管理、监督，可以参照本规定执行。

第二十二条　本规定由国家认监委负责解释。

第二十三条　本规定自 2002 年 5 月 1 日起施行。

第四节　出口罐头生产企业注册卫生规范

1. 范围

本规范确立了罐头食品生产的良好操作规范（GMP）的一般原则。

本规范适用于罐头食品生产的安全、卫生管理。

2. 规范性引用文件

下列文件中的条款通过本规范的引用而成为本规范的条款。凡是注日期的引用文件，其随后所有的修改单（不包括勘误的内容）或修订版均不适用本规范，然而，鼓励根据本规范达成协议的各方研究是否可使用这些文件的最新版本。凡是不注日期的引用文件，其最新版本适用于本规范。

GB 5749 生活饮用水卫生标准

GB 8950 罐头厂卫生规范

GB 10791 软饮料原辅材料的要求

SN 0400 出口罐头检验规程

CAC/RCP 1 食品卫生总则，以及 Annex CAC/RCP 1 HACCP 系统及其应用准则

CAC/RCP 23 低酸及酸化低酸性罐头食品卫生操作

3. 术语和定义

下列术语和定义适用于本规范

3.1 罐头食品

将符合要求的原料经处理、分选、修整、烹调（或不经烹调）、装罐（包括马口铁罐、铝合金罐、玻璃罐、复合薄膜袋或其他包装材料容器）、密封、杀菌、冷却或无菌条件下制成的达到商业无菌的罐藏食品。

3.2 实罐车间

把原料加工为罐头食品的生产区域。

3.3 清洁区

实罐车间内卫生要求最高的生产区域，加工内容主要为烹调、装罐、容器密封等。清洁区一般为全封闭或者相对独立的加工区域，人员进入清洁区只能走专用通道，其他区域的人员不能直接进入清洁区。加工品通过流槽、传送带、管道等机械方式传递或者由人工通过物料窗口传递到清洁区进行进一步的加工，罐头容器密封后用机械或者人工方式通过物料窗口传递到非清洁区进行装笼、杀菌或者其他操作。

3.4 准清洁区

实罐车间内除清洁区以外的生产区域。

3.5 加工品

加工中的原料，也称为半成品，是原料开始进入加工区域到成为成品前的所有中间产品，也就是从原料进入加工区域，进行实质性加工开始，直到完成杀菌成为成品这个过程中罐头食品内容物的通称。

3.6 加工用水

罐头食品生产加工用水包括添加到罐头食品中作为有效成分的配汤水、制冰用水、原辅材料洗涤用水、生产设施（场地、设备及工器具）的清洗用水、杀菌冷却水、人员的清洗用水以及检验用水等。

4. 设施

4.1 厂区

4.1.1 罐头食品生产企业不得建在有碍食品卫生的区域，厂区内不得兼营、生产、存放有碍食品卫生的其他产品；

4.1.2 厂区内污水处理设施、锅炉房、贮煤场等应当远离生产区域和主干道，并位于主风向的下风处；

4.1.3 废弃物暂存场地应当远离实罐车间，废弃物暂存容器应当选用便于清洗消毒的材料制成，结构严密，能防止害虫侵入；废弃物暂存场地应当定期清洗消毒；废弃物应当及时清运，避免污染原辅材料、水源、设备和厂区道路；

4.1.4 厂区建有与生产能力相适应的、符合卫生要求的原辅材料、化学物品、包装物料、成品的储存等辅助设施；

4.1.5 厂区应有与最大排水量相适应的排水系统；

4.1.6 企业应当设有污水处理系统，污水处理系统与生产区域应保持一定的距离，保持良好的工作状态。污水的排放应当符合国家环境保护的规定；委托社会专业机构进行污水处理的，应当签订正式的委托合同，并得到当地环境保护管理部门确认；

4.1.7 厂区的道路应当路面平整、无积水、易于清洗；厂区应适当绿化，无泥土裸露地面；

4.1.8 生产区域应当与生活区域隔离。

4.2 厂房

4.2.1 厂房应当结构合理，坚固完善，妥善保养，保持良好状况；

4.2.2 厂房与设施的建筑材料应当使用易彻底清洗、消毒的材料；

4.2.3 厂房内必须有足够的加工场地，以保证生产正常进行；

4.2.4 厂房与设施的设计必须严格防止蚊、蝇、鼠及其他害虫的进入和隐匿；并应有防烟雾、灰尘的有效措施。

4.3 实罐车间

4.3.1 布局

4.3.1.1 车间面积应当与生产能力相适应，控制操作人员密度，提供足够的人员操作空间，车间内人均工作面积不少于 $2m^2$；

4.3.1.2 生产设施布局合理，易于生产操作，工艺流程没有交叉和迂回，采取有效的措施防止交叉污染；

4.3.1.3 原辅材料、加工品、成品以及废弃物进出车间的通道应当分开。

4.3.2 天花板（吊顶）

4.3.2.1 天花板应当能够防潮、防霉、防灰尘的积集和散落，表面涂层不脱落；

4.3.2.2 天花板应当能够防止结露，在蒸汽较多的加工区域应当装置倾斜顶棚以防止冷凝水滴落污染加工品。

4.3.3 墙面和隔断

4.3.3.1 车间内墙面和隔断应当使用无毒、浅色、防霉、不脱落的材料；

4.3.3.2 车间内 2m 以下或者操作面以下的墙面和隔断的表面应当光滑而且防吸附、易于清洗；

4.3.3.3 车间内墙、柱应有防止车辆碰撞的设施；

4.3.3.4 车间内墙角、地角、顶角必须密封，易清洁；

4.3.3.5 采用全管道化输送物料的饮料类以及酱类罐头的可以免于本规范中 4.3.3.3 以及 4.3.3.4 的要求。

4.3.4 地面

4.3.4.1 车间内地面应当使用防滑、坚固、不透水、耐腐蚀的无毒材料，地面平坦、无积水，保持清洁；

4.3.4.2 车间内地面应有 1.5%～2%的排水坡度，有良好的排水系统，保证排水畅通。

4.3.5 门窗

4.3.5.1 车间的门窗应当使用浅色、易清洗、不透水、耐腐蚀、表面光滑而且防吸附的坚固材料制作，结构严密；清洁区内不得使用木制门窗；

4.3.5.2 生产过程中必须或者可能要开启的窗户应当装设纱窗；

4.3.5.3 车间内窗户有内窗台的，内窗台应当有倾斜度；

4.3.5.4 进入清洁区的门应当是双向开或者向清洁区推开，能够自行关闭，在生产过程中门不得上锁。

4.4 更衣室和卫生间

4.4.1 应当在与车间相连接但在生产区域之外并且不对生产区域的卫生构成危害的场所设置更衣室和卫生间；清洁区和准清洁区应当分别设置彼此独立的更衣室和卫生间；需要时还应当设立淋浴室；

4.4.2 更衣室、卫生间、淋浴室的面积和设施能够满足实际需要。应当在更衣室内为生产车间操作人员每人配备一组更衣柜，更衣室按照人均面积不低于 0.5m^2 配备；卫生间内便池的蹲位可按生产现场最大班操作人员数量的 5%～10%配备；淋浴器为喷淋式，可按生产现场最大班操作人员数量的 5%～10%配置；

4.4.3 卫生间的门应当能够自动关闭；卫生间内应当设有洗手、消毒和符合要求的干手设施，每个便池均应设置独立的冲水装置；卫生间内还应设置排气通风设施和防蝇虫设施；

4.4.4 更衣室、卫生间、淋浴室应当保持清洁卫生，不得对生产车间的卫生构成污染；

4.4.5 在更衣室或者设置在车间内的休息室内不得吃食品、吸烟。

4.5 卫生设施

4.5.1 生产区域入口处设置符合要求、数量足够且处于正常使用的洗手、消毒、漂洗以及干手设施，配备有清洁剂和消毒液；

4.5.2 生产区域入口处洗手的水龙头应为非手动开关，数量可按生产现场最大班操作人员数量的 5%～10%配置；

4.5.3 加工含有动物性原料或者动植物脂肪原料时应当供应热水洗手；

4.5.4 生产区域人员入口处应当设有鞋靴消毒池，消毒池的宽度与门或者通道等宽，长度应当大于 2m，消毒液深度不低于 10cm；车辆进口处应当设有车轮消毒池，消毒池的宽度与门或者通道等宽，长度应当大于 3m，消毒液深度不低于 15cm；

4.5.5 车间的人员及物料进出口通道、与外界相通的排水口及通风口应当安装防鼠、防蝇、防虫设施。

4.6 生产设施

4.6.1 车间内接触加工品的设备和工器具应当使用无毒、无味、耐腐蚀、不生锈、易清洗消毒、表面光滑而且防吸附、坚固的材料制作，在正常生产条件下与食品、洗涤剂、消毒剂不发生化学反应；其构造易于检查、维护、清洗消毒，不积水；

4.6.2 车间内应当设置清洗生产场地、设备以及工器具用的移动水源，加工含有动物性原料或者动植物脂肪原料时应当有热水供应。车间内移动水源的软质水管上设置的喷头或者水枪应当保持正常的工作状态，在任何情况下都不得落地；

4.6.3 车间内不得使用竹木工器具（包括木制砧板和有竹木柄的刀具）和容器；

4.6.4 不得使用麻袋作为原辅材料或半成品的包装袋或盛器，不得使用麻绳或者其他纤维易脱落的绳索作为捆扎材料；可能接触加工品的操作工人不得戴棉纱等由吸水纤维制成的手套；

4.6.5 车间内架空构件应便于清洗，防止积尘、凝水和生长霉菌；管道不得滴、漏、跑、冒；

4.6.6 车间内不同用途的容器应有明显的标识，不得混用；

4.6.7 废弃物容器应该专用、有明显的标识并配置非手工开启的盖，废弃物容器应选用不透水的材料制作。

4.7 灯具及照明

4.7.1 车间内的照明设施应当装有防护罩；

4.7.2 车间内照度应当满足操作的要求，加工场所的照度在220～540Lx或者以上，检验场所的照度在540Lx以上；

4.7.3 车间内生产线正上方不得设置紫外线灭菌灯。

4.8 温度控制

4.8.1 应当根据加工品的特点控制车间的温度，必要时配置温度调节装置；

4.8.2 有温度控制要求的生产场所应当安装温度显示装置，按照设定的温度进行控制，定时记录温度。

4.9 排水

4.9.1 车间内应当有畅通的排水系统，水流应当从低污染区域流向高污染区域；

4.9.2 车间内排水沟应当为明沟加盖板或者其他方式，排水沟断面不小于300mm（宽度）×200mm（深度），底部为圆弧形，排水沟内坡度应当大于10%，排水畅通；

4.9.3 清洁区与准清洁区应当有彼此独立的排水通道向厂区排水系统排放生产污水。

4.10 通风

4.10.1 实罐车间应当安装通风设备，保持车间内空气新鲜；

4.10.2 实罐车间内可能产生蒸汽、油烟的加热工段，应当安装倾斜式顶棚或者集汽（油烟）罩，并配置机械排风装置；

4.10.3 通风口应当装有易清洗、耐腐蚀网罩；

4.10.4 采用气楼或者天窗自然排气的，应当安装防虫蝇设施。

4.11 卫生管理

4.11.1 清洁区和准清洁区，生区和熟区应有明确的隔断，设置专用的通道供不同卫生要求区域的人员分别进出，具备有效的措施防止两个不同区域的操作人员串岗；

4.11.2 清洁区和准清洁区的工器具应当在各自的区域内分别使用，不得混用或者合用；

4.11.3 车间内应设置简易配料库，生产所需要的配料，包括罐盖等应当在生产前就运进简易配料库；

4.11.4 小型物料如空罐和已经密封的罐头在生产过程中应当通过设置在清洁区和准清洁区之间的物料窗口来传递。

5. 原辅材料

5.1 原料

5.1.1 生产企业应当督促动植物原料供应商根据良好农业规范和良好种植规范（GAP）建立控制来自于空气、土壤、水、饲料、肥料中的农药、兽药以及其他有害物质污染的管理体系。生产企业通过核查供应商的管理文件、检验产品等方式对供应商控制的有效性进行验证；当供应商没有建立上述管理体系时，生产企业应当制定适当的控制计划对动植物原料安全性进行有效的控制，或者直接作为HACCP计划的一部分；

5.1.2 罐头食品生产加工所使用的各种原料应当符合安全卫生要求。农兽药残留、激素残留、抗生素残留、有毒有害物质以及其他需要控制的物质等必须符合进口国有关限量规定；

5.1.3 生产所用的肉禽类原料必须采用来自非疫区健康良好的畜禽。宰前宰后经兽医检验合格，具有兽医卫生检疫合格证书以及其他有关证明，符合进口国对肉、禽类原料生产加工、检验检疫的具体要求。进口肉禽原料必须来自经国家质检总局批准的国外肉类生产企业，附有出口国家或地区官方兽医部门出具的检疫合格证书和口岸检验检疫合格证书；肉禽原料应当在适当的温度条件下储藏和运输，保持清洁卫生；

5.1.4 生产企业应当制定新鲜植物性原料从采摘、收购到进厂加工的时限、运输条件以及运输途中原料的保存条件；

5.1.5 罐头加工所用原辅材料的质量应当符合罐头成品的质量控制需要；

5.1.6 罐头加工所用添加剂种类应是国家或进口国主管部门准许使用的，并且在规定的剂量范围内使用。

5.2 水、冰

5.2.1 水质要求

5.2.1.1 生产过程中使用的水以及制冰用水必须符合 GB 5749 的规定。杀菌排放冷却水的余氯含量不低于 0.5mg/L。循环使用的冷却水在再次使用前必须经过净化处理；

5.2.1.2 与食品或者食品加工表面接触的蒸汽不得含有可能危害健康或者可能污染加工品的杂质。

5.2.2 水质管理

5.2.2.1 应该每年 2 次由区县级或以上的卫生部门对生产用水按 GB 5749 进行全项目的水质检验，取样地点在生产企业的总入水口；

5.2.2.2 罐头食品生产企业应对厂区内所有的生产、检验用水的出水口进行编号，制定水质检验计划，每年不少于两次根据 GB 5749 的规定按出水口编号对水质进行部分项目的检验，检验项目应包括但不限于下列内容：色、浑浊度、气味（嗅和味）、pH、细菌总数、总大肠菌群和游离余氯等；

5.2.2.3 生产企业自备水源或者自行设置水处理装置的，应当按照 GB 5749 控制水质，按 5.2.2.1 和 5.2.2.2 的要求控制和检验水质，适当增加检验次数；

5.2.2.4 生产企业自行设置贮水箱或贮水塔的，应制定对这些设备的清洗程序、清洗效果的检查程序并实施；

5.2.2.5 软饮料罐头生产中，作为食品有效成分的添加水还应符合 GB 10791 中“软饮料水质标准”，每天按规定对水质进行检验；

5.2.2.6 加工用水的管道应有防虹吸或防回流装置。

5.3 容器

5.3.1 外采购容器

5.3.1.1 容器供应商在罐头容器生产中必须按 SN 0400 中有关规定对容器密封性能进行控制，使用规范的生产、检验记录；

5.3.1.2 容器供应商在容器交付使用前应按规定进行交收检验，并且提供容器生产过程有关的生产记录及检验记录；

5.3.1.3 罐头食品生产企业在使用外采购容器时必须审核容器供应商递交的生产、检验记录，按规定进行抽样检验；

5.3.1.4 主管机构根据需要对容器供应商进行管理。

5.3.2 卫生要求

5.3.2.1 罐头生产所使用容器的材质、内涂料、接缝补涂料及密封胶应符合卫生标准，不得含有有毒有害物质，储存和运输过程中保持清洁卫生；

5.3.2.2 制造容器的高分子材料、内涂料、接缝补涂料及密封胶必须进行毒理试验。国产的由区县级及以上的卫生部门进行检验，并出具无毒、适合食品加工使用的证明；进口的须由生产国官方卫生机构进行检验并出具相应的证明。

5.4 验收

5.4.1 罐头食品生产企业对所使用的原辅材料必须经过验收，合格后使用；

5.4.2 罐头食品生产企业应当明确规定原辅材料验收的质量标准，并经企业负责人或其授权的部门正式批准。

5.5 缺陷控制

5.5.1 缺陷分类

a. 严重缺陷：腐败、变质及其他有碍于食品安全卫生的缺陷；

b. 一般缺陷：与原辅材料的质量指标不符及其他对成品质量有影响的缺陷。

5.5.2 缺陷控制

有严重缺陷的原辅材料不得用于罐头食品生产加工，有一般缺陷的原辅材料在缺陷没有得到消除前不得用于罐头食品生产加工。

5.6 检验不合格的以及超过保质期的原辅材料不得用于罐头食品生产加工。

6. 生产管理

6.1 解冻

6.1.1 在使用前需要解冻的原辅材料，解冻必须在专用的场地内进行；企业应当制定解冻工艺来控制解冻的温度和时间；

6.1.2 解冻场地必须安装温度计或温度自动记录仪；

6.1.3 应当采取有效的措施防止原料在解冻过程中被污染，防止原料因融解而流出的液体成为污染物，防止啮齿动物以及其他昆虫啃食。

6.2 原辅材料清洗

动植物原辅材料的清洗应当在室内的专用场地进行，必须使用流动水，原辅材料与洗涤水的比例不超过1∶2，洗涤用水不得循环使用。

6.3 时间和温度的控制

6.3.1 经加热的加工品应当保持在60℃以上，或者迅速冷却到20℃以下；不要使加工品的温度处于20～60℃之间；尽可能使得加工区域的环境温度保持在20℃以下；

6.3.2 应当通过足够的操作温度和定期的清洗等措施将烫漂机中耐热微生物的生长繁殖及污染降低到最小程度；

6.3.3 采用加热方式对已经装罐的加工品进行排气的，罐头必须加盖，防止排气过程中冷凝水污染加工品；

6.3.4 应当控制罐头食品的加工流程。新鲜植物性原料从进厂到完成容器的密封应当控制在2h之内；所有已经完成容器密封的罐头应当在1h之内进行杀菌。

6.4 罐头容器的清洗

6.4.1 罐头容器在使用前必须用不低于82℃的流动热水或蒸汽进行清洗消毒12s以上，充分沥干；容器在清洗消毒时必须倒置；清洗消毒容器用的热水或者蒸汽冷凝水不得循环使用；容器的清洗消毒应当在与清洁区相连但又相隔的专用场地进行，不对环境或者其他加工工序构成污染；

6.4.2 无菌包装的容器或者容器材料在装罐前必须进行有效的消毒。消毒剂必须在工艺规定的时间内完全挥发，不得因残留构成污染；

6.4.3 使用热水或者蒸汽进行容器清洗消毒的，在清洗消毒装置上安装精度为1℃的玻璃温度计，指示清洗消毒的水温；

6.4.4 车间内罐头容器不得改作他用；

6.4.5 采用软质复合材料制作的容器，在使用前未受污染的，可免于6.4.1的要求。

6.5 加工控制

6.5.1 同一车间内不得同时生产两种类别的产品，也不得同时加工影响卫生或产品质量的副产品；

6.5.2 在加工过程中必须将原料处理、半成品、成品等工序分开，防止前后工序的加工品互相污染。

6.6 装罐量

6.6.1 应当根据杀菌安全性的需要来控制固形物的最大装罐量；

6.6.2 最大装罐量检验频次为每15min一次，根据需要设置最大装罐量的操作限值（OL值）。

6.7 卫生管理

6.7.1 程序

6.7.1.1 企业应当制定卫生标准操作规范（SSOP），应当按照本规范提出的卫生要求以及实际需要来确定SSOP的控制目标，按照本规范附件A提出的要求建立相关文件；

6.7.1.2 企业应当在SSOP中明确生产设施和人员（包括生产场地、设备、工器具及其他与生产有关的设施、操作人员双手及鞋、靴）的清洗程序、消毒程序及实施情况检查程序，清洗工具、清洗方式、清洁剂的名称、消毒方式、消毒液的品名、浓度及消毒对象、实施情况检查规定以及有效性验证程序；制定上述程序的检查程序、微生物学验证程序及纠偏程序。

6.7.2 实施

6.7.2.1 班前班后应当对生产设施进行卫生清洁、消毒工作，专人操作并有记录，专人检查并作检查记录；

6.7.2.2 车间内的使用工器具应当在专用场地进行清洗消毒，清洗消毒后的工器具在充分沥干洗涤水后才能够投入使用；

6.7.2.3 洗涤剂、消毒剂不得残留在可能接触食品的设备及工器具上，不能直接接触食品。

6.7.3 加工容器

盛放食品的加工容器应当专用，使用过程中应当放置在搁架上，不得直接接触地面。

6.7.4 废弃物处理

废弃物应当及时处理。车间内的有机废弃物每个生产班次至少清除2次，厂区内的有机废弃物在气温高于20℃时必须当日出运。

6.8 虫害控制

6.8.1 应当制定防鼠及防昆虫计划并有效地实施；

6.8.2 按计划设置足够的防鼠及防昆虫的设施，在厂区放置的捕鼠工具应有布点图，逐个编号，按规定检查；

6.8.3 实罐车间内部不得设置诱杀昆虫的设施，不得施放药物灭鼠杀虫；

6.8.4 所有的捕鼠及杀昆虫设施均须按规定进行检查并有检查记录。

6.9 化学物品控制

6.9.1 制定并执行有毒有害物品的储存和使用管理规定，确保厂区、车间和化验室使用的洗涤剂、消毒剂、杀虫剂、燃油、润滑油和化学试剂等有毒有害物品得到有效控制，避免对食品、食品接触表面和食品包装物料造成污染；

6.9.2 罐头食品生产企业所使用的洗涤剂、消毒剂、杀虫剂及其他有毒有害化学物品必须经过卫生管理部门的批准。

7. 容器密封

7.1 要求

7.1.1 罐头食品容器的密封设备应当性能优良、工作稳定；

7.1.2 实罐生产中容器的密封性能应当稳定在优良水平。

7.2 检验

7.2.1 金属容器

7.2.1.1 在生产过程中按每条生产线封罐机机头抽样，每30min抽取1罐，进行容器的外观目测检验；检验项目为快口或锐边、滑封或滑口、假封、牙齿或垂唇、大塌边、外流胶、埋头度、卷边厚度、卷边宽度、罐身高度；

7.2.1.2 在生产过程中按每条生产线封罐机机头抽样，每2h抽取1罐解剖，进行容器的密封性能检验；检验项目为埋头度、卷边厚度、卷边宽度、罐身高度、身钩、盖钩、迭接率、紧密度、接缝盖钩完整率、罐身压痕。

7.2.2 玻璃瓶、蒸煮袋、利乐包等容器

7.2.2.1 在生产过程中按每条生产线封罐机机头抽样，每30min抽取1罐进行容器的外观目测检验；按每条生产线封罐机机头抽样，每2h抽取1罐进行容器的密封性能检验；

7.2.2.2 根据产品密封性能质量控制的需要确定外观目测检验以及密封性能检验的检验项目。

7.2.3 纠偏

检验中发现有缺陷或者密封质量达不到预定的操作限值，应当停止生产，进行必要的纠正措施，并进行检验。只有当所有的缺陷全部纠正后，并经检验确认才可以恢复正常生产。

8. 热力杀菌

8.1 杀菌工艺规程

8.1.1 热力杀菌工艺必须能够保证杀菌强度达到足以杀灭对象菌，其中低酸性罐头的杀菌强度不低于"12D"，酸性罐头及酸化罐头的杀菌强度不低于"6D"；如因保持产品特性需要而采用低于上述杀菌强度的杀菌工艺，企业应当提供科学证明；

8.1.2 生产企业必须向主管机构申报具体产品的杀菌工艺规程，包括罐头品种、罐型、杀菌方法、杀菌工艺规程制订的来源和日期等。对于采用热力杀菌的，还应包括热力杀菌系统的形式和特征、罐头在热力杀菌锅内的排列方式、最低初温、排气的温度和时间、杀菌温度和时间、冷却方法、杀菌值（F_0）以及其他影响热穿透的关键因子等。

8.2 杀菌锅装备

8.2.1 杀菌锅至少安装1只最小刻度为0.5℃、每厘米刻度不超过4℃、刻度清晰的玻璃水银温度计；

8.2.2 杀菌锅应当配置温度自动记录装置；该仪器指示的温度应与杀菌锅上的水银温度计一致，不得高于水银温度计，也不得低于水银温度计0.5℃；在杀菌恒温温度±5℃范围内，记录纸上每厘米的温度标度不超过12℃；

8.2.3 杀菌锅上使用的温度计、压力表等每年至少进行1次计量，合格的使用，并贴有计量合格标识；

8.2.4 杀菌锅的蒸汽管、排气管、冷却水管、压缩空气管等管道应当涂抹为不同的颜色，以示识别；

8.2.5 杀菌锅装备的其他要求根据SN 0400中有关规定执行。

8.3 计时装置

8.3.1 热力杀菌操作场所要装1只在各个位置都容易看清的、以分为计时单位的时钟；

8.3.2 时钟的直径不小于300mm，钟面为浅色，指针应当有时、分、秒3根，色泽为深色，分针长度直接指到"分"刻度；

8.3.3 时钟的刻度精确到"分"，刻度要求深色、清晰、醒目；

8.3.4 时钟日误差小于45s；

8.3.5 时钟的安装高度不高于2.5m，表面照度大于300Lx，在杀菌操作位置上同一视线中不得同时看到1只以上的时钟；

8.3.6 在热力杀菌操作场所最好不要设置多个时钟，如确实需要，时钟之间指示时间的误差不得大于1min。

8.4 杀菌锅热分布

必须定期对杀菌锅的热分布进行检测并向主管机构备案。符合要求的、并在检测有效期内的杀菌锅方可用于罐头食品生产。

8.5 杀菌操作管理

8.5.1 杀菌操作应当规范，记录应当真实；

8.5.2 杀菌开始前应当测定罐头的初温；

8.5.3 杀菌笼（篮、车）上应当安放热敏指示纸；

8.5.4 杀菌后的罐头应当迅速冷却到40℃以下；冷却后的罐头应当尽快干燥，应当用吹风等方式干燥罐头表面，不得使用非一次性吸水材料来擦干罐头；

8.5.5 杀菌记录包括杀菌车间蒸汽总压、杀菌公式、生产日期、产品名称、罐型规格、杀菌锅编号、罐头初温、排气温度与时间、升温温度和时间、预定和实际杀菌温度和时间、冷却时间、冷却水余氯含量、操作人员姓名等内容，并附有温度自动记录图和热敏指示纸。

8.6 纠偏

罐头食品生产企业必须预先制定杀菌偏差的纠偏程序。纠偏程序和纠偏措施应当经过评估。

8.7 监督管理

主管机构依法对杀菌安全性进行监督和管理。

9. 人员

9.1 疾病控制

患有影响食品卫生疾病的人员，如患有传染性疾病、开放性损伤（包括疖、疮或感染性创伤）的人员，或可成为食品、食品接触面或食品包装材料的微生物污染源的人员，这些人员在上述病症痊愈前必须调离生产岗位。

9.2 清洁卫生

9.2.1 进入生产区域的生产、检验及管理人员应该保持个人清洁，不得将与生产无关的物品带入车间；不得戴手表、首饰等饰物，不得化妆；

9.2.2 所有进入实罐生产区域的人员的双手必须进行清洗消毒；使用除乙醇外的消毒剂的，在规定的消毒作用时间后必须及时漂洗干净；使用漂白粉及其他有效成分容易挥发的产品作为消毒剂的，应当现配现用，保持规定的有效浓度。

9.3 工作服

9.3.1 进入生产区域的人员必须按规定穿着工作服、帽、鞋；

9.3.2 工作服应当无纽扣、无口袋；工作服长度适当，在实际操作时衣服的下摆不能拖扫到工作面上或者地面上，任何情况下工作服均不得接触到加工品；工作帽应该足够大以能使头发不外露，必要时加戴发套；工作鞋要便于清洁消毒；

9.3.3 不同卫生要求的生产区域的人员工作服应当有明显的区别；同一生产企业区域内管理人员、检验人员与操作人员的工作服也应当有明显的区别；

9.3.4 设备维修人员进入有卫生要求的区域必须更换符合该区域卫生要求的、洁净的工作服；

9.3.5 参观人员进入生产区域必须符合本规范 9.1、9.2、9.3.1、9.3.2 的要求，参观中不得触摸生产设施及加工品；

9.3.6 有卫生要求的工作服只能在规定的生产区域穿着，穿工作服时不得进入卫生间、餐厅、其他生产区域或者非生产区域；管理人员、维修人员、参观人员等进入生产区域前在该区域所属的更衣室穿着工作服；

9.3.7 应当明确规定工作服的清洗方式、清洗要求及清洗频率；

9.3.8 工作服、帽必须每天更换；

9.3.9 工作服、帽应当集中管理，统一清洗、消毒、发放。

9.4 健康检查

9.4.1 进入实罐生产区域以及可能接触原辅材料、加工品、包装物料的生产、检验、维修及管理人员应当每年在授权的卫生部门进行1次健康体检，合格后方可上岗；

9.4.2 企业应当建立员工健康档案。

9.5 培训

9.5.1 企业应当配备足够数量的、具备相应资格和掌握一定技能的专业人员从事卫生质量管理工作；企业应当制定和实施职工培训计划并做好培训记录，保证不同岗位的人员掌握必要的技能，熟练完成本职工作；

9.5.2 杀菌操作人员、容器密封操作人员和检验人员、生产现场和实验室检验人员、卫生检验人员、卫生监督管理人员、记录审核人员以及与卫生质量管理体系有关的管理人员必须经主管机构培训考核，持证上岗；

9.5.3 其他人员应当经过必要的技能培训、卫生培训并考核合格后方可上岗。

10. 标识、包装、运输与储存

10.1 标识

10.1.1 企业应当在加工现场的生产线上对包装容器永久性地标注本企业的卫生注册编号、生产日期或有效期、批号等内容，根据包装容器的特性标注产品代号等内容；

10.1.2 企业应当在罐头运输包装物的侧面标注卫生注册编号、批号和生产日期等内容。

10.2 包装

10.2.1 用于包装食品的物料符合卫生标准并且保持清洁卫生，不得含有有毒有害物质，不易褪色；

10.2.2 内、外包装物料应当分别存放，不得受污染；

10.2.3 金属或者玻璃容器罐头在包装前应当使用机械或者物理方法检测罐内真空度，剔除不良罐头；成品包装应当在专用的场地内进行。

10.3 运输工具

10.3.1 厂区内不同生产区域的运输工具应当专用；

10.3.2 厂内运输工具符合卫生要求，根据需要配备防雨、防尘、冷藏、保温等设施；

10.3.3 车间内、仓库内使用的车辆不得在厂区道路上行使，外来车辆不得进入仓库。

10.4 仓储

10.4.1 罐头容器、原辅材料、包装物料、保温库以及成品仓库的温度符合要求，湿度应当控制在75%以下，应当配置温湿度计，定时记录；

10.4.2 仓库内应保持清洁，有防鼠、防虫设施；

10.4.3 仓库内应当配置垫仓板，所有物品均不得直接放置在地面，保持墙距和垛距；

10.4.4 仓库内不得存放有碍卫生的物品，不得存放杂物。

10.5 冷（冻）藏

10.5.1 冷藏库的温度应符合工艺要求，应当配备温度显示装置、自动温度记录装置并定期校准；

10.5.2 库内保持清洁，及时除霜，定期消毒；有防霉、防鼠、防虫措施和设施；

10.5.3 库内物品与墙壁、地面、天花板保持一定距离，库内不得存放有碍卫生的物品，同一库内不得存放可能造成相互污染或者串味的原辅材料、食品或者其他物料。

11. 产品质量验证

11.1 检验部门

11.1.1 企业应该设立与生产能力相适应的、满足实际检验工作和质量控制需要的检验部门；

11.1.2 企业应该设立满足本规范附录B要求的、与检验工作相适应的微生物实验室；

11.1.3 检验部门应当具备检验工作所需要的标准资料，检验设施（检验场地、仪器设备、检验器具）应当满足本规范附录B的要求以及实际检验工作的需要；

11.1.4 检验仪器按规定进行计量并在计量有效期内使用，计量器具上必须粘贴计量合格标识，计量器具的计量合格证必须按规定建立档案。

11.2 检验人员

11.2.1 检验人员应当具有中专或以上学历，接受过相关专业培训，具备上岗资格；

11.2.2 检验人员能够独立、有效地履行职责，检验操作规范，检验结果准确、真实。

11.3 外委托检验

11.3.1 委托社会实验室承担罐头食品生产企业卫生质量检验工作的，应当签订委托合同；

11.3.2 受委托的社会实验室应当具有相应的资质，具备完成委托检验项目的实际检测能力；

11.3.3 生产过程中的工艺卫生检验等直接关系到生产过程中卫生质量的控制等时效性较强的检验项目，感官、容器密封性能等关系到对产品准确评价的检验项目不得外委托，必须由企业设置的实验室自行完成；

11.3.4 受委托的社会实验室应当按照本规范11.1、11.2、11.4、12.1、12.2、12.3、12.4和12.5的规定开展检验工作。

11.4 检验工作质量管理

11.4.1 企业负责人应当对本企业的检验部门以及检验人员的工作质量进行管理。

11.4.2 企业的检验部门如有下列情况属无效检验：

——检验标准或检验依据，采用无效的检验标准或检验依据，检验操作不规范，检验项目不齐全；

——未经主管机构考核合格的检验人员进行的检验操作；

——微生物实验室的装备不符合要求，检验设施不符合要求，检验管理混乱；

——使用不合格的计量器具或超过计量合格有效期的计量器具进行检验；

——检验记录的格式不规范，非法或不规范修改检验结果，弄虚作假或编造检验结果；

——未经审核的检验记录；

——其他不规范的操作或不可信的检验结果。

12. 记录

12.1 建立

企业应在体系文件中对反映卫生质量活动记录的设置、格式、使用、收集、编目、归档、存储、保管和处理进行规定，贯彻实施；

12.2 基本要求

12.2.1 记录由质量手册及其他相关文件进行定义，并作为作业文件的一部分；

12.2.2 记录必须统一编号，具有唯一性；

12.2.3 记录在功能方面应该具有针对性，为完成某项具体工作而设计；在使用方面具有独立性，应该设计成由单个操作人员使用，不能数人合用一份记录表格或表单；

12.2.4 记录必须是单页，不能使用合订本，不得采用在簿子上划线或划格子的作为记录。

12.3 使用要求

12.3.1 在操作者手中只有正在使用的那份记录或表单；

12.3.2 记录必须现场使用，操作一步记录一步，不得追记、补记或预先记录；

12.3.3 记录因笔误而造成记录数据有误的允许修改一次，由记录者本人在现场进行修改。不得采取涂抹、描粗的方式修改数据，不得根据某种需要而去任意修改数据，影响数据的真实性；

12.3.4 记录应当由操作人员亲笔签名，不得使用姓名印章。

12.4 审核

12.4.1 记录必须于质量活动结束的次一个工作日审核完毕；

12.4.2 质量记录审核的签名必须手签，不得使用姓名印章；

12.4.3 记录审核人员的资格须经确认。

12.5 管理

质量记录必须按规定建立档案，保存三年备查。

附　录　A

（规范性附录）

卫生质量管理体系

A.1 基本要求

罐头食品生产企业应当按照本规范要求以及进口国的要求建立卫生质量管理体系并有效地实施。卫生质量管理体系应当由体系文件来描述，体系文件应当包括质量手册、HACCP 计划以及 SSOP 等。企业应当根据本规范要求编写体系文件。

A.2 体系文件

A.2.1 质量手册可采用三级文件的编排方式：质量手册、程序文件和作业文件；

A.2.2 质量手册包括形成文件的质量方针和质量目标、质量管理体系的范围、为质量管理体系编制的形成文件的程序或对其的引用、质量管理体系过程之间的相互作用的表述等内容；

A.2.3 程序文件包括实施卫生质量管理体系有关活动的规章制度等；

A.2.4 作业文件包括生产、控制、检验操作规程，作业指导书；原辅材料验收标准、检验方法，产品质量标准、检验标准或检验方法；生产、控制、检验、验证等方面的质量记录和表单等；

A. 2. 5 HACCP 计划和 SSOP 可以作为独立文件，也可以作为质量手册中有关安全和卫生的程序文件或者作业文件的一部分。

A. 3 HACCP

A. 3. 1 根据进口国要求或者根据 Annex CAC/RCP 1《HACCP 系统及其应用准则》建立 HACCP 计划。

HACCP 计划应当包括以下 7 个原则：

——原则一，进行危害分析（HA）

——原则二，确定各关键控制点（CCPS）

——原则三，建立关键限值（CL）

——原则四，建立一个系统检测对 CCP 进行控制

——原则五，在检测提示某一 CCP 失控时，确定应采用的纠正措施

——原则六，建立验证程序以证实 HACCP 系统在有效地运行

——原则七，建立一个以上原则和应用方面各项程序和记录的档案

A. 3. 2 生产企业应当按照以下 12 个步骤建立 HACCP 计划：

A. 3. 2. 1 组建 HACCP 工作组：

生产企业应当保证为制定有效的 HACCP 计划而具备与产品相当的知识和专业技能。最理想的是组建一个多学科的工作组。如果在工作现场无法获得有关的专业，则应从其他渠道获得专家的意见。应确定 HACCP 涉及的范围，即说明食物链的哪些部分是与之相关的以及危害的总体类型（例如，是否包含各类危害，还是其中的几类）。

A. 3. 2. 2 描述产品：

全面描述产品，包括有关的安全性资料，例如，产品成分、理化性质（如水活性、pH 等）、杀菌处理（如热加工、冷冻、盐渍、熏制等）、包装、贮存期、贮存条件以及销售方式等。

A. 3. 2. 3 确定产品的预期用途：

产品的预期用途是基于产品的最终消费者所期望的用途而定的。在特别情况下应考虑容易发生健康问题的人群，例如，集体供餐。

A. 3. 2. 4 制定产品流程图：

这项工作应由 HACCP 工作组完成。流程图应包括整个操作过程中的各个步骤。在对某一操作实施 HACCP 时，应考虑这一操作之前和之后步骤的情况。

HACCP 工作组完成流程图应包括整个操作过程中的各个步骤。在对某一操作实施 HACCP 时，应考虑这一操作之前和之后步骤的情况。

A. 3. 2. 5 现场确认流程图：

HACCP 工作组应对照流程图确认其生产加工过程，包括各个步骤和全部操作时间，并且在流程图的必要处进行修改。

A. 3. 2. 6 列出每一操作步骤可能存在的危害、进行危害分析，并考虑控制危害的措施（原则一）：

HACCP 工作组要将食品从初加工、生产、销售到最终食用的每个环节中有可能出现

的危害罗列出来。

HACCP工作组随后进行危害分析，以确定在HACCP计划中哪一种危害的消除或将之降低到可接受的程度对于生产安全的食品具有重要作用。

在进行危害分析时，应尽可能的包含以下几点：

——危害出现的可能和对健康产生不良影响的严重程度；

——危害出现的定性和定量评估；

——有关微生物的生存或繁殖情况；

——毒素、化学或物理因子在食品中的产生或存留；

——以及上述情况出现的条件。

HACCP工作组必须研究控制对策，即可应用于每个危害的控制措施。

可能需要有多个控制措施针对某个特别的危害，而某一特别的控制措施亦可能应用于控制多个危害。

A.3.2.7 确定关键控制点（CCP）（原则二）：

针对同一种危害可能会有多个CCP需要进行控制。在HACCP系统中确定某个CCP可采用“判断树”的方法，这是一个采用逻辑推导的方法。应当灵活地运用“判断树”，无论是生产、屠宰、加工、贮藏、销售或其他。它可以为确定CCP提供指导。这个“判断树”的例子并不一定适合于所有情况。其他方法也可采用。建议在应用“判断树”之前先进行培训。

如果发现在某一步骤中具有某种危害，而对其进行控制是保证安全性所必要的，可是在此步骤中并没有控制措施，则就要考虑在其前后或此步骤中改变产品加工方法，并包含相应的控制措施。

A.3.2.8 对每个CCP建立相应的关键控制限值（原则三）：

在可能的情况下，应对每一个CCP设定相应的关键限值，并且经过证实。有些时候，在某个步骤可能会设定多个关键限值。经常设定的控制指标包括温度、时间、水分、pH、水活性、氯以及感官指标（如，外观和质地等）。

A.3.2.9 对每个CCP建立监测系统（原则四）：

监测是有计划地测定或观察CCP，并与设定的关键限值进行比较。监测方法必须能发现CCP的失控。另外，它还要求监测及时提供信息以保证为控制加工过程防止超过关键限值而对生产加工进行必要的调整。应当在监测结果中提示在某个CCP有失控的趋势时，就尽可能对生产加工过程进行调整，并且应在偏差出现之前就进行调整。从监测中获得资料应由一个指定的具备相应知识和权威性的人进行评价，并在结果提示失控时实施纠正措施。如果监测不是连续性的，那么其监测的量和频度必须能够充分保证CCP得到控制。多数对CCP的监测需要快速进行，因为它是与整个现场生产相关的，没有时间进行长时间的分析检测。理化检测常常优于微生物检测，因为它时间短，并且常常可以提示产品的微生物学控制情况。所有CCP的监测记录和文件必须由公司内负责监测的人和另一个审核人员共同签字。

A.3.2.10 制定纠正措施（原则五）：

在HACCP系统中必须制定每个CCP具体的纠正措施，目的是在偏差出现时实施。

这个措施包括必须保证 CCP 重新得到控制。有关如何处理那些受影响的产品的方法也应包含在内。偏差出现及产品处理方法的内容应在 HACCP 文件中记录在案。

A.3.2.11 建立验证程序（原则六）：

建立验证程序。通过验证和审查方法、程序以及试验，包括随机抽样和分析，来判定 HACCP 系统是否在有效地运行。验证的频度应能充分证实 HACCP 系统在有效地运行。有关的验证内容可包括：

——审核 HACCP 系统及其记录；

——审阅有关偏差发生和产品处理的资料；

——以及证实 CCP 得到良好的控制。

在可能情况下，还应证实 HACCP 计划中的所有部分均在有效地运行。

A.3.2.12 建立文件和记录保存系统（原则七）：

准确有效的档案保存是实施 HACCP 系统的重要部分。HACCP 的实施过程要记录在案。所有文件和记录的归档工作要与生产加工的特性和规模相适应。

A.3.3 HACCP 计划的文件可包括：

——危害分析；

——CCP 的确定；

——关键限值的确定。

A.3.4 执行 HACCP 计划的记录可包括：

——CCP 监测活动；

——偏差及有关的纠正措施；

——HACCP 系统的修改内容。

A.3.5 罐头食品生产中的关键控制点（CCP）应该包括但不限于“容器密封”和“热力杀菌”。

A.3.6 HACCP 计划中关键限值（CL）的设定应当包括但不限于以下内容：在进口国没有具体规定的情况下，金属容器密封的紧密度不低于 60％、迭接率和接缝盖钩完整率不低于 50％；在热力杀菌情况下，工艺规定的热力杀菌恒温温度为关键限值，高于杀菌恒温温度 1℃为操作限值（OL）。

A.4 SSOP

A.4.1 SSOP 的 8 项基本内容

——与食品接触或与食品接触物表面接触的水（冰）的安全；

——与食品接触的表面（包括设备、手套、工作服）的清洁度；

——防止发生交叉污染；

——手的清洗与消毒，厕所设施的维护与卫生保持；

——防止食品被污染物污染；

——有毒化学物质的标记、储存和使用；

——雇员的健康与卫生控制；

——虫害的防治。

A.4.2 卫生控制的具体目标

A.4.2.1 水质

符合 GB 5749 或者进口国的规定；使用前冷却水中的嗜温需氧菌含量<100 个/ml，杀菌锅排放的冷却水余氯含量≥0.5mg/L；

A.4.2.2 与食品接触物表面

经清洗消毒后与食品接触物表面的嗜温需氧菌含量<75 个/cm^2，无大肠菌；

A.4.2.3 其他

以本规范提出的其他卫生要求作为 SSOP 应当达到的控制目标。

A.5 运行

企业的卫生质量管理体系必须有效地运行，在进行卫生注册评审前至少运行 3 个月。

A.6 内部审核

A.6.1 审核人员

内部审核由企业的质量管理负责人或权力委托人组织并进行。为实施质量体系的内审，可以根据情况成立内审评审组，评审组成员可以由各部门的代表组成。企业也可以由组建专门的部门或者人员负责实施。评审组成员应当接受必要的培训并经考核合格。

A.6.2 审核内容

审核质量体系实施的有效性，以质量体系中的控制要素的执行情况为主。当发现质量体系的制定或者执行过程中有明显问题时、发生重大问题时，可以根据实际情况调整内审的时间和内容。

A.6.3 不符合项及处理

A.6.3.1 根据内审中发现的不符合项，落实整改措施。

A.6.3.2 根据不符合项以及整改情况评估卫生质量管理体系是否合理，是否切合实际，是否具有可行性，是否能够通过执行这些制度和规范来真正达到预期的管理目标。

A.6.3.3 如卫生质量管理体系方面有问题，应按规定的程序修改体系文件及相关文件。

A.6.3.4 内审中发现的不符合项，必须落实整改，必要时由内审组核实整改结果。

A.7 体系文件的修订

企业应当对卫生质量管理体系不断改进，不断完善。尤其在卫生注册有效期满、重新申请时应当对体系文件进行全面的修订。

附　录　B
（资料性附录）
企业实验室基本要求

B.1 无菌室装备要求及管理

B.1.1 无菌室的面积应能够满足检验工作的需要，内墙为浅色。墙面和地面应当光滑，易于清洁。

B.1.2 无菌室入口处应设置缓冲间，缓冲间内需设置供清洗用的水源，安装非手动式开关。缓冲间应有足够的面积以保证操作人员更换工作服及鞋帽。

B. 1. 3 无菌室及缓冲间的门应是平开式移门。无菌室应密封良好，面向室外的窗户为双层玻璃的窗户，以保持密封良好。

B. 1. 4 无菌室内的工作台的高度约 80cm，工作台应保持水平，工作台面应无渗漏，耐腐蚀，易于清洁、消毒。

B. 1. 5 无菌室按每 $3m^2$ 的面积配备一根功率为 30W 的紫外线灭菌灯，缓冲间也应配备紫外线灭菌灯。紫外线灭菌灯应无灯罩，灯管距地面不得超过 2.5m，每次灭菌时间为 1h 或更长。应至少每 2 周一次用酒精棉球擦拭紫外线灭菌灯，清洁灯管表面。

B. 1. 6 无菌室内应有良好的采光条件。人工采光的，工作台面的照度不低于 540Lx。

B. 1. 7 无菌室应具备适当的通风和温度调节的条件。无菌室的推荐温度为 20℃，相对湿度为 40%～60%；无菌室内须设置精度为 1℃的温湿度计。

B. 1. 8 无菌室灭菌效果验证方法：以普通琼脂平皿放置在无菌室工作台上，开盖暴露 10min，在 37℃±1℃恒温箱培养 24h 后检查暴露平板的细菌数，如平均值大于 10 个，应分析原因，并采取延长紫外线灭菌灯灭菌时间、熏蒸等相应的灭菌措施。无菌室的灭菌效果至少每季度验证一次。

B. 1. 9 无菌室应建立清洁、灭菌、使用及温湿度记录。

B. 1. 10 无菌室应设置显著标志指示无菌室是否已灭菌。

B. 1. 11 在条件许可的情况下，无菌室应安装通讯设备。

B. 1. 12 无菌室应保持清洁卫生，废弃物应及时处理。

B. 2 恒温箱（室）装备要求及管理

B. 2. 1 用于微生物培养以及商业无菌保温的恒温箱（室）的容积应符合检验工作量的需要。应根据检验工作的需要而配备不同温度的恒温箱（室），不得混用。恒温箱（室）温度控制装置的精度应达到±1℃，并保持运转正常。恒温箱（室）内也应同时设置精度为 1℃的水银温度计，水银温度计应按规定进行计量并保证在计量有效期内使用。

B. 2. 2 应在每个工作日对水银温度计进行人工抄表，记录温度。水银温度计人工抄表记录及自动温度记录仪的温度记录应于次工作日由专人核查。恒温箱（室）的温度波动超过规定的范围视为偏差，应按规定进行偏差的评估并采取适当的纠偏措施。

B. 2. 3 恒温箱（室）内应设置样品搁架，恒温箱（室）内样品的放置方式应当能够使得样品均匀受热。

B. 3 试剂管理

B. 3. 1 实验室所使用的试剂应来源可靠、质量合格，纯度符合检验工作的需要。

B. 3. 2 实验室所使用的试剂应实行进货登记、领用核销、过期报废的管理办法。每种试剂均须建立台账，台账由专人负责，定期核对，做到账物相符。

B. 3. 3 实验室所使用的危险品（试剂）应按规定放置在安全的贮藏箱内，贮藏箱应按规定设置双锁，根据安全规定批准领用并建立使用台账。

B. 3. 4 实验室所使用的试剂应贮存在温湿度适宜的场所，应避免阳光直射。

B. 3. 5 为实验所配置的常用试剂应加贴标志，标志上须注明试剂名称、浓度、配制日期及配制人。

B. 4 仪器管理

B. 4. 1 实验室应配备显微镜、高压灭菌锅、恒温烘箱、pH 计及天平等仪器设备。检测仪器及设备应满足检验工作的需要，仪器的精度应符合要求。

B. 4. 2 实验室所使用的仪器应按规定进行计量。加贴计量标志并在计量有效期内使用。

第五节　出口肉类屠宰加工企业注册卫生规范

1. 依据

本规范根据《出口食品生产企业卫生注册登记管理规定》，参照国际食品法典委员会（CAC）和有关进口国肉类卫生法规、标准制定。

2. 适用范围

2. 1 本规范适用于出口肉类屠宰、分割、加工、储存企业。

2. 2 本规范中的肉类，是指适合人类食用的、家养或野生哺乳动物和禽类肉、肉制品以及可食用的副产品。

3. 定义

3. 1 出口肉类屠宰加工企业：经国家认证认可监督管理委员会注册的屠宰厂、分割厂、加工厂、冷库及储存库。

3. 2 动物：家养或野生的哺乳动物和禽类。例如，猪、牛、马、羊、鹿、兔、鸡、鸭、鹅、鸽、鸵鸟、火鸡等。

3. 3 屠体：屠宰、放血后未去毛或去皮的完整动物躯体。

3. 4 胴体：放血、去毛或去皮、去内脏和修整后的动物躯干。

3. 5 无害化处理：将经检验确定为不适合人类食用或不符合兽医卫生要求的动物、屠体、胴体、内脏或动物的其他部分进行高温、化制、焚烧或深埋等处理的方法或过程。

3. 6 急宰：在动物发生物理性伤亡或严重的生理性和功能性问题后，由兽医下令进行的宰杀。这种屠宰可以在屠宰厂专设的宰杀间进行。

3. 7 修整：屠宰加工过程中，逐步把动物分成胴体、其他可食部分和不可食部分的操作。

3. 8 肉类：安全并适合人类食用的动物的各部分。

3. 9 肉制品：用肉类为主要原料制成，并能体现肉类特征的产品（罐头除外）。

3. 10 肉类卫生：保证肉类安全性、适宜性的所有条件和措施。

3. 11 食用副产品：除胴体肉以外的肉类。

3. 12 初级生产：从动物饲养或捕获、运输到屠宰前的整个过程。

3. 13 宰前检验：为判定动物是否健康和适合人类食用，在动物宰前进行的检验。

3. 14 宰后检验：为判定动物是否健康和适合人类食用，在动物宰后，对其头、胴体、内脏和动物其他部分进行的检验。

3. 15 卫生标准操作程序（SSOP）：企业为了保证肉类卫生要求所制订的用于控制生产卫生的操作程序。

3. 16 危害分析和关键控制点（HACCP）：对肉类安全显著危害进行识别、评估以及控制的体系。

4. 一般原则

4.1 肉类初级生产、屠宰、加工、储存的所有环节，应符合安全卫生和适合人类食用的原则。

4.2 应建立从“农场到餐桌”全过程的肉类卫生控制体系。

4.3 出口肉类屠宰加工企业（以下简称企业）应按照《出口食品生产企业卫生注册登记管理规定》的要求，应用 HACCP 原理建立卫生质量体系，并确保其有效运行。

4.4 从事肉类卫生控制的人员应经过适当培训，并具有相应资格。

4.5 企业有遵守卫生法规要求、提供肉类卫生信息、配合主管部门做好兽医卫生和公共卫生工作的义务。

4.6 企业应建立产品召回制度，当肉类及其制品中存在不可接受的风险时，确保能追溯和撤回产品。

5. 初级生产

5.1 企业应对初级生产实施有效控制，确保屠宰加工后的肉类适合人类食用。

5.2 初级生产要求至少包括：

1）建立有关肉类卫生的信息收集、整理和反馈系统；

2）建立疫病监控和疫情通报制度；

3）按照计划实施残留监控；

4）建立包括动物、饲料和环境卫生的良好卫生规范（GHP），积极应用 HACCP 体系和取得农产品认证；

5）建立动物来源的识别系统，确保供宰动物能追溯至原产地；

6）饲料原料的采购、加工、贮存、运输过程中，应最大可能地防止生物、化学、物理性因素的危害；

7）使用的饲料、饲料添加剂应保证来源、成分清楚，并附有相应的证明材料，符合国家有关规定；

8）饲养场应符合兽医卫生要求，并在兽医的监督下生产。保证死亡动物和废弃物的处理不对人类和动物健康造成危害；

9）兽药及疫苗的使用应符合国家和进口国的有关规定；

10）饲养场应建立饲养日志，记录动物健康状况、饲养情况、兽药及疫苗的使用情况和消毒情况等内容；

11）供宰动物在运输前应由兽医主管部门进行检疫，并随附兽医主管部门出具的动物检疫合格证明方可进入屠宰厂；

12）运输过程应避免粪便污染和动物应激或伤害。运送动物的车辆应及时进行清洗和消毒。

6. 企业的设计和环境卫生

6.1 选址。企业应远离污染源，厂区周围应保持清洁卫生，交通便利，水源充足；不得建在有碍肉类卫生的区域；厂区内不得兼营、生产、存放有碍食品卫生的其他产品。

6.2 厂区主要道路应铺设适于车辆通行的坚硬路面（如混凝土或沥青路面等），路面平整、易冲洗，无积水。

6.3 屠宰厂应设有畜禽待宰圈（区）、可疑病畜观察圈、病畜隔离圈、急宰间和无害化处理设施；配备密闭不漏水的病畜（禽）专用运输工具；可疑病畜观察圈、病畜隔离圈的位置不应对健康动物造成传染风险。

6.4 厂区卫生间应有冲水、洗手、防蝇、防虫、防鼠设施，墙裙以浅色、平滑、不透水、耐腐蚀的材料修建，易于清洗并保持清洁。

6.5 厂区排水系统畅通、厂区地面不得有积水和废弃物堆积，生产中产生的废水、废料的处理和排放应符合国家有关规定。

6.6 厂区应建有与生产能力相适应，并符合卫生要求的原料、辅料、化学物品、包装物料储存等辅助设施和废弃物、垃圾暂存设施。

6.7 厂区内不得堆放废旧设备、物品，废弃物应及时清除或处理，避免对厂区环境造成污染。

6.8 厂区内禁止饲养与屠宰加工无关的动物。

6.9 工厂的待宰、屠宰、分割、加工、储存等车间及加工流程应设置合理，符合卫生要求。

6.10 无害化处理设施、锅炉房、贮煤场所、污水及污物处理设施应与屠宰、分割、肉制品加工车间和储存库相隔一定的距离，并位于主风向的下风处。锅炉房应设有消烟除尘设施。

6.11 企业应分设活动物进厂、成品出厂的大门及专用通道。

6.12 厂区应设有运输动物车辆和工具的清洗、消毒的专门区域及其相关设施。

6.13 生产区与生活区应分开设置。

7. 车间及设备设施

7.1 车间的一般要求

7.1.1 车间面积应与生产能力相适应，布局合理，排水畅通；车间地面应用耐腐蚀的无毒材料修建，防滑、坚固、不渗水、不积水、无裂缝、易于清洗消毒并保持清洁；车间地面排水的坡度应为1%～2%，屠宰车间应为2%以上。

7.1.2 车间入口处应设有鞋靴消毒设施。

7.1.3 车间出口及与外界相连的排水口、通风处应安装防鼠、防蝇、防虫等设施。

7.1.4 排水系统应有防止固体废弃物进入的装置，排水沟底角应呈弧形，易于清洗，排水管应有防止异味溢出的水封装置以及防鼠网。

7.1.5 车间内墙壁、屋顶或者天花板应使用无毒、浅色、防水、防霉、不脱落、易于清洗的材料修建，墙角、地角、顶角应具有弧度。固定物、管道、电线等应采取适当的防护措施。

7.1.6 车间窗户有内窗台的，内窗台应下斜约45°；车间门窗应采用浅色、平滑、易清洗、不透水、耐腐蚀的坚固材料制作，结构严密。

7.1.7 按照生产工艺的先后次序和产品特点，将原料处理、半成品加工、工器具的清洗消毒、成品内包装、外包装、检验和贮存等不同清洁卫生要求的区域分开设置，防止交叉污染。

7.1.8 冷却或冻结间及其设备的设计应防止胴体与地面和墙壁接触。

7.1.9 车间应设有通风设施，防止天花板上有冷凝水产生。

7.1.10 肉制品蒸煮、油炸、烟熏、烘烤设施的上方应设与之相适应的排油烟和通风装置。

7.1.11 车间内应有适度的照明，光线以不改变被加工物的本色为宜。检验岗位的照明强度应保持540Lx以上，生产车间应在220Lx以上，宰前检验区域应在220Lx以上，预冷间、通道等其他场所应在110Lx以上。生产线上方的照明设施应装有防护罩。

7.1.12 有温度要求的工序或场所应安装温度显示装置，车间温度应按照产品工艺要求控制在规定的范围内。预冷设施温度控制在0～4℃；腌制间温度控制在0～4℃；分割间、肉制品加工间温度不能超过12℃；冻结间温度不高于－28℃；冷藏库温度不高于－18℃。肉制品的工艺对温度有特殊要求的可以例外。

7.1.13 预冷间、冻结间、冷藏库应配备自动温度记录装置，必要时配备湿度计；温度计和湿度计应定期校准。

7.1.14 车间入口处及其他关键工序应设有标示或警示牌。

7.2 更衣室、洗手消毒和卫生间设施

7.2.1 在车间入口处、卫生间及车间内适当的地点应设置与生产能力相适应的热水洗手设施及消毒、干手设施。消毒液浓度应能达到有效的消毒效果。洗手水龙头应为非手动开关。洗手设施的排水应直接接入下水管道。

7.2.2 设有与车间相连接的更衣室、卫生间、淋浴间，其设施和布局不得对产品造成潜在的污染。

7.2.3 卫生间的门应能自动关闭，门、窗不得直接开向车间。卫生间内应设置排气通风设施和防蝇防虫设施，保持清洁卫生。

7.2.4 不同清洁程度要求的区域应设有单独的更衣室，个人衣物与工作服应分开存放。

7.3 车间内的加工设备和设施

7.3.1 车间内的设备、工器具和容器应采用无毒、无气味、不吸水、耐腐蚀、不生锈、易清洗消毒、坚固的材料制作。其结构应易于拆洗，其表面应平滑、无凹坑和缝隙。禁止使用竹木工器具。

7.3.2 容器应有明显的标识，废弃物容器和可食产品容器不得混用。废弃物容器应防水、防腐蚀、防渗漏。如使用管道输送废弃物，则管道的建造、安装和维护应避免对产品造成污染。

7.3.3 加工设备的位置应便于安装、维护和清洗消毒，并按工艺流程合理排布，防止加工过程中交叉污染。

7.3.4 加工车间的工器具应在专门房间进行清洗消毒，清洗消毒间应备有冷、热水及清洗消毒设施和适当的排气通风装置。生产线的适当位置应配备带有82℃热水的刀具消毒设施。

7.4 水的供应

7.4.1 供水能力应与生产能力相适应，确保加工水量充足。加工用水（冰）应符合国家生活饮用水或者其他相关标准的要求。如使用自备水源作为加工用水，应进行有效处理，并实施卫生监控。企业应备有供水网络图。

7.4.2 企业应定期对加工用水（冰）的微生物进行检测，必要时检测余氯含量，以确保加工用水（冰）的卫生质量。每年对水质的公共卫生检测不少于两次。

7.4.3 加工用水的管道应有防虹吸或防回流装置，不得与非饮用水的管道相连接，并有标识。

7.4.4 储水设施应采用无毒、无污染的材料制成，并有防止污染的措施。应定期清洗、消毒，避免加工用水受到污染。

7.4.5 屠宰、分割、加工和无害化处理等场所应配备热水供应系统。

7.5 屠宰厂的特殊条件

7.5.1 屠宰间面积充足，能使操作符合要求。不得在同一屠宰间，同时屠宰不同种类的动物。

7.5.2 浸烫、脱毛、刮毛、燎毛或剥皮应在与宰杀明显分开的区域进行，相隔至少 5m 或用至少 3m 高的墙隔开。

7.5.3 动物击晕后的屠宰加工、修整应尽可能地悬挂进行，并避免悬挂的动物接触地面。

7.5.4 应分别设专门的心、肝、肺、肾加工处理间，胃、肠加工处理间，头、蹄（爪）、尾等加工处理间。各食用副产品加工车间的设备设施符合卫生要求，工艺布局应做到脏、净分开，流程合理，避免交叉污染。

7.5.5 胃肠加工设备的设计、安装与操作应能有效地防止对鲜肉的污染。应安装通风装置以防止、消除异味和汽雾。设备应配有能使胃肠内容物和废水以封闭方式排入排水系统的装置。排空清洗后的胃肠应用卫生的方法运输。

7.5.6 食用副产品应设有专用的预冷间、包装间。

7.5.7 应设有专门区域用于贮存胃肠内容物和其他废料。如果皮、角、蹄、猪鬃、羽毛等在屠宰的当天不直接用密封、防漏的容器运走，应设有专门的贮存间。

7.5.8 猪的屠宰间应设有设施齐全的旋毛虫检验室。

7.5.9 企业应设兽医办公室，配有适当的办公用具。

7.6 肉制品厂（车间）的特殊条件

7.6.1 应设有与生产能力相适应的原料肉和成品储藏间或冻结间。

7.6.2 肉制品加工、包装应设有专门的车间，生产流程应符合卫生要求。

7.6.3 热加工处理应在单独的车间进行，生、熟加工应严格分开。

7.6.4 应设有专用的辅料存放间和配制间。

7.6.5 根据产品的类型和加工工艺不同，企业应设有包装拆除间、原料解冻间、原料肉清洗间、分割间、腌制间、熟制间、烟熏间、预包装肉制品的切片间和包装间等。

8. 屠宰加工的卫生控制

8.1 宰前检验

8.1.1 供宰动物应符合本规范第 5 款规定的要求。屠宰企业不得接受在运输过程中死亡的动物、有传染病或疑似传染病的动物、来源不明或证明不全的动物。

8.1.2 供宰动物应进行宰前检验。

8.1.3 宰前检验应考虑初级生产的相关信息，如动物饲养情况、用药及疫病防治情况等。

8.1.4 应通过一系列特定的程序和方法观察活动物的外表，如动物的行为、体态、身体状况、体表、排泄物及气味等。对有异常症状的动物应隔离观察，测量体温，并由兽医作进一步检查。必要时，进行实验室检测。

8.1.5 对判定不适宜正常屠宰的动物应进行急宰或无害化处理。

8.1.6 应将宰前检验信息及时反馈给饲养场和宰后检验人员，并做好宰前检验记录。

8.2 宰后检验

8.2.1 宰后检验应按照国家有关规定、程序和标准执行。

8.2.2 应利用初级生产和宰前检验信息，结合对动物头部、胴体和内脏的感官检验结果，判定肉类是否适合人类食用。

8.2.3 感官检验不能准确判定肉类是否适合人类食用时，应进一步检验或检测。

8.2.4 废弃的肉类或动物其他部分，应做适当标记，并用防止与其他肉类交叉污染的方式处理。废弃处理应做好记录。

8.2.5 为确保能充分完成宰后检验，主管兽医有权减慢或停止屠宰加工。

8.2.6 宰后检验应做好记录。宰后检验结果应及时分析汇总后上报检验检疫部门并反馈给饲养场。

8.3 应采取适当措施，避免可疑动物屠体、组织、体液（如胆汁、尿液、奶汁等）、胃肠内容物等污染其他肉类、设备和场地。

8.3.1 污染的设备和场地应在兽医监督下进行清洗和消毒后，才能重新屠宰、加工正常动物。

8.3.2 被脓液、病理组织、胃肠内容物、渗出物等污染的胴体或肉类，应以卫生的方式去除或废弃。

8.4 在家畜屠宰检验过程中使用的某些工器具、设备，如宰杀、去角设备、头部检验刀具、开胸和开片刀锯、同步检验盛放内脏的盘等，每次使用后，都应进行清洗、消毒。

8.5 分割、去骨、包装时，肉的中心温度应保持7℃以下，禽肉保持4℃以下，食用副产品保持3℃以下。加工、分割、去骨等操作应尽可能迅速，使产品保持规定的温度。

8.6 肉制品加工的原料、辅料的卫生要求

8.6.1 原料肉应来自出口肉类屠宰加工企业，附有检疫合格证，并经过验收合格后方准使用。

8.6.2 进口的原料肉应来自经国家注册的国外肉类生产企业，并附有出口国（地区）官方兽医部门出具的检验检疫合格证书和进境口岸检验检疫部门出具的检验检疫合格证书。

8.6.3 辅料应具有检验合格证，并经过进厂验收合格后方准使用。原、辅材料应专库存放。

8.6.4 超过保质期的原、辅料不得用于生产加工。

8.6.5 原料、辅料、半成品、成品以及生、熟产品应分别存放，防止污染。

8.7 对加工过程中产生的不合格品和废弃物，应在固定地点用有明显标志的专用容器分别收集盛装，并在检验人员监督下及时处理，其容器和运输工具应及时清洗消毒。

8.8 班前班后应对设备设施进行清洁消毒。生产过程中应对工器具、操作台和接触食品的加工表面定期进行清洗消毒，防止对产品造成污染。

8.9 生产加工中应使用流动水解冻肉类原料、清洁工器具。

8.10 需无害化处理的动物和动物组织应用专门的车辆、容器及时运送。无害化处理应在兽医的监督下，在专用的设施中进行。企业应制定严格的防护措施，防止交叉污染和环境污染。

8.11 对有毒有害物品的储存和使用应严格管理，确保厂区、车间和化验室使用的洗涤剂、消毒剂、杀虫剂、燃油、润滑油和化学试剂等有毒有害物品得到有效控制，避免对肉类造成污染。

9. 包装、储存、运输的卫生

9.1 包装

9.1.1 包装物料应符合卫生标准，不得含有有毒有害物质，不得改变肉的感官特性。

9.1.2 包装物料应有足够的强度，保证在运输和搬运过程不破损。

9.1.3 肉类的包装不得重复使用，除非包装是用易清洗的、耐腐蚀的材料制成，并且在使用前经过清洗和消毒。

9.1.4 内、外包装物料应分别专库存放，包装物料库应干燥、通风，保持清洁卫生。

9.1.5 肉类包装上应有注册编号。

9.1.6 产品包装间的温度应符合其特定的要求。

9.2 储存

9.2.1 储存库内应保持清洁、整齐，不得存放有碍卫生的物品，同一库内不得存放可能造成相互污染或者串味的食品。有防霉、防鼠、防虫设施，定期消毒。

9.2.2 库内物品与墙壁距离不少于 30cm，与地面距离不少于 10cm，与天花板保持一定的距离，并分垛存放，标识清楚。

9.3 运输

9.3.1 用于运输肉类的工具不得运输活动物或其他可能污染肉类的物品。

9.3.2 包装肉与裸装肉不能同车运输，除非采取了物理性的隔离防护措施。

9.3.3 运输工具应符合卫生要求，并根据产品特点配备制冷、保温等设施。运输过程中应保持适宜的温度。

9.3.4 运输工具应及时清洗消毒，保持清洁卫生。

10. 人员卫生

10.1 从事肉类生产加工和管理的人员经体检合格后方可上岗。每年进行一次健康检查，必要时做临时健康检查。凡患有影响食品卫生的疾病者，应调离食品生产岗位。

10.2 从事肉类生产加工和管理的人员应保持个人清洁，不得将与生产无关的物品带入车间；工作时不得戴首饰、手表，不得化妆；进入车间时应洗手、消毒并穿着工作服、帽、鞋，离开车间时换下工作服、帽、鞋；工厂应设立专用洗衣房，工作服集中管理，统一清洗消毒，统一发放。生产中使用手套作业的，手套应保持完好、清洁并经消毒处理，不得使用纺织纤维手套。

10.3 清洁区与非清洁区、生区与熟区等不同岗位的人员应穿戴不同颜色或标志的工作服、帽，以便区分。不同加工区域的人员不得串岗。

11. 卫生质量体系的控制和运行

11.1 企业应按照《出口食品生产企业卫生要求》，应用 HACPP 原理建立卫生质量管理体系，制定指导卫生质量体系运行的体系文件。

11.2 企业在建立实施 HACCP 计划时，应：

1）制定并有效实施基础计划；

2）在进行危害分析时，充分考虑屠宰动物的种类、肉类产品的预期用途，确定危害预防措施；

3）保证制定的关键限值和操作限值具有可操作性，并符合有关法律法规、标准的规定；

4）充分考虑 HACCP 计划的验证频率，必要时，取样进行实验室检验；

5）充分考虑 HACCP 计划的有效性，确保肉类及其制品安全卫生。

11.3 企业最高管理者应确保卫生质量体系的有效实施。

11.4 企业应有与生产能力相适应的内设检验机构和具备相应资格的检验人员。

11.5 企业内设检验机构应具备检验工作所需要的标准资料、检验设施和仪器设备；检验仪器应按规定进行计量检定。

11.6 委托社会实验室承担检测工作的，该实验室应具有相应的资格。

11.7 企业应制定原料、辅料、半成品、成品及生产过程卫生控制程序，并有效执行，做好记录。

11.8 企业应制定书面的 SSOP 程序，明确执行人的职责，确定执行频率，实施有效的监控和相应的纠正预防措施。

SSOP 应至少包括以下内容：

1）加工用水和冰的安全；

2）肉类接触表面的清洁卫生；

3）防止交叉污染；

4）洗手消毒设施以及卫生间设施的维护；

5）避免肉类被污染物污染；

6）有毒有害化学物质的控制；

7）员工的健康和卫生；

8）鼠害和虫害的控制。

11.9 企业应制定和执行加工设备、设施的维护程序，保证加工设备、设施不对产品造成污染，满足生产加工的需要。

11.10 企业应制定和执行对不合格品的控制制度，制度包括不合格品的标识、记录、评价、隔离处置和可追溯性等内容。

11.11 企业应制定产品标识、质量追踪和产品召回制度，以保证出厂产品在出现安全卫生质量问题时能够及时召回。

11.12 企业应制定和实施职工培训计划并做好培训记录，保证不同岗位的人员掌握肉类安全卫生知识和技能。

11.13 企业应建立内部审核制度，每半年至少进行一次内部审核，一年至少进行一次管理评审，并做好记录。

11.14 对反映产品卫生质量情况的有关记录，制定标记、收集、编目、归档、存储、保管和处理的程序，并贯彻执行；所有记录应真实、准确、规范并具有卫生质量的可追溯性，保存期不少于 2 年。

12. 对于必须使用传统工艺生产加工的产品，在保证肉类安全卫生的前提下，可以按传统工艺生产加工。

13. 本规范由国家认证认可监督管理委员会负责解释。

14. 本规范自 2003 年 12 月 31 日起实施。原国家商检局发布的《出口畜禽肉及其制品加工企业注册卫生规范》同时废止。

第六节　出口水产品生产企业注册卫生规范

1. 依据

本规范根据《出口食品生产企业卫生注册登记管理规定》（国家质检总局 2002 年第 20 号令），参照国际食品法典委员会（CAC）和有关进口国水产品卫生法规、标准制定。

2. 适用范围

2.1 本规范适用于出口水产品生产企业。

2.2 本规范中的水产品，是指所有适合人类食用的淡水或者海水水生动物或它们的可食部分，以及以它们为特征组分制成的食品。

3. 定义

3.1 出口水产品生产企业：经国家认证认可监督管理委员会注册的水产品生产、加工、储存企业。

3.2 前处理：改变水产品形状完整性的处理，如宰杀、去头、去皮、去脏、去鳍等。

3.3 加工：用物理或者化学方法处理水产品的过程，如冷冻、加热、脱水、烟熏、油炸、罐藏、腌制、发酵等。

3.4 清洁海水：未受到影响水产品安全卫生的有害微生物、有毒浮游生物、有害化学物质等污染的海水。

3.5 净化：将贝类放入清洁海水或等效的人工海水中处理一段时间，以消除微生物的污染，使其适合人类食用。

3.6 食品接触表面：在正常加工过程中，直接或间接接触食品的各种表面，如工器具、刀具、桌面、案板、传送带、制冰机、贮冰池、手套、围裙等。

3.7 卫生标准操作程序（SSOP）：企业为了保证食品卫生所制订的用于控制生产卫生的操作程序。

3.8 危害分析和关键控制点（HACCP）：对食品安全危害进行识别、评估以及控制的体系。

4. 原料

4.1 企业应针对原料制定有效控制程序，保证原料的安全卫生。所有原料应来自无污染的水域。在原料的储存、运输等过程中应保证温度和时间适宜，不得使用未经许可的或成分不明的化学物质。

4.2 捕捞类水产品原料的捕捞船、加工船或运输船应符合卫生要求，获得主管部门的许可；活水产品应在适宜的存活条件下运输；冰鲜水产品捕捞后应立即冷却使水产品的温度接近 0℃；保鲜厨冰（水）应清洁、卫生；捕捞和在船上的前处理、冷却、冷冻处理等操作应符合国家有关卫生要求。

4.3 养殖类水产品的原料应来自于主管部门许可的养殖场，养殖环境和水质应符合安全卫生要求；养殖用饲料和兽药应符合有关规定，保证来源和成分清楚，并附有相应的证明材料；养殖过程中应有饲养日志及用药记录；养殖水产品应在适当的卫生条件下宰杀，不得被泥土、黏液或粪便污染，如果宰后不能立即加工，应保持冷却；其捕捞和运输应符合4.2的有关要求。

4.4 来、进料加工类水产品的原料应有输出国主管机构的卫生证书和原产地证书；经检验检疫部门检验合格后方可使用。

4.5 贝类生产企业应制定专门的控制程序，以保证贝类原料的安全性和可追溯性。

4.5.1 贝类原料应来自国家允许养殖或捕捞的水域，并在必要时进行净化处理。来、进料加工的贝类应来自于进口国贝类主管机构允许养殖或捕捞的水域。贝类原料的养殖者或捕捞者应获得主管机构颁发的许可证。

4.5.2 装载贝类原料的每一个容器应附有标签，散装贝类原料应提供相关文件，标签或文件应注明贝类养殖或捕捞的日期、地点、种类、数量以及养殖者或捕捞者的名称。企业验收时应保留相关信息资料。

4.5.3 去壳贝类应有包装，并附有标签，标签应注明去壳生产企业的名称、地址及卫生注册登记编号。

4.5.4 企业应定期有针对性地对贝类原料进行贝毒检测，以保证原料的安全性。

4.6 其他要求

4.6.1 河豚鱼等自身带有生物毒素的水产品原料的处理和验收应符合国家有关规定。

4.6.2 水产品的半成品原料应来自于获得卫生注册登记的企业。

4.6.3 生产用辅料应符合国家有关规定，并经验收合格后，方准使用。辅料应专库存放，避免污染；超过保质期的辅料不得用于水产品生产。

5. 厂区环境

5.1 企业应远离污染源，不得建在有碍水产品卫生的区域；厂区周围应保持清洁卫生，交通便利，水源充足；厂区内不得兼营、生产、存放有碍食品卫生的其他产品。

5.2 厂区主要道路应铺设适于车辆通行的坚硬路面（如混凝土或沥青路面等），路面平整、易冲洗，无积水。

5.3 厂区布局和设计合理，应建有与生产能力相适应，并符合卫生要求的原料、辅料、化学物品、包装物料储存设施，以及污水处理、废弃物、垃圾暂存等设施。厂区排水系统畅通。

5.4 厂区内不得有卫生死角和蚊蝇滋生地；废弃物、垃圾应用加盖的不漏水、防腐蚀的容器盛放及运输，废弃物和垃圾应及时清理出厂。

5.5 生产中产生的废水、废料、烟尘的处理和排放应符合国家有关规定。

5.6 厂区卫生间应有冲水、洗手、通风、防鼠、防蝇、防虫设施，易于清洗并保持清洁。

5.7 厂区内禁止饲养与生产加工无关的动物，应设有防鼠、防蝇、防虫设施。

5.8 生产区与生活区应分开，生活区对生产区不得造成影响。

6. 车间及设施设备

6.1 车间

6.1.1 车间应布局合理，防止交叉污染，符合所加工的水产品工艺流程和加工卫生要求。加工车间的面积、高度应与生产能力和设备的安置相适应。

6.1.2 车间的墙和隔板应有适当高度，其表面应易于清洁；地面应耐腐蚀、耐磨、防滑并有适当坡度，易于排水、无积水，易于清洗消毒并保持清洁；地面和墙壁之间的连接部分应采取弧形连接，易于清洁。

6.1.3 车间内墙壁、屋顶或者天花板应使用无毒、浅色、防水、防霉、不脱落、易于清洁的材料修建，屋顶或者天花板和车间上方的固定物在结构上应能防止灰尘和冷凝水的形成以及杂物的脱落。

6.1.4 车间的门、窗应用浅色、平滑、易清洗消毒、不透水、耐腐蚀的坚固材料制作，结构严密。

6.1.5 车间出口及与外界相连的排水口、通风处应安装防鼠、防蝇、防虫及防尘等设施。

6.1.6 车间应设有能够满足工器具和设备清洗、消毒的区域，其操作对加工过程和产品不会造成污染。

6.1.7 冰的制作、储存设施应符合卫生要求。

6.1.8 排水系统应有防止固体废弃物进入的装置，排水沟底角应呈弧形，易于清洗，排水管应有防止异味溢出的水封装置以及防鼠网。应避免加工用水直排地面。任何管道和下水道应保证排水畅通，不积水。禁止由低清洁区向高清洁区排放加工污水。

6.1.9 车间内应有单独的、足够的区域分别存放消毒剂、洗涤剂、包装物料、下脚料等，以避免交叉污染。

6.1.10 车间应有充足的自然采光或者照明，光线不得改变被加工物的本色。照明设施应装有防护罩。

6.2 设施

6.2.1 供电设施应满足生产需要。车间内的所有用电设施应防潮、防水，确保使用安全。

6.2.2 供水设施应能保证企业各个部位所用水的流量、压力符合要求。加工用水的管道应用无毒、无害、防腐蚀的材料制成，应有防止产生回流现象装置，不得与非饮用水的管道相连接，饮用水与非饮用水的管道应有标识加以区分。

6.2.3 加工用水可以根据当地水质特点和产品的要求增设水质净化设施；储水设施应采用无毒、无害的材料制成，应建在无污染区域，定期清洗消毒，并加以防护。

6.2.4 在车间入口处、卫生间及车间内适当的位置应设置与生产能力相适应的、水温适宜的洗手消毒和干手设施、鞋靴消毒设施。消毒液浓度应能达到有效的消毒效果。洗手水龙头应为非手动开关。洗手设施的排水应直接接入下水管道。

6.2.5 设有与车间相连接的更衣室、卫生间，其设施和布局不得对产品造成潜在的污染。

6.2.6 卫生间的门应能自动关闭，门、窗不得直接开向车间。卫生间应设置排气通风设施和防蝇防虫设施，保持清洁卫生。

6.2.7 不同清洁程度要求的区域应设有单独的更衣室，面积与车间人数相适应，温度和湿度适宜，保持清洁卫生、通风良好，有适当照明。个人衣物与工作服应分开存放。

6.2.8 车间内应安装通风设备，其设计和安装应符合维护和清洁的要求。进气口应远离污染源和排气口。蒸煮、油炸、烟熏、烘烤等产生大量水蒸气和烟雾的区域，应设有与之相适应的强制通风和排油烟设施。废气排放应符合国家有关规定。

6.3 设备和工器具

6.3.1 设备和工器具应采用无毒、无味、不吸水、耐腐蚀、不生锈、易清洗消毒、坚固的材料制作，在正常的操作条件下与水产品、洗涤剂、消毒剂不发生化学反应。不得使用竹木器具。

6.3.2 设备和工器具的设计和制作应避免明显的内角、凸起、缝隙或裂口。车间内的设备应耐用、易于拆卸清洗。设备的安装应符合工艺卫生要求，与地面、屋顶、墙壁保持一定距离，以便进行维护保养、清洁消毒和卫生监控。

6.3.3 专用容器应有明显的标识，废弃物容器和可食产品容器不得混用。废弃物容器应防水、防腐蚀、防渗漏。如使用管道输送废弃物，则管道的建造、安装和维护应避免对产品造成污染。

7. 生产过程卫生控制

7.1 防止污染

7.1.1 在生产过程中应按照生产工艺的先后次序和产品特点，将原料前处理、半成品粗加工、精加工、成品包装等不同清洁卫生要求的区域有效分开设置，各加工区域的产品应分别存放，防止人流、物流交叉污染。

7.1.2 生产过程中应避免废水、废弃物对成品、半成品造成污染；盛放水产品的容器（包括水管）不得直接接触地面。

7.1.3 维修设备时，不得污染原料、辅料、半成品、成品，维修后要对区域进行清洗消毒。

7.1.4 各项工艺操作应能有效地防止产品变质和受到有害微生物及有毒有害物品的污染。

7.1.5 加工过程中产生的不合格品应隔离存放，有明显标志，并在质量管理人员的监督下妥善处理。

7.2 清洗消毒

7.2.1 企业应根据生产的特点制定有效的清洗消毒计划，指定专人负责实施。

7.2.2 班前、班后应对生产设备、工具、容器、场地等进行彻底的清洗消毒，班前检查合格后，方可生产。

7.2.3 在生产过程中应保证有足够的频率对食品接触表面进行清洗、消毒。

7.3 厂房、设施、设备和工器具的维护

7.3.1 厂房、设施、设备和工器具应保持良好的工作状态。

7.3.2 应定期对仪器设备进行维护和校准。

7.4 虫害控制

7.4.1 企业应按照虫鼠害控制计划，在厂区内放置捕鼠工具，捕鼠点应逐个编号。

7.4.2 应采用物理方法有效防止虫鼠进入车间；车间内加工区域的上方不得设置诱杀昆虫的设施。

7.4.3 企业应按计划对所有的捕鼠及杀虫设施进行检查和清理。

7.5 水、冰、蒸汽的供应

7.5.1 加工用淡水和制冰用水应符合国家生活饮用水卫生标准，加工用海水应为清洁海水。企业应备有供水网络图，并标注水质监测取样点编号。

7.5.2 企业在加工前应对加工用水（冰）的余氯含量进行检测，并定期对加工用水（冰）进行微生物项目检测，以确保加工用水（冰）的卫生质量。每年对水质的公共卫生检测不少于两次。

7.5.3 加工过程中不得使用静止水解冻原料、清洗半成品和清洁工器具。

7.5.4 加工过程中所用冰的制造、破碎、运输、储存应在卫生条件下进行。

7.5.5 需要使用蒸汽的操作应保证足够的压力和蒸汽供应。

7.6 有毒有害物品的控制

7.6.1 企业应制定并执行有毒有害物品的储存和使用管理计划，确保厂区、车间和化验室使用的所有有毒有害物品得到有效控制。

7.6.2 企业应建立有毒有害物品的专用储存库，加锁并有专人保管。有毒有害物品均应有固定包装，标识清楚。

7.6.3 使用有毒有害物品时，应由经过专门培训的人员按照规定进行操作，避免对食品、食品接触表面和食品包装物料造成污染。

7.7 温度和时间的控制

7.7.1 前处理、烹煮、油炸、冷却、加工和储存等工序的时间和温度控制应严格按照产品工艺及卫生要求进行。

7.7.2 有温度要求的工序或场所应安装温度显示装置。加工车间的温度不应高于21℃（加热工序除外）。产品经冷冻后进行包装时，包装间的温度应控制在10℃以内。

7.7.3 加工过程中，应控制产品的内部温度和暴露时间。若在加工过程中产品的内部温度在21℃以上，则加工产品的累计暴露时间不应超过2h；若在加工过程中产品的内部温度在21℃以下、10℃以上，则加工产品的累计暴露时间不应超过6h；若在加工过程中产品的内部温度在21℃上下波动时，则加工产品超过21℃以上的累计暴露时间不得超过2h，加工产品超过10℃以上的累计暴露时间不得超过4h。

7.7.4 巴氏杀菌设备应进行热分布测试，以确保加热杀菌的均匀性；热杀菌工艺应进行确认以保证其科学有效；杀菌的F值应符合有关规定；巴氏杀菌的罐装产品，其二重卷边的结构应符合罐头卷边密封的要求。

7.7.5 对于易产生鲭鱼毒素的鱼种，应根据产品特性加强对从原料接收到成品全过程的时间和温度控制，必要时应进行组胺等指标的检测。

7.8 对在捕捞和生产加工过程中会产生金属碎片危害的产品应设置金属探测器，使用前及使用过程中要定时校准。

8. 加工条件的特殊要求

8.1 烟熏水产品

8.1.1 烟熏应在单独的烟熏间（炉）进行，必要时，应装有通风系统，以使燃烧产生的烟和热不影响水产品的其他生产加工工序。

8.1.2 用于烟熏鱼的发烟材料不得存在烟熏间内，其使用不得污染产品。

8.1.3 禁止使用涂有油漆、清漆的、经胶合的或经过任何化学防腐处理的木料进行燃烧发烟。

8.1.4 产品烟熏后、包装前应迅速冷却至产品保存所需的温度。

8.1.5 应在熏制或加热过程中有效地控制肉毒梭状芽孢杆菌的生长和毒素的形成。

8.2 腌制水产品

8.2.1 腌制操作应在独立的加工区域内进行，不得影响其他的加工操作。

8.2.2 加工用盐应符合卫生要求，不得重复使用，储存场所应清洁干燥，避免污染。

8.2.3 用于腌制的容器，其结构应能防止腌制过程中产品受污染。

8.3 罐藏水产品

加工罐藏水产品（冷藏产品除外）的生产企业，还应同时符合有关罐头规范的要求。

9. 包装、运输与储存

9.1 包装

9.1.1 包装容器和包装物料应符合卫生标准，不得含有有毒有害物质，不得改变水产品的感官特性。

9.1.2 包装容器和包装物料应有足够的强度，保证在运输和搬运过程中不破损。

9.1.3 水产品的包装不得重复使用，除非包装是用易清洗的、耐腐蚀的材料制成，并且在使用前经过清洗和消毒。

9.1.4 内、外包装物料应分别专库存放，包装物料库应干燥、通风，保持清洁卫生。

9.1.5 水产品的外包装应标识清楚。

9.2 储存

9.2.1 储存库内应保持清洁、整齐，不得存放有碍卫生的物品，同一库内不得存放可能造成相互污染或者串味的食品。应设有防霉、防鼠、防虫设施，定期消毒。

9.2.2 库内物品与墙壁距离不少于30cm，与地面距离不少于10cm，与天花板保持一定的距离，并分垛存放，标识清楚。

9.2.3 预冷库（或保鲜库）、速冻库、冷（冻）藏库应配备自动温度记录装置，并定期校准。预冷库（或保鲜库）的温度应控制在0～4℃之间；冷藏库温度应控制－18℃以下；速冻库温度应控制在－28℃以下；干制品等其他成品库的温度、湿度应满足产品特性要求。

9.3 运输

9.3.1 运输工具应符合有关安全卫生要求，使用前应清洗消毒，保持清洁卫生。运输时不得与其他可能污染水产品的物品混装。

9.3.2 运输工具应根据产品特点配备制冷、保温等设施。运输过程中应保持适宜的温度。

10. 人员卫生

10.1 从事水产品生产加工和管理的人员经体检合格后方可上岗。每年进行一次健康检查，必要时做临时健康检查。凡患有影响食品卫生疾病者，应调离食品生产岗位。

10.2 从事水产品生产加工和管理的人员应保持个人清洁，不得将与生产无关的物品带入车间；工作时不得戴首饰、手表，不得化妆；进入车间时应洗手、消毒并穿着工作服、帽、鞋，离开车间时换下工作服、帽、鞋；工厂应设立专用洗衣房，工作服集中管理，统一清洗消毒，统一发放。生产中使用手套作业的，手套应保持完好、清洁并经消毒处理。

戴手套前，双手仍应清洗干净，彻底消毒。

10.3 清洁区与非清洁区、生区与熟区等不同岗位的人员应穿戴不同颜色或标志的工作服、帽，以便区分。不同加工区域的人员不得串岗。

10.4 不得在更衣室、卫生间、车间等场所内吃食品、吸烟、吐痰或面对食品打喷嚏、咳嗽等。

10.5 进入车间的其他人员（包括参观人员）均应遵守本规范要求。

11. 卫生质量体系的控制和运行

11.1 企业应按照《出口食品生产企业卫生要求》，应用 HACCP 原理建立卫生质量管理体系，制定指导卫生质量体系运行的体系文件。

11.2 企业在建立实施 HACCP 计划时，应：

1）制定并有效实施基础计划；

2）在进行危害分析时，充分考虑水产品的种类、预期用途，确定危害预防措施和关键控制点；

3）保证制定的关键限值和操作限值具有可操作性，并符合有关法律法规、标准的规定；

4）充分考虑 HACCP 计划的验证频率，必要时，取样进行实验室检验；

5）充分考虑 HACCP 计划的有效性，确保水产品的安全卫生。

11.3 企业最高管理者应确保卫生质量体系的有效实施。

11.4 企业应有与生产能力相适应的内设检验机构和具备相应资格的检验人员。

11.5 企业内设检验机构应具备检验工作所需要的标准资料、检验设施和仪器设备；检验仪器应按规定进行计量检定，并应自行开展水质和微生物等项目的检测。

11.6 企业委托社会实验室承担检测工作的，该实验室应具有相应的资格。

11.7 企业应制定原料、辅料、半成品、成品及生产过程卫生控制程序，并有效执行，做好记录。

11.8 企业应制定书面的 SSOP 程序，明确执行人的职责，确定执行频率，实施有效的监控和相应的纠正预防措施。

SSOP 应至少包括以下内容：

1）加工用水和冰的安全；

2）水产品接触表面的清洁卫生；

3）防止交叉污染；

4）洗手消毒设施以及卫生间设施的维护；

5）防止润滑剂、燃料等污染物对水产品造成安全危害；

6）有毒有害化学物质的控制；

7）员工的健康和卫生；

8）鼠害和虫害的控制。

11.9 企业应制定和执行加工设备、设施的维护程序，保证加工设备、设施不对产品造成污染，满足生产加工的需要。

11.10 企业应制定和执行对不合格品的控制制度，包括不合格品的标识、记录、评价、隔离处置和可追溯性等内容。

11.11 企业应制定产品标识、质量追踪和产品召回制度，以保证出厂产品在出现安全卫生质量问题时能够及时召回。

11.12 企业应制定和实施职工培训计划并做好培训记录，保证不同岗位的人员掌握水产品安全卫生知识和技能。需建立 HACCP 体系的企业，应由本企业接受过 HACCP 培训或者其工作能力等效于经 HACCP 培训的人员承担相应工作。HACCP 小组人员和高级管理人员应经培训、考核合格后方可承担相应的工作。

11.13 企业应建立内部审核制度，每半年至少进行一次内部审核，一年至少进行一次管理评审，并做好记录。

11.14 对反映产品卫生质量情况的有关记录，制定标记、收集、编目、归档、存储、保管和处理的程序，并贯彻执行；所有记录应真实、准确、规范并具有卫生质量的可追溯性，保存期不少于 2 年。

12. 本规范的上述条款中，进口国有特殊要求的，应按进口国的规定执行。

13. 本规范由国家认证认可监督管理委员会负责解释。

14. 本规范自 2004 年 1 月 31 日起实施。原国家进出口商品检验局发布的《出口水产品加工企业注册卫生规范》（国检监［1995］194 号）同时废止。

第七节　出口速冻果蔬生产企业注册卫生规范

1. 制定依据

本规范根据《出口食品生产企业卫生要求》制定。

2. 适用范围

2.1 本规范适用于出口速冻（冷冻）蔬菜、水果等食品生产企业卫生注册。

2.2 速冻果蔬是指用新鲜蔬菜、新鲜水果和其他新鲜植物产品原料经水洗、去皮、加热或不加热、冷却、去水、速冻（冷冻）等工艺加工后低温储存的食品。

3. 卫生质量管理体系

3.1 出口速冻果蔬生产企业应当建立保证出口食品卫生的质量体系，并制定体现和指导质量体系运转的质量体系文件。

3.2 出口速冻果蔬生产企业的卫生质量体系应当包括下列基本内容：

3.2.1 卫生质量方针和目标；

3.2.2 组织机构及其职责；

3.2.3 生产、质量管理人员的要求；

3.2.4 环境卫生的要求；

3.2.5 车间及设施卫生的要求；

3.2.6 原料、辅料卫生的要求；

3.2.7 生产、加工卫生的要求；

3.2.8 包装、储存、运输卫生的要求；

3.2.9 有毒有害物品的控制；

3.2.10 检验的要求；

3.2.11 保证卫生质量体系有效运行的要求。

3.3 出口速冻果蔬生产企业必须按照国际食品法典委员会《危害分析和关键控制点（HACCP）体系及其应用准则》的要求建立和实施 HACCP 体系。

4. 卫生质量方针和目标

4.1 出口速冻果蔬生产企业应制定本企业的卫生质量方针、目标和责任制度，并贯彻执行。

4.2 企业最高管理者应确保卫生质量方针、目标和责任制度的有效实施。

4.3 生产企业应建立保持文件化的质量体系，确保出口速冻果蔬的生产符合本规范的要求。

5. 组织机构及其职责

5.1 出口速冻果蔬生产企业应当建立与生产相适应的、能够保证其产品卫生质量的组织机构，并规定其职责和权限。

5.2 出口速冻果蔬生产企业应建立一级（直属工厂最高领导）品管机构，对工厂监管负全面管理职责。

5.3 品管部门有充分权限以执行品质管理任务，其负责人有停止生产或出货的权力。

5.4 品质管理部门应有食品检验机构、卫生管理机构、作业现场品质人员配置。

5.5 生产负责人与品质管理负责人不得兼任。

5.6 应设立 HACCP 小组。

6. 生产、质量管理人员的要求

6.1 与食品生产有接触的人员经体检合格后方可上岗。

6.2 生产、质量管理人员每年至少进行一次健康检查，必要时做临时健康检查；凡患有影响食品卫生的疾病者，必须调离食品生产岗位。

6.3 生产、质量管理人员保持个人清洁，不得将与生产无关的物品带入车间；工作时不得戴首饰、手表，不得化妆；进入车间时洗手、消毒并穿着工作服、帽、鞋，离开车间时换下工作服、帽、鞋。

6.4 清洁区、非清洁区加工人员及检验人员工作服、帽应用不同颜色加以区分，集中管理，统一清洗、消毒、发放。

6.5 清洁区加工人员应戴口罩和发罩。

6.6 生产、质量管理人员应当定期接受加工卫生、卫生质量体系等内容的培训，并经过考核合格后上岗。

6.7 配备足够数量的、具备相应资格的专业人员从事卫生质量管理工作和实验室技术检测工作。

7. 环境卫生的要求

7.1 出口速冻果蔬生产企业不得建在有碍食品卫生的区域，厂区外周围环境应清洁卫生，无物理、化学、生物等污染源，空气、地表和地下水洁净无污染。

7.2 厂区内不得兼营、生产、存放有碍食品卫生的其他产品。

7.3 厂区路面平整、无积水，厂区无易起灰尘的地面。主要通道硬化，非通道地面适当绿化。

7.4 厂区卫生间有冲水、洗手、防蝇、防虫、防鼠设施，墙裙以浅色、平滑、不透水、无毒、耐腐蚀的材料修建，并保持清洁。

7.5 生产中产生的废水、废料的排放或者处理符合国家有关规定。

7.6 厂区建有与生产能力相适应的符合卫生要求的原料、辅料、化学物品、包装物料储存等辅助设施和废物、垃圾暂存设施。

7.7 根据工艺要求需设立原料前处理场所的，不得对厂区环境造成污染。

7.8 生产区与生活区隔离。锅炉房应设在下风向位置。

8. 车间及设施卫生的要求

8.1 车间面积与生产能力相适应，布局合理，排水畅通，通风良好。

8.2 车间地面用防滑、坚固、不透水、耐腐蚀的无毒材料修建，平坦、无积水并保持清洁；车间出口及与外界相连的排水、通风处安装防鼠、防蝇、防虫等设施。

8.3 车间内墙壁、屋顶或者天花板使用无毒、浅色、防水、防霉、不脱落、易于清洗的材料修建，墙角、地角、顶角具有弧度。

8.4 车间窗户有内窗台的，内窗台下斜约45°；车间门窗用浅色、平滑、易清洗、不透水、耐腐蚀的坚固材料制作，结构严密。

8.5 按照加工流程，根据不同的清洁程度，分设与加工间相连的更衣室，更衣室内配备有更衣镜及与加工人员数目相适应的便鞋架、水鞋架及挂衣帽架等更衣设施，要避免个人衣物与工作服形成交叉污染；更衣室设有更衣柜的，应采用不发霉、不生锈、易清洁的材料制作，并保持干燥；更衣室应有消毒措施，清洁卫生，通风良好，有适当照明。

8.6 视需要设立与更衣室相连接的卫生间。卫生间有冲水装置、洗手消毒设施及换气装置，备有洗涤用品和不致交叉污染的干手用品，水龙头为非手动开关，门窗不直接开向车间，室内应保持清洁，通风良好。卫生间外备有拖鞋架和专用拖鞋。

8.7 加工间入口处设有鞋靴消毒池。加工间入口处和加工间内适当的位置设足够数量的洗手消毒设施，备有洗涤用品及消毒液，水龙头为非手动开关。

8.8 加工间内工序布局合理，清洁加工区、非清洁加工区之间应严格分开，不形成交叉污染。

8.9 加工间内操作台、工器具、传送带（车）用无毒、不生锈、易清洗消毒、坚固耐用的材料制作。速冻机内不得有生锈、油漆、网带脱落破损等有可能污染产品的部件；冷冻间内不得有生锈蒸发排管、生锈风机、内壁保温层脱落等有可能污染产品的设备设施。

8.10 漂烫、蒸煮等加工区应相对隔离，并有温度监控装置。加热设施的上方，应设与之相适应的通风、排气装置；冷水管不得在加热设施上方；加工车间天花板不得存有凝结水。

8.11 包装间温度应控制在不影响产品质量的适宜的温度，但不得高于10℃；有空气杀菌设施；有给排水设施，可保证冲刷四壁及地面；包装间应有包装工人出入门、半成品入料口、成品出口、包装物料进口等通道并设置必要的防护设施，防止冷库操作工人及其他非清洁区人员出入包装间。

8.12 车间内位于工作区域照明设施的照度不低于220Lx，包装间、检验台上方的照度不低于 540Lx。车间内生产线上方照明设施应装有防护设施。

8.13 速冻机、急冻间、冷藏库内、库门外应安装易于观察并不易破碎的温度显示装置，机房内应有集中显示、自动记录并控制的显示温度装置。

8.14 加热和制冷设备的温度计、显示装置、压力表须符合要求，并经定期校准。

8.15 在加工间内适当位置设工、器具清洗消毒处或消毒间，供有 82℃的热水或消毒剂，使用消毒剂的必须配备相应的充足清洁水容器以冲净工器具上的消毒剂。

9. 原料、辅料卫生的要求

9.1 原料应来自经检验检疫机构备案的种植基地，或者具备农药检测合格证明，或者具备产地环境无污染证明。

9.2 企业应建立完善的农残监控体系，确保原料农残符合进口国有关要求。

9.3 蔬菜、水果、其他植物产品原料必须采用新鲜或冷藏的。成熟适度，风味正常，无病虫害，无腐烂。半成品原料必须来自出口食品卫生注册、登记企业。

9.4 辅料应当符合国家有关卫生规定，有生产厂检验合格证；严禁使用进口国不允许使用的辅料。原料、辅料进厂后应专库存放，经过进厂验收合格后方准使用；超过保质期的原料、辅料不得用于食品生产。

9.5 加工用水（冰）符合国家《生活饮用水卫生标准》或者其他必要的标准，每年对水质的公共卫生防疫、卫生检测不少于两次，每周一次微生物检测，每天一次余氯检测。自备水源应当具备有效的卫生保障设施。挂冰衣用水中不得加入消毒剂。

10. 生产、加工卫生的要求

10.1 生产设备布局合理，并保持清洁和完好。

10.2 应通过危害分析确定加工过程的关键控制点，并得到连续有效的监控，对监控失效期间的产品应及时隔离处理，并采取有效的纠偏措施。

10.3 对加工过程的食品接触表面如切菜机、速冻设备传送网带、加工流水线、操作台、工具、容器手推车辆和工人的手、工作服等应定时清洗、冲霜、消毒，并定期做微生物检测。

10.4 不便于直接清洗的蒸发排管、急冻间和冷藏库地面、内壁应定期维护和消毒。

10.5 班前班后进行卫生清洁工作，专人负责检查，并作检查记录。

10.6 对加工过程中产生的不合格品、跌落地面的产品和废弃物，在固定地点用有明显标志的专用容器分别收集盛装，并在检验人员监督下及时处理，其容器和运输工具及时消毒。

10.7 应当对不合格品产生的原因进行分析，并及时采取纠正措施。

10.8 加工间原料入口、废料出口应有明显标志和防蚊蝇设施；废料出口尽可能远离原料进口，废料应及时、妥当地通过合理渠道处理到厂外；废料运输车辆不得污染厂区。

10.9 成品应经金属探测器检验合格。金属探测器应定时进行校准。

11. 包装、储存、运输卫生的要求

11.1 用于包装食品的物料符合卫生标准并且保持清洁卫生，不得含有有毒有害物质，不易褪色。

11.2 包装物料间干燥通风，内、外包装物料分别存放，不得有污染。

11.3 速冻果蔬脱盘、包装间应当与冷库以传递方式相连接，冷库操作工和车辆不得进入包装间。包装间不得兼作穿堂；有专用慢冻产品通道。

11.4 运输车辆定期消毒，保持干燥、卫生、无污染及异味；制冷、保温车状态良好。

11.5 出口速冻果蔬成品专库储存，未经包装的产品不得进入成品库。

11.6 速冻机−35℃、急冻库−33℃、冷藏库−18℃以下，保鲜库、冷藏库应保持稳定，库内保持清洁，定期消毒，有防霉、防鼠、防虫设施。

11.7 库内成品与墙壁距离至少30cm，与地面距离至少15cm，与顶棚距离至少60cm。垛位之间至少能使工人通过，垛位有管理卡。库内不得存放有碍卫生的物品；同一库内不得存放可能造成相互污染或者串味的食品。

12. 有毒有害物品的控制

12.1 速冻果蔬生产企业要建立有毒有害物品的专用储存库，标识清楚，专人管理。

12.2 杀虫剂及其他化学药品的使用必须经相关主管部门批准，未经批准不得使用。

12.3 严格执行有毒有害物品的储存和使用管理规定，确保厂区、车间和化验室使用的洗涤剂、消毒剂、杀虫剂、燃油、润滑油和化学试剂等有毒有害物品得到有效控制，避免对产品、产品接触表面和包装物料造成污染。

12.4 速冻果蔬生产企业应列出有毒有害物品清单，建立使用记录。

13. 检验的要求

13.1 企业有与生产能力相适应的内设检验机构和具备相应资格的检验人员。检验机构应直接由厂长领导，对产品质量有否决权。

13.2 企业内设检验机构具备相适应的微生物、农残等检验工作所需要的标准资料、检验设施和仪器设备，检验仪器按规定进行计量检定，检验要有检测记录。

13.3 企业内设检验机构必须对原料、辅料、半成品按标准取样检验，并出具检验报告。

13.4 对检验不合格的原料、半成品、成品应及时出具报告并隔离不合格品，督促指导相应管理者在加工过程中及时采取纠偏措施。

13.5 成品出厂前必须按生产批次进行检验，出具检验报告；检验报告应按规定程序签发及保存。

13.6 使用社会实验室承担企业卫生质量检验工作的，应当签有合同，并且该实验室应当具有相应的资格。

14. 保证卫生质量体系有效运行的要求

14.1 制定原料、辅料、半成品、成品及生产过程卫生控制程序，并有效执行，做好记录。

14.2 建立并执行卫生标准操作程序并做好记录，确保加工用水（冰）、食品接触表面、有毒有害物质、虫害防治等处于受控状态。

14.3 对影响食品卫生的关键工序，要制订明确的操作规程并得到连续的监控，对关键工序的监控必须有记录。

14.4 制订和执行对不合格品的控制制度，制度包括不合格品的标识、记录、评价、隔离处置和可追溯性等内容。

14.5 制定产品标识、质量追踪和产品召回制度，以保证出厂产品在出现安全卫生质量问题时能够及时召回。

14.6 制定和执行加工设备、设施的维护程序，保证加工设备、设施满足生产加工的需要。
14.7 制定和实施职工培训计划并做好培训记录，保证不同岗位的人员熟练完成本职工作。
14.8 建立内部审核制度，一般每半年进行一次内部审核，一年进行一次管理评审，并做好记录。
14.9 对反映产品卫生质量情况的有关记录，制定标记、收集、编目、归档、存储、保管和处理的程序，并贯彻执行；所有质量记录必须真实、准确、规范并具有卫生质量的可追溯性，保存期不少于2年。

第八节　出口脱水果蔬生产企业注册卫生规范

1. 制定依据

本规范根据《出口食品生产企业卫生要求》制定。

2. 适用范围

2.1 本规范适用于出口脱水蔬菜、脱水果蔬、脱水汤料、脱水调味料（不包括晾晒品）等食品生产企业的卫生注册。
2.2 脱水果蔬是指用各类新鲜蔬菜、新鲜水果为主要原料、配以辅料或其他农产品等原料经热风干燥、低温真空冷冻干燥或其他干燥方式加工而成的食品。

3. 卫生质量体系

3.1 出口脱水果蔬生产企业应当建立保证出口食品卫生的质量体系，并制定体现和指导质量体系运转的质量体系文件。
3.2 出口脱水果蔬生产企业的卫生质量体系应当包括下列基本内容：
3.2.1 卫生质量方针和目标；
3.2.2 组织机构及其职责；
3.2.3 生产、质量管理人员的要求；
3.2.4 环境卫生的要求；
3.2.5 车间及设施卫生的要求；
3.2.6 原料、辅料卫生的要求；
3.2.7 生产、加工卫生的要求；
3.2.8 包装、储存、运输卫生的要求；
3.2.9 有毒有害物品的控制；
3.2.10 检验的要求；
3.2.11 保证卫生质量体系有效运行的要求。
3.3 低温真空冷冻干燥产品加工企业必须按照《国际食品法典委员会危害分析和关键控制点（HACCP）体系及其应用准则》的要求建立和实施HACCP体系。

4. 卫生质量方针和目标

4.1 出口脱水果蔬生产企业应制定本企业的卫生质量方针、目标和责任制度，并贯彻执行。
4.2 企业最高管理者应确保卫生质量方针、目标和责任制度的有效实施。

4.3 生产企业应建立保持文件化的质量体系，确保出口脱水食品的生产符合本规范的要求。

5. 组织机构及其职责

5.1 出口脱水果蔬生产企业应当建立与生产相适应的、能够保证其产品卫生质量的组织机构，并规定其职责和权限。

5.2 出口脱水果蔬生产企业应建立一级（直属工厂最高领导）品管机构，对工厂监管负全面管理职责。

5.3 品管部门有充分权限以执行品质管理任务，其负责人有停止生产或出货的权力。

5.4 品质管理部门应有食品检验机构、卫生管理机构、作业现场品质人员配置。

5.5 生产负责人与品质管理负责人不得兼任。

5.6 低温真空冷冻干燥企业品质管理部门应设立 HACCP 领导小组。

6. 生产、质量管理人员卫生的要求

6.1 与食品生产有接触的人员必须经体检合格后方可上岗。

6.2 生产、质量管理人员每年进行一次健康检查，必要时做临时健康检查；凡患有影响食品卫生的疾病者，必须调离食品生产岗位。

6.3 生产、质量管理人员保持个人清洁，不得将与生产无关的物品带入车间；工作时不得戴首饰、手表，不得化妆；进入车间时洗手、消毒并穿着工作服、帽、鞋，离开车间时换下工作服、帽、鞋。

6.4 清洁区、非清洁区加工人员及检验人员工作服、帽应用不同颜色加以区分，集中管理，统一清洗、消毒、发放。

6.5 清洁区加工人员还应戴口罩和发罩。

6.6 生产、质量管理人员应当定期接受加工卫生、卫生质量体系等内容的培训，并经过考核合格后上岗。

6.7 配备足够数量的、具备相应资格的专业人员从事卫生质量管理工作和实验室技术检测工作。

7. 环境卫生的要求

7.1 出口脱水果蔬生产企业不得建在有碍食品卫生的区域，厂区外周围环境应清洁卫生，无物理、化学、生物等污染源，空气、地表和地下水洁净无污染。

7.2 厂区内不得兼营、生产、存放有碍食品卫生的其他产品。

7.3 厂区路面平整、无积水，厂区无易起灰尘的地面。主要通道硬化，非通道地面适当绿化。

7.4 厂区卫生间有冲水、洗手、防蝇、防虫、防鼠设施，墙裙以浅色、平滑、不透水、无毒、耐腐蚀的材料修建，并保持清洁。

7.5 生产中产生的废水、废料的排放或者处理符合国家有关规定。

7.6 厂区建有与生产能力相适应的符合卫生要求的原料、辅料、化学物品、包装物料储存等辅助设施和废物、垃圾暂存设施。

7.7 根据工艺要求需设立原料前处理场所的，不得对厂区环境造成污染。

7.8 生产区与生活区隔离。锅炉房应设在下风向位置。

8. 车间及设施卫生的要求

8.1 车间面积与生产能力相适应，布局合理，排水畅通，通风良好。

8.2 车间地面用防滑、坚固、不透水、耐腐蚀的无毒材料修建，平坦、无积水并保持清洁；车间出口及与外界相连的排水、通风处安装防鼠、防蝇、防虫等设施。

8.3 车间内墙壁、屋顶或者天花板使用无毒、浅色、防水、防霉、不脱落、易于清洗的材料修建，墙角、地角、顶角具有弧度。

8.4 车间窗户有内窗台的，内窗台下斜约45°；车间门窗用浅色、平滑、易清洗、不透水、耐腐蚀的坚固材料制作，结构严密。

8.5 按照加工流程，根据不同的清洁程度，分设与加工间相连的更衣室，更衣室内配备有更衣镜及与加工人员数目相适应的便鞋架、水鞋架及挂衣帽架等更衣设施，要避免个人衣物与工作服形成交叉污染；更衣室设有更衣柜的，应采用不发霉、不生锈、易清洁的材料制作，并保持干燥；更衣室应有消毒措施，清洁卫生，通风良好，有适当照明。

8.6 视需要设立与更衣室相连接的卫生间。卫生间有冲水装置、洗手消毒设施及换气装置，备有洗涤用品和不致交叉污染的干手用品，水龙头为非手动开关，门窗不直接开向车间，室内应保持清洁，通风良好。卫生间外备有拖鞋架和专用拖鞋。

8.7 加工间入口处设有靴鞋消毒设施。加工间入口处和加工间内适当的位置设足够数量的洗手消毒设施，备有洗涤用品及消毒液，水龙头为非手动开关。

8.8 加工间内工序布局合理，清洁加工区、非清洁加工区之间应严格分开，不形成交叉污染。

8.9 加工间内操作台、工器具、传送带（车）、摆料盘用无毒、不生锈、易清洗消毒、坚固耐用的材料制作。烘干机、冻干机内不得有生锈、油漆、网带脱落破损等有可能污染产品的部件，干燥室内壁光滑，不易脱落。

8.10 蒸煮、油炸、烟熏、烘烤加工设施的上方，应设与之相适应的排油烟和通风装置，加工车间天花板不得存有凝结水。

8.11 易产生粉尘的加工工序应相对隔离，并配备相应的除尘设施。

8.12 挑选包装间温度符合产品要求，一般不高于20℃；空气干湿度要符合产品要求；挑选包装间应有良好的空气杀菌设施和充足的照明设施。挑选包装工人必须戴口罩，穿白色软底鞋；包装物料进口和产品出口等通道设置必要的防护设施，防止仓库操作工人及其他非清洁区人员出入包装间。

8.13 包装间光线充足。车间内位于工作区域照明设施的照度不低于220Lx，包装间、检验台上方的照度不低于540Lx。车间照明设施应装有防护罩。

8.14 烘干机、冻干机及有温度要求的成品库应安装温度显示和自动记录装置；各部位温度必须控制在加工工艺要求的范围之内。

8.15 加热和制冷设备的温度计、显示装置、压力表须符合要求，并经定期校准。

8.16 在加工间内适当位置设工、器具清洗消毒处或消毒间，供有82℃的热水或消毒剂，使用消毒剂的必须配备相应的充足清洁水容器以冲净工、器具上的消毒剂。

8.17 加工过程中相关工序应设立除磁性金属物设施。

9. 原料、辅料卫生的要求

9.1 原料应来自经检验检疫机构备案的种植基地，或者具备农药检测合格证明，或者具备产地环境无污染证明。

9.2 企业应建立完善的农残监控体系，确保原料农残符合进口国有关要求。

9.3 蔬菜、水果、其他植物产品原料必须采用新鲜或冷藏的。成熟适度，风味正常，无病虫害，无腐烂。半成品原料必须来自出口食品卫生注册、登记企业。

9.4 辅料应当符合国家有关卫生规定，有生产厂检验合格证；严禁使用进口国不允许使用的辅料。

原料、辅料进厂后应专库存放，经过进厂验收合格后方准使用；超过保质期的原料、辅料不得用于食品生产。

9.5 加工用水（冰）符合国家《生活饮用水卫生标准》或者其他必要的标准，每年对水质的公共卫生防疫卫生检测不少于两次，每周一次微生物检测，每天一次余氯检测。自备水源应当具备有效的卫生保障设施。

10. 生产、加工卫生的要求

10.1 生产设备布局合理，并保持清洁和完好。

10.2 应确定加工过程的关键工序，制定操作规程并得到连续有效的监控，对监控失效期间的产品应及时隔离处理，并采取有效的纠偏措施。

10.3 对加工过程的食品接触表面如切菜机、冻干机、烘干传送网带、前加工流水线、操作台、工具、容器手推车辆和工人的手、工作服等应定时清洗、冲霜、消毒，并定期做微生物检测。

10.4 不便于直接清洗的加热蒸发排管、成品冷藏间地面应定期维护和消毒。

10.5 班前班后进行卫生清洁工作，专人负责检查，并作检查记录。

10.6 对加工过程中产生的不合格品、跌落地面的产品和废弃物，在固定地点用有明显标志的专用容器分别收集盛装，并在检验人员监督下及时处理，其容器和运输工具及时消毒。

10.7 对不合格品产生的原因应当进行分析，并及时采取纠正措施。

10.8 加工间原料入口、废料出口应有防蚊蝇设施；废料出口尽可能远离原料进口，废料应及时、妥当地通过合理渠道处理到厂外；废料运输车辆不得污染厂区。

10.9 成品应经金属探测器检验合格。金属探测器应定时进行校准。

10.10 挑选包装间应采取适宜的消毒措施。

11. 包装、储存、运输卫生的要求

11.1 用于包装食品的物料符合卫生标准并且保持清洁卫生，不得含有有毒有害物质，不易褪色。

11.2 包装物料间干燥通风，内、外包装物料分别存放，不得有污染。

11.3 运输车辆定期消毒，保持干燥、卫生、无污染及异味；制冷、保温车状态良好。

11.4 成品专库储存，未经包装的产品不得进入成品库。

11.5 原料库、烘干机、冻干机、冷冻间、成品库的温度符合工艺要求，库内保持清洁，定期消毒，有防霉、防鼠、防虫设施。

11.6 库内成品与墙壁距离至少 30cm，与地面距离至少 15cm，与顶棚距离至少 60cm。垛位之间至少能使工人通过，垛位有管理卡。库内不得存放有碍卫生的物品；同一库内不得存放可能造成相互污染或者串味的食品。

12. 有毒有害物品的控制

12.1 脱水食品生产企业要建立有毒有害物品的专用储存库，标识清楚，专人管理。

12.2 杀虫剂及其他化学药品的使用必须经过批准，未经批准不得使用。

12.3 严格执行有毒有害物品的储存和使用管理规定，确保厂区、车间和化验室使用的洗涤剂、消毒剂、杀虫剂、燃油、润滑油和化学试剂等有毒有害物品得到有效控制，避免对产品、产品接触表面和包装物料造成污染。

12.4 脱水食品生产企业应列出有毒有害物品清单，建立使用记录。

13. 检验的要求

13.1 企业有与生产能力相适应的内设检验机构和具备相应资格的检验人员。检验机构应直接由厂长领导，对产品质量有否决权。

13.2 企业内设检验机构具备相适应的微生物、农残、二氧化硫等检验工作所需要的标准资料、检验设施和仪器设备，检验仪器按规定进行计量检定，检验要有检测记录。

13.3 企业内设检验机构必须对原料、辅料、半成品按标准取样检验，并出具检验报告。

13.4 对检验不合格的原料、半成品、成品应及时出具报告并隔离不合格品，督促指导相应管理者在加工过程中及时采取纠偏措施。

13.5 成品出厂前必须按生产批次进行检验，出具检验报告；检验报告应按规定程序签发及保存。

13.6 使用社会实验室承担企业卫生质量检验工作的，应当签有合同，并且该实验室应当具有相应的资格。

14. 保证卫生质量体系有效运行的要求

14.1 制定原料、辅料、半成品、成品及生产过程卫生控制程序，并有效执行，做好记录。

14.2 建立并执行卫生标准操作程序并做好记录，确保加工用水（冰）、食品接触表面、有毒有害物质、虫害防治等处于受控状态。

14.3 对影响食品卫生的关键工序，要制订明确的操作规程并得到连续的监控，对关键工序的监控必须有记录。

14.4 制定和执行对不合格品的控制制度，制度包括不合格品的标识、记录、评价、隔离处置和可追溯性等内容。

14.5 制定产品标识、质量追踪和产品召回制度，以保证出厂产品在出现安全卫生质量问题时能够及时召回。

14.6 制定和执行加工设备、设施的维护程序，保证加工设备、设施满足生产加工的需要。

14.7 制定和实施职工培训计划并做好培训记录，保证不同岗位的人员熟练完成本职工作。

14.8 建立内部审核制度，每半年进行一次内部审核，一年进行一次管理评审，并做好记录。

14.9 对反映产品卫生质量情况的有关记录，制定标记、收集、编目、归档、存储、保管和处理的程序，并贯彻执行；所有质量记录必须真实、准确、规范并具有卫生质量的可追溯性，保存期不少于2年。

第九节　出口速冻方便食品生产企业注册卫生规范

1. 依据

本规范根据《出口食品生产企业卫生注册登记管理规定》，参照国际食品法典委员会（CAC）和有关进口国食品卫生法规、标准制定。

2. 适用范围

本规范适用于出口速冻方便食品生产企业。

3. 术语和定义

3.1 速冻方便食品：是指以粮谷、果蔬、肉、水产品等为原料，经调制、加热（或未经加热）后速冻、冷（冻）藏等加工工艺生产的、经简单处理即可食用的食品。

3.2 出口速冻方便食品生产企业：是指经国家认证认可监督管理委员会注册的出口速冻方便食品生产、加工、储存企业。

3.3 生区：是指有加热工艺的产品，在加热工序之前的加工区域。

3.4 熟区：是指有加热工艺的产品，在加热工序开始之后的产品加工区域。

3.5 食品接触表面：是指在正常加工过程中，直接或间接接触食品的各种器具表面，如工器具、刀具、桌面、案板、传送带、制冰机、贮冰池、手套、围裙等。

3.6 危害分析和关键控制点（HACCP）：对食品安全危害进行识别、评估以及控制的体系。

4. 卫生质量控制体系、HACCP 管理体系

4.1 企业建立卫生质量体系，包括 HACCP 手册、程序文件和作业指导书在内的体系文件应符合《出口食品生产企业卫生要求》。

4.2 列入《卫生注册需要评审 HACCP 体系的产品目录》的出口速冻方便食品生产企业，应按照国际食品法典委员会《国际食品法典委员会 HACCP 体系及其应用准则》的要求建立和实施 HACCP 体系。

5. 生产、质量管理人员的卫生要求

5.1 健康要求

5.1.1 从事食品生产、质量管理的人员每年至少进行一次健康检查，必要时作临时健康检查；新进厂人员应经体检合格后持证上岗。企业应建立员工健康档案。

5.1.2 凡患有痢疾、伤寒、病毒性肝炎等消化道传染病（包括病原携带者），活动性肺结核、化脓性或渗出性皮肤病以及其他有碍食品卫生的疾病者，应调离食品加工及质量管理岗位。

5.2 卫生要求

5.2.1 生产、质量管理人员应保持个人清洁卫生，不得将与生产无关的物品带入车间；工作时不得戴首饰、手表，不得化妆。

5.2.2 进入车间时洗手、消毒并穿着工作服、帽、鞋，离开车间时换下工作服、帽、鞋；不同清洁区加工及质量管理人员的工作帽、服应用不同颜色加以区分，集中管理，统一清洗、消毒、发放；制馅、成型、加热、预冷、内包装人员应戴口罩和戴有发罩的帽子。不同区域人员不准串岗。

6. 厂区环境

6.1 出口速冻方便食品生产企业不得建在有污染源、有碍食品卫生的区域；厂区周围应保持清洁卫生，交通便利，水源充足；厂区内不得生产、存放有碍食品卫生的其他产品。

6.2 厂区路面平整、无积水，主要通道应铺设水泥等硬质路面，空地应绿化。

6.3 厂区卫生间应当有冲水、洗手、防蝇、防虫、防鼠设施，墙壁及地面易清洗消毒，并保持清洁。

6.4 厂区排水系统畅通，厂区地面不得有积水和废弃物堆积，生产中产生的废水、废料的排放或者处理符合国家有关规定。

6.5 厂区建有与生产能力相适应的符合卫生要求的原料、辅料、化学物品、包装物料储存等辅助设施和废物、垃圾暂存设施。

6.6 厂区内不得有裸存的垃圾堆，不得有产生有害（毒）气体或其他有碍卫生的场地和设施。

6.7 厂区内禁止饲养与生产无关的动物。

6.8 工厂须有虫害控制计划、灭鼠图，定期灭鼠除虫。

6.9 厂区应布局合理，生产区与生活区应分开，生活区对生产区不得造成影响。锅炉房、贮煤场所、污水及污物处理设施应与加工车间相隔一定的距离，并位于主风向的下风处。锅炉房应设有消烟除尘设施。

6.10 原料肉或水产品进厂、人员进出、成品出厂相互之间应避免发生交叉污染。

6.11 必要时厂区应设有原料运输车辆和工具的清洗、消毒设施。

6.12 工厂的废弃物应及时清除或处理，避免对厂区生产环境造成污染。

7. 车间和设施设备

7.1 车间

7.1.1 车间面积应与生产能力相适应，生产车间结构和设备布局合理，并保持清洁和完好。车间出口、与外界相连的车间排水出口和通风口应安装防鼠、防蝇、防虫等设施。

7.1.2 生、熟加工区应严格隔离，防止交叉污染。进口国有特殊要求的，应符合进口国的规定。

7.1.3 不同清洁区域应分设工器具清洗消毒间，清洗消毒间应备有冷、热水及清洗消毒设施和适当的排气通风装置。

7.1.4 车间地面应采用防滑、坚固、不透水、耐腐蚀的无毒建筑材料，并保持一定坡度，无积水，易于清洗消毒。

7.1.5 车间内墙壁、屋顶或者天花板应使用无毒、浅色、防水、防霉、不脱落、易于清洗的材料修建。墙角、地角、顶角应采取弧形连接，易于清洁。

7.1.6 车间门窗用浅色、平滑、易清洗、不透水、耐腐蚀的坚固材料制作，结构严密；非封闭的窗户应装设纱窗；车间窗户不宜有内窗台，若有内窗台的，内窗台台面应下斜约 45°。

7.1.7 车间入口处设有洗手和鞋靴消毒设施，洗手消毒设施应与加工人员数目相适应，备有洗手用品及消毒液和符合卫生要求的干手用品。水龙头为非手动开关并应备有温水。水龙头配置比例应为每 10 人一个，200 人以上，每增加 20 人，增设一个。必要时应在车间内适当位置设有适当数量的洗手消毒设施。

7.1.8 设有与车间相连接的卫生设施，卫生设施包括：更衣室、卫生间、淋浴间等，其设施和布局不得对车间造成潜在的污染。

7.1.9 卫生间的门应能自动关闭，门、窗不得直接开向车间，且关闭严密。卫生间的墙壁和地面应采用易清洗消毒、不透水、耐腐蚀的坚固材料。卫生间的面积和设施应与生产人员数量相适应，设有洗手和干手设施，每个便池设施应设冲水装置，便于清洗消毒。卫生间内应通风良好、清洁卫生。

7.1.10 不同清洁程度要求的区域应设有单独的更衣室，个人衣物（鞋、包等物品）与工作服应分别存放，不造成交叉污染。更衣室的面积和设施应与生产能力相适应，并保持通风良好。更衣室内宜配备更衣镜、不靠墙的更衣架和鞋架。更衣室内有更衣柜的，应采用不易发霉、不生锈、内外表面易清洁的材料制作，保持清洁干燥。更衣柜应有编号，柜顶呈 45°斜面。更衣室应配备空气消毒设施。

7.1.11 生产工艺有要求时，在车间内适当位置设有缓化间（或区域）。

7.1.12 应分设内外包装间，内包装间应备有消毒设施。

7.2 设备和附属设施

7.2.1 车间内的设备、设施和工器具用无毒、耐腐蚀、不生锈、易清洗消毒、坚固的材料制作，其结构易于清洗消毒。

7.2.2 加工设备的安装位置应按工艺流程合理排布，防止加工过程中发生交叉污染，便于维护和清洗消毒。

7.2.3 供水设施：加工用水的管道应采用无毒、无害、耐腐蚀的材料，应有防虹吸或防回流装置，不得与非饮用水的管道交叉接触，并有标识。

7.2.4 排水设施：排水系统应有防止固体废弃物进入的装置，排水沟底角应呈弧形，易于清洗，排水管应有防止异味溢出的水封装置以及防鼠网。应避免加工用水直排地面。任何管道和下水道应保证排水畅通，不积水。不允许由低清洁区向高清洁区排放加工污水。

7.2.5 通风设施：宜采用正压通风方式。进气口应远离污染源和排气口。进风口应有过滤装置，过滤装置应定期消毒。气流宜由高清洁区排向低清洁区。蒸、煮、油炸、烟熏、烘烤设施的上方应设有与之相适应的排油烟和通风装置。排气口应设有防蝇、虫和防尘装置。

7.2.6 照明设施：车间内位于食品生产线上方的照明设施应装有防护罩，工作场所以及检验台的照度符合生产、检验的要求，光线以不改变被加工物的本色为宜。检验岗位的照明强度应不低于 540Lx；生产车间的照明强度应不低于 220Lx；其他区域照明强度不低于 110Lx。

7.2.7 温度显示装置：有温度要求的工序和场所应安装温度显示装置，车间温度按照产品工艺要求控制在规定的范围内。

7.2.8 车间供水、供汽、供电应当满足生产需要。

7.2.9 加热设施：应符合热加工工艺要求，配置符合要求的温度计、压力表。密闭加热设施还应有热分布图和温度显示装置，必要时配备自动温度记录装置。加热设施设备应有产品合格证，并按规定定期实施计量检定和校准。

7.2.10 高清洁区应配备空气消毒设施。

8. 原、辅料及加工用水（冰）

8.1 原、辅料

8.1.1 供加工出口速冻方便食品的原料肉类应符合出入境检验检疫机构有关要求，有兽医卫生检疫合格证书和厂检合格证明。

8.1.2 水产品原料应符合有关卫生安全要求。

8.1.3 果蔬类原料应为新鲜或冷藏的，成熟适度，风味正常，无病虫害，无腐烂。农药残留应符合有关限量要求。

8.1.4 其他原、辅料和进口原、辅料应当符合国家有关标准和进口国家的有关安全卫生要求。

8.1.5 原、辅料经验收合格后方可使用。

8.2 水、蒸汽的供应

8.2.1 加工用水和制冰用水应符合国家生活饮用水卫生规范的要求。企业应备有供水网络图，并标注水质监测取样点编号。

8.2.2 企业在加工前应对加工用水（冰）的余氯含量进行检测，并定期对加工用水（冰）进行微生物项目检测，以确保加工用水（冰）的卫生质量。每年对水质的公共卫生检测不少于两次。

8.2.3 加工过程中不得使用静止水解冻原料。

8.2.4 需要使用蒸汽的操作应保证足够的压力和蒸汽供应。

9. 生产过程的卫生控制

9.1 有毒有害物品的控制

9.1.1 应建立有毒有害物品的专用储存库。清洗、消毒剂与食品添加剂等专库（或柜）存放，标识清楚。

9.1.2 严格执行有毒有害物品的储存和使用管理规定，确保厂区、车间和化验室使用的洗涤剂、消毒剂、杀虫剂、燃油、润滑油和化学试剂等有毒有害物品得到有效控制，避免对产品、食品接触表面和包装物料造成污染。

9.1.3 应列出有毒有害物品清单，建立使用记录。

9.2 防止污染

9.2.1 在生产过程中应按照生产工艺的先后次序和产品特点，将原料前处理、半成品、成品、包装等不同清洁卫生要求的区域有效分开设置，各加工区域的产品应分别存放，防止人流、物流交叉污染。

9.2.2 加工过程所用设备、操作台、工具、容器等应定时清洗消毒，与肉接触的刀具、绞肉机、搅拌器等设备应用82℃以上的热水清洗消毒。清洗消毒后的工器具应当妥善存放，避免再次污染。

9.2.3 应定期对直接接触产品的器具、加工环境和加工人员的手做微生物检验。

9.2.4 班前、班后应对生产设备、工具、容器、场地等进行彻底的清洗消毒，班前检查合格后，方可生产。

9.2.5 对加工过程中产生的不合格品、跌落地面的原料、产品及废弃物，应收集到固定地点的、有明显标志的专用容器中，并在卫生检验人员的监督下及时处理。

9.2.6 废弃物容器和可食产品容器不得混用，并有明显标识。废弃物容器应防水、防腐蚀、防渗漏，避免对产品造成污染。

9.2.7 禁止使用竹木工器具，对于传统工艺必须使用的，在保证食品安全卫生的前提下可以使用。

9.3 加工过程控制

9.3.1 原料肉和水产品等的缓化应在缓化间（或区域）内进行。

9.3.2 肉类、水产品、蔬菜等原料，在加工前应经充分挑选、清洗等处理。

9.3.3 有腌制工艺要求的，腌制间温度应控制在 0～4℃。

9.3.4 蒸、煮、油炸、烟熏、烘烤等工序，应保持良好的通风，防止冷凝水污染产品。应制订明确的操作规程避免生熟交叉污染，并得到有效监控，保持完整的记录。进口国对加热工艺有特殊要求的，按进口国规定进行。

9.3.5 加热后的产品，速冻前应在符合卫生要求的预冷设施内进行预冷处理。

9.3.6 预冷后的产品应立即速冻，产品在冻结时应以最快速度通过食品的最大冰晶区（大部分食品为－1～－5℃）。产品冻结后的中心温度应低于－18℃。

9.3.7 产品的内包装应在温度受控且卫生的专用包装间内进行。根据产品工艺要求，必要时对成品进行金属探测检验。

9.3.8 对原料的处理、产品的成型、加热、预冷、速冻、包装等工序应控制在规定的时间内。

9.3.9 同一条生产线生产不同品种的产品时，在更换品种前应彻底清洗消毒。

10. 标识、包装、运输与储存

10.1 标识预包装、大包装的标志应符合 GB 7718《食品标签通用标准》、《进出口食品标签管理办法》和进口国的要求。应在外包装标注卫生注册编号、批号和生产日期等内容。

10.2 包装

10.2.1 用于包装食品的物料符合卫生标准并且保持清洁卫生，不得含有有毒有害物质，不易褪色。

10.2.2 包装物料间通风干燥，有垫板，设有防鼠防虫设施。内、外包装物料分别存放，不得有污染。

10.3 运输应使用配备冷藏、保温等设施的运输工具运输，并保持清洁卫生。

10.4 储存

10.4.1 冷藏库的温度应当保持在－18℃以下，温度波动范围控制在 2℃以内。配备温度显示装置和自动温度记录装置，并定期校准。

10.4.2 库内保持清洁卫生、无异味，定期消毒，有防霉、防鼠、防虫设施。库内物品与地面距离至少 10cm，与墙壁距离至少 30cm，堆码高度适宜，并分垛存放，标识清楚。

10.4.3 库内不得存放有碍卫生的物品；同一库内不得存放可能造成相互污染或者串味的食品。

10.4.4 应设有肉类（或水产）原料专用储存库。

11. 检验要求

11.1 检验机构

11.1.1 企业应设立与加工能力相适应的、独立的检验机构，能进行常规项目的检测。检验机构应具备检验工作所需要的检验设施和仪器设备，仪器设备应按规定定期实施计量检定和校准并有记录。

11.1.2 检验机构应对原料、辅料、半成品按标准取样检测，并出具检测报告。

11.1.3 成品出厂前应按生产批次进行检验，出具检验报告。检验报告应按规定的程序签发。

11.1.4 对检验不合格的产品应及时隔离，反馈信息，并在加工过程中及时采取纠正措施。

11.1.5 检验机构对产品质量有否决权。

11.2 检验人员：企业应配备足够数量的、具备相应资格的专业人员从事卫生质量管理工作。质量管理人员应经过培训，考核合格后持证上岗；企业还应对检验人员定期组织培训。

11.3 有关检验技术资料：企业实验室应具备常规检验工作所需要的原、辅料和成品检验的标准、技术要求、试验方法等有关检验技术资料。

11.4 委托检验：委托社会实验室承担企业卫生质量检验工作的，该实验室应当具备国家规定的资格，并且应当签有委托检验的合同。

12. 培训：企业应制定培训计划，定期对全体员工进行食品安全卫生知识培训。新进厂的人员须经过卫生知识培训，考核合格后方可上岗。

13. 记录：对反映产品卫生质量情况的有关记录，应制定其标记、收集、编目、归档、存储、保管和处理的程序，并贯彻执行；所有质量记录应真实、准确、规范，并保存2年。

14. 建立产品召回制度：企业应制定产品标识、质量追踪和产品召回制度，以保证出厂产品在出现安全卫生质量问题时能够及时召回。

第十节　出口饮料生产企业注册卫生规范

1. 范围

本规范规定了出口饮料生产企业（以下简称企业）饮料生产卫生控制、HACCP管理体系建立与实施的基本要求。

本规范适用于出口饮料（非酒精饮料）生产企业的卫生注册及HACCP管理体系建立与实施。

2. 规范性引用文件

下列文件中的条款通过本规范的引用而成为本规范的条款。凡是注日期的引用文件，其随后所有的修改单（不包括勘误的内容）或修订版均不适用本规范，然而，鼓励根据本规范达成协议的各方研究是否可使用这些文件的最新版本。凡是不注日期的引用文件，其最新版本适用于本规范。

GB 5749 生活饮用水卫生标准

GB 7718 食品标签通用标准

GB 10789 软饮料的分类

GB 10790 软饮料的检验规则、标志、包装、运输、贮存

GB 10791 软饮料原辅材料的要求

国家质量监督检验检疫总局第 20 号令出口食品生产企业卫生注册登记管理规定

CAC/RCP1 食品卫生通则危害分析和关键控制点（HACCP）体系及其应用准则

21CFRPart120 美国 FDA 果蔬汁产品 HACCP 法规

3. 术语和定义

下列术语和定义适用于本规范。

3.1 饮料

指 GB 10789《软饮料的分类》中规定的非酒精饮料，包括碳酸饮料、果汁（浆）及果汁饮料、蔬菜汁及蔬菜汁饮料、含乳饮料、植物蛋白饮料、瓶装饮用水、茶饮料、固体饮料、特殊用途饮料等。

3.2 果蔬汁

是用机械方法（如压榨方法）或物理分离工艺从一种或多种水果或蔬菜中获得的汁液、浆液或其浓缩液。

4. 卫生质量体系、HACCP 管理体系

4.1 企业建立的卫生质量体系及指导卫生质量体系运转的体系文件应符合《出口食品生产企业卫生要求》。

4.2 列入《卫生注册需评审 HACCP 体系的产品目录》的出口饮料生产企业，必须按照 CAC/RCP1《危害分析和关键控制点（HACCP）体系及其应用准则》的要求建立和实施 HACCP 管理体系。

4.3 果蔬汁（含果蔬汁饮料）生产企业应建立并实施 HACCP 管理体系。应对果蔬汁（含果蔬汁饮料）生产中原料的采购、加工、贮存等工艺进行危害分析，确定关键控制点，制定连续有效的监控程序。对超过关键限值或监控失效期间的产品应及时隔离处理，经评估后采取有效的纠偏措施。当原辅料、关键工艺等发生显著地变化时，企业应及时重新进行危害分析，对 SSOP、HACCP 计划重新验证，对产品进行型式试验。同时应做好以上各环节的相应记录。

果蔬汁（含果蔬汁饮料）生产企业 HACCP 管理体系建立与实施见附件 A。

5. 生产、质量管理人员的要求

5.1 健康要求

企业应建立员工健康档案。凡患有传染性肝炎、活动性肺结核、肠道传染病及肠道传染病带菌者、化脓性或渗出性皮肤病、疥疮、有外伤者及其他有碍食品卫生疾病的人员应调离食品生产、检验岗位。与饮料生产有接触的生产、检验、维修及质量管理人员每年应进行一次健康检查，必要时做临时健康检查，体检合格后方可上岗。

5.2 卫生要求

生产、检验、维修及质量管理人员应保持个人卫生清洁，工作时不得戴首饰、手表，不得化妆。进入车间的人员应穿戴本厂规定的工作服、工作帽、工作鞋，头发不得外露，必要时加戴发套，调配室的工作人员有必要时还要戴口罩。进入车间时应先洗手、消毒。

不得将与生产无关的物品带入车间，不准穿工作服、工作鞋进卫生间或离开加工场所。在更衣室、车间以及设置在车间内的休息室内不得吃食品、吸烟，与更衣室相连的卫生间内不得吸烟。

5.3 培训要求

企业应制定和实施职工培训计划并做好培训记录，保证不同岗位的人员掌握必要的技能，熟练完成本职工作。

新参加工作或临时参加工作的人员应经过卫生培训，经考核合格后方可上岗工作。生产、质量管理人员经过相关培训并考核合格后方可上岗。

需建立 HACCP 管理体系的企业，应由本企业接受过 HACCP 培训或者其工作能力等效于经 HACCP 培训的人员承担相应工作。HACCP 小组人员和高级管理人员须经培训、考核合格后方可承担相应的工作。

6. 加工厂设计与设施

6.1 选址、厂区

6.1.1 企业应建在交通方便、水源充足，无有害气体、烟尘、灰沙的区域，不得建在有碍食品卫生的区域。厂区周围应清洁卫生，无污染源。

6.1.2 厂区内不得兼营、生产、存放有碍食品卫生的其他产品。厂区布局合理，生产区、办公区、生活区应相对隔离分开。锅炉房、贮煤场所、污水及污物处理设施应与车间、仓库、供水设施相隔一定的距离，一般位于主风向的下风处。

6.1.3 厂区主要道路应铺设适于车辆通行的坚硬路面（如混凝土或沥青路面等），路面平整、易冲洗，无积水。厂区内无泥土裸露地面。

6.1.4 厂区卫生间有冲水、洗手、防蝇、防虫、防鼠设施，墙裙以浅色、平滑、不透水、耐腐蚀的材料修建，易于清洗并保持清洁。

6.1.5 厂区建有与生产能力相适应的符合卫生要求的原料、辅料、化学物品、包装物料储存等辅助设施。

6.1.6 厂区内不得堆放废旧设备、物品，不得有裸存的垃圾堆，不得有产生有害（毒）气体或其他有碍卫生的场地和设施。厂区内禁止饲养动物。

6.2 厂房和车间

6.2.1 厂房与设施应按工艺流程合理布局，结构合理，便于生产操作、卫生管理、清洗消毒、维修保养，防止交叉污染。留有安全防火通道门的，应严格管理。

6.2.2 车间面积应与生产能力相适应，作业通道和作业空间应满足安全、卫生要求和工作需要。

6.2.3 人员、原辅材料、加工品、成品以及废弃物进出车间的通道应分开。车间进出口应安装防鼠、防蝇、防虫等设施。不同清洁卫生要求的区域应有明确的隔断，跨清洁区和非清洁区的小型物料应靠管道或窗口传递。制瓶、制罐车间应与饮料生产车间隔离，瓶、罐可通过封闭的传送带或可关闭的窗口传送到灌装车间，以避免污染。

6.2.4 横跨生产线的跨度设计构造，应防止积尘、凝水和生长霉菌。应设有防护设施，避免使附近的食品、食品接触面及内包装材料遭到污染。

6.2.5 车间内墙壁、屋顶或者天花板使用无毒、浅色、防水、防霉、不脱落、易于清洗的材料修建。墙角、地角、顶角具有弧度。

6.2.6 车间窗户有内窗台的，内窗台下斜约45°。车间门窗用浅色、平滑、易清洗、不透水、耐腐蚀的坚固材料制作，结构严密，不得使用木制门窗。需要开启的窗户应装设纱窗，但灌装区不应开窗户。

6.2.7 车间地面应用无毒、不散发异味、防滑、坚固、耐腐蚀、不透水的建筑材料，且平坦防滑、无积水、无裂缝及易于清洗消毒。有特殊加工要求的地面还应考虑防酸、防碱，并应有适当的排水坡度（1.5%～2.0%为宜）。

6.3 设备

6.3.1 生产设备应布局合理，以满足加工生产的需要。

6.3.2 车间内的清洗、分选、切割、打浆、分离、搅拌、储存、调配、均质、浓缩、干燥、粉碎、装料、灌装、封罐、加热、杀菌，以及固体、液体输送设备、设施和工器具等应无毒、耐腐蚀、不生锈、易于清洗或清理消毒、检查、维护。输送管道应光滑无锈蚀，管道接头应连接紧密，防止跑、冒、滴、漏。

6.3.3 二氧化碳钢瓶应放置在使用点附近安全的、与加工区隔开的气瓶室内。

6.3.4 天然矿泉水源的出水口应建有独立的机井房。并建立井压、流量、水温记录。

6.4 设施

6.4.1 供气、供电设施

供气、供电应满足生产需要。动力线与照明线应分设，车间内供电线路不得有明线，必须用线槽板或其他方式予以安装。必要时车间内应备有应急灯。

6.4.2 供水系统

供水系统应能保证工厂各个部位所用水的流量、压力符合要求。车间内应设置清洗台案、设备、管道、工器具以及生产场地用的水源。

各种与水直接接触的供水管均应用无毒、无害、防腐蚀的材料制成。生产、加热、制冷、冷却、消防等用水应用单独管道输送，并用醒目颜色的标识区别，不得交叉连接。热源的上方不得有冷水管通过，防止产生冷凝水。加工用水的管道应有防虹吸或防回流装置，避免交叉污染。

企业加工用自来水或井水或地下水应根据当地水质特点增设水质处理设施，自备蓄水设施应定期进行清洁，以确保水质符合卫生要求。

大型软化水的装置应与饮料加工区隔离，并定期对软化水的设施进行清洗消毒处理。

6.4.3 排水系统

厂区应有合理的排水系统。车间内排水沟应为明沟，必要时应加盖。车间排水沟的侧面和底面应平滑连接，排水沟应有坡度。排水沟的流向不应由一般清洁区流向高清洁区。设备排水应有专门管道，直接导入排水沟，防止漫流。车间排水沟的出口应设有防蝇虫、防鼠装置。

6.4.4 更衣室、卫生间、淋浴室、消毒设施

企业设有与车间相连接的更衣室（包括换工作鞋设施），不同清洁程度要求的区域设有单独的更衣室。更衣室应有空气消毒装置，更衣室内挂工作服的衣架不应靠墙。

更衣设施应能够满足生产车间操作人员实际需要。如使用更衣柜，只限于放置私人衣物。更衣柜采用不发霉、不生锈、内外表面易清洁的材料制作，柜顶下斜约 45°。

不同卫生要求的生产区域的人员的工作服应有明显的区别。同一生产区域内的质量管理人员、检验人员的工作服应有明显的标识。工作服应集中管理，统一清洗消毒，统一发放。

需要时还应设立与更衣室相连接的卫生间和淋浴室。

卫生间门窗不直接开向车间。卫生间应保持清洁。卫生间要有冲水装置、非手动开关的洗手消毒设施及换气、防蝇虫设施，备有洗涤用品和不致交叉污染的干手用品。

淋浴室应保持清洁卫生，排水畅通，并有排气设施，地面、墙壁用的材料便于清洗，照明灯具应加防爆罩。

根据不同饮料生产需要，车间入口处应设有鞋靴消毒池或鞋靴消毒垫。消毒池或消毒垫的宽度应不小于门的宽度或与通道等宽。车间入口处和车间内适当的位置设足够数量的非手动开关的洗手消毒设施，备有洗涤用品及消毒液和不致交叉污染的干手用品。消毒液浓度应达到有效的消毒效果。

6.4.5 通风设施

车间内应安装通风设备，以保持车间内空气对流。如有大量水蒸气、热量产生的区域，应有强制通风设施，防止产生冷凝水。车间进气口应远离排气口、污染源并装有易拆下、能清洗的空气过滤网罩。排气口应装有防雨、防尘、防蝇虫装置。废气排放应符合国家环境保护要求。有粉尘产生的区域应装有排除、收集或控制装置。

6.4.6 照明设施

车间内位于生产线上方的照明设施应装有防护罩，工作场所以及检验台的照度符合生产、检验的要求，光线以不改变被加工物的本色为宜，作业区照明设施的照度不低于 220Lx。如需检瓶，检瓶工序应设置灯光透视检查台，检验区上方的照度不低于 540Lx，检瓶光源的照度应在 1 000Lx 以上。

7. 原辅材料

7.1 原料、辅料

7.1.1 生产用原料、辅料应符合 GB 10791《软饮料原辅材料的要求》和进口国卫生要求，避免有毒、有害物质的污染。原料、辅料中农、兽药残留超过有关限量规定的，禁止使用。投产前，原料还须经过严格检验，经检验不合格的原料不得投产。超过保质期的原料、辅料不得用于食品生产。

7.1.2 严禁使用我国、进口国不允许使用的添加剂。特殊用途的饮料中严禁添加我国颁布的禁用物品和国际组织颁布的禁用药物。饮料中使用的甜味剂、酸味剂、香精、食用色素、乳化剂、防腐剂、抗氧化剂、营养强化剂等食品添加剂以及饮料中使用的风味料、我国颁布的既是食品又是药品的物品应符合我国和进口国有关食品卫生要求的规定。

7.1.3 果蔬汁生产工艺中使用的酶制剂、净化剂应符合国家标准和有关食品卫生要求的规定。

7.1.4 加工用的果蔬类原料，应采用新鲜或贮藏的成熟适度、风味正常、无病虫害及霉烂果、符合加工要求的果实。果蔬类原料农药残留应符合进口国的要求。加工用的干果品原料应干燥、无霉变、无虫蛀。

7.1.5 加工用的原果蔬汁、浓缩果蔬汁应风味正常、不变质。

7.1.6 生产含乳饮料用的鲜奶，其抗生素残留应符合国家规定。

7.1.7 碳酸饮料中使用的二氧化碳需经净化系统处理，且应符合国家标准规定。

7.1.8 天然矿泉水源须经国家法定机构勘察合格并取得国家主管部门采矿许可证书后方可生产使用。其他瓶装水源亦须经国家法定机构鉴定合格，取得准用证书后方可投产。企业应每天对天然矿泉水源、其他瓶装水源进行监测。

7.2 水

7.2.1 加工用水应符合 GB 5749《生活饮用水卫生标准》及进口国要求。饮料工艺用水应采用蒸馏法、电渗析法、离子交换法、反渗透法及其他适当的方法对水进行处理，以符合 GB 10791《软饮料原辅材料的要求》中饮料工艺用水的特殊要求，同时企业应进行所规定项目的水质检验。

7.2.2 企业应每年 2 次由具备检测资格的机构对生产用水按 GB 5749《生活饮用水卫生标准》进行全项目的水质检验。

7.2.3 企业应对厂区内所有的生产用水的出水口进行编号并绘制供水网络图，还应根据实际情况对全厂用水进行检验，并确定检验频率，检验项目应包括但不限于下列内容：色、浑浊度、气味（嗅和味）、pH、细菌总数、大肠菌群和游离余氯等。

7.2.4 企业有自备贮水箱、贮水池或贮水塔的，应制定对这些设备设施的清洗程序、清洗效果的检查程序并实施。

8. 生产卫生控制

8.1 防止污染

生产所需要的配料应在生产前运进生产现场的配料库中，避免污染。原料、辅料、半成品、成品应分别暂存在不会受到污染的区域。

盛放食品的容器不得直接接触地面。车间内不得使用竹木工器具（包括木制砧板和有竹木柄的刀具）和容器，不得使用麻袋作为原辅材料或半成品的包装袋。

容易造成交叉污染的清洗、拣选、榨汁、浓缩、调配、过滤、灌装、封罐、杀菌、固体输送、干燥、粉碎、装料、包装、制冷等工序，应采取有效控制措施予以分区或隔离，防止生产过程中相互污染。班前班后做好卫生清洁工作，专人负责检查，并作检查记录。

储果蔬池表面应平滑，防止果蔬擦伤。输送果蔬用的水应定时更换，拣选工序要加强对烂果的控制，防止污染。

固体饮料加工生产中应注意除尘、防潮。

8.2 清洗消毒

应定期对场地、生产设备、工具、容器、泵、管道及其附件等进行清洗、消毒。并定期对清洗消毒效果进行检测。使用的清洗剂、消毒剂应符合有关食品卫生要求规定。清洗前尽可能地将可拆卸的生产设备、管道连接部件拆开，使清洗水能够冲洗到所有与产品接触的部分。车间内清洗用的软质水管或者水枪应保持正常的工作状态，不得落地。

车间应设置专用的工器具清洗、消毒场所。

8.3 杀菌

采用加热杀菌工艺时，应按不同种类的产品杀菌要求制定有科学依据的杀菌工艺

（如：巴氏杀菌、超高温杀菌、二次杀菌）规程并正确实施，同时做好自动温度记录及相关记录；采用非加热杀菌工艺时，应采取无菌灌装工艺或其他可控制污染的灌装工艺。

8.4 金属探测

固体饮料生产检验工序需要时应设置金属探测器，以控制金属碎屑对产品造成的显著危害。

8.5 不合格品的处理

对加工过程中产生的不合格品，应在固定地点用有明显标志的专用容器或设施分别收集，同时对不合格品产生的原因进行分析，并在质检人员监督下及时采取措施和处理。

8.6 害虫控制

企业须有虫害控制计划，按计划设置足够的防鼠、防昆虫的设施。在厂区放置的捕鼠工具应有布点图，逐个编号。车间内部不得设置诱杀昆虫的设施，不得施放药物灭鼠杀虫。所有的捕鼠及杀昆虫设施均须按规定进行检查并有检查记录。

8.7 废弃物管理

废弃物的排放与处理应符合国家环境保护有关规定。废弃物暂存容器应选用便于清洗消毒的材料制成，结构严密。废弃物容器应专用、有明显的标识并配置非手工开启的盖。废弃物暂存场地应远离车间并应定期冲洗。废弃物应及时清运，避免污染原辅材料、水源、设备和厂区道路。

8.8 有毒有害物品的控制

制定并执行有毒有害物品的储存和使用管理规定。应列出有毒有害物品清单，建立使用记录。未经国家有关部门批准的洗涤剂、消毒剂、杀虫剂及其他有毒有害化学药品不准使用。

确保厂区、车间和化验室使用的洗涤剂、消毒剂、杀虫剂、燃油、润滑油和化学试剂等有毒有害物品得到有效控制，避免对食品、食品接触表面和食品包装物料造成污染。

企业应建立有毒有害物品的专用储存库，并与加工生产中使用的食品添加剂等化学试剂分库存放，标识清楚。

9. 标识、包装、运输与储存

9.1 标识

预包装的标志应符合进口国的要求。应在运输包装物的侧面标注卫生注册编号、批号和生产日期等内容。加贴的合格证应符合我国和进口国规定。

9.2 包装

包装容器和包装材料应符合 GB 10790《软饮料的检验规则、标志、包装、运输、贮存》标准和进口国的规定。包装容器和包装材料不得含有有毒有害物质，不易褪色。预包装容器不允许回收使用。

包装（灌装）用的玻璃瓶、金属罐（桶）、塑料容器、复合软包装容器以及其他包装材料进厂时应验收、做必要的检测项目。进口包装容器须由口岸检验检疫机构检验并出具卫生证书。

产品包装（灌装）应在专用的包装间进行，包装（灌装）间及其设施应满足不同产品需无菌灌装或低温灌装或常温灌装的条件以及固体饮料对包装环境温度、湿度的要求。产品包装应严密、整齐、无破损。

9.3 运输

运输工具应清洁、卫生、干燥，并根据产品特点配备防雨、防尘、隔热、冷藏等设施，运输时不得与其他物品混装。

玻璃瓶装饮料运输及装卸时要防止破碎，避免污染其他产品。

9.4 储存

9.4.1 预包装容器和内、外包装物料应分别存放，包装物料库应干燥通风，并有防尘设施，防止污染。

9.4.2 原料、成品库应保持清洁、阴凉、干燥、通风，具有防热、防冻、防霉、防鼠、防虫设施。

贮藏能力应与生产能力相适应。

9.4.3 原料、成品不得露天堆放。原料、成品应分别专库储存，不得与有毒、有异味、易挥发或潮湿的物品混放。同一库内也不得存放可能造成相互污染或者串味的食品。

原料、成品库内的原料、成品保存应配置垫仓板，所有物品均不得直接放置在地面，应保持墙距和垛距，堆码高度应合理。设有标识，防止混杂，库内应留出通道。

9.4.4 需要低温度储存的原辅料、成品应储存在低温库中。贮存温度和期限应符合相应品种规定。应配备温度显示装置、自动温度记录装置。

9.4.5 对包装物料库、原料库、成品库、低温库应定期检查并有记录，发现异常应及早处理。如果发现成品包装破损或长时间的储存，应对储存的原料、成品重新检验。

10. 检验要求

10.1 检验机构

企业应设立与生产能力相适应的、满足实际检验工作和质量控制需要的独立的检验机构。检验机构对产品质量有否决权。

检验机构的检验场地、检验设施、仪器设备、检验器具应满足感官、理化、微生物实际检验工作的需要。

检验仪器和检测器具应按规定计量或校正，合格的才能允许使用，并按规定建立计量档案。

10.2 检验人员

应具备相应资格的检验人员。检验人员应具有中专或以上学历，接受过相关专业培训，具备上岗资格。

检验人员应能独立、有效地履行职责，严格地执行检验操作规范，检验结果准确、真实。

10.3 检验技术资料

企业应具备检验工作所需要的原辅材料验收标准、产品的技术要求、试验方法、检验规则、样品保存方法和保存期限等检验技术资料。

10.4 检验管理

企业检验机构应核查原辅材料出厂检验合格证明，并按标准规定取样检验，出具检验报告。

对收购农户的水果、蔬菜、鲜奶亦应按标准规定取样检验。含乳饮料加工用的鲜奶，应进行相关抗生素的快速检测。成品出厂前企业检验机构应按生产批次进行检验并按规定期限、规定程序出具检验报告。经检验，判定为不合格的该批产品不准出厂。超过保质期的产品不准出口报验。

企业检验机构应对车间卫生检测项目进行监测。

10.5 委托检验

使用社会实验室承担企业检验工作的，应签有委托检验合同，并且该实验室应具有相应的资格。

直接关系到生产过程中卫生质量的控制时效性较强的检验项目，不得委托检验，应由企业检验机构自行完成。

11. 记录

企业应在体系文件中对反映卫生质量活动记录的设置、格式、使用、收集、编目、归档、存储、保管和处理进行规定，并贯彻实施。

记录应现场记录，不得追记、补记或预先记录。

记录因笔误而造成记录数据有误的允许划改一次，由记录者本人在现场进行划改。不得采取涂抹、描粗的方式划改数据，不得根据某种需要而去任意划改数据，影响数据的真实性。

记录应由记录人员亲笔签名，不得使用印章。

记录应在企业规定的期限内审核完毕；质量记录审核的签名应手签，不得使用印章。操作记录、审核记录不得是同一人员。

质量记录应按规定建立档案，保存期不少于2年。

第十一节　出口肠衣加工企业注册卫生规范

1. 依据

本规范根据《出口食品生产企业卫生注册登记管理规定》及国家有关卫生法规、标准制定。

2. 适用范围

2.1 本规范适用于出口肠衣加工企业。

2.2 本规范中的肠衣是指可供人类食用的各类天然肠衣。

3. 定义

3.1 出口肠衣加工企业：系指经国家认证认可监督管理委员会（以下简称认监委）注册的肠衣加工车间、冷库及储存库。

3.2 肠衣：系指采用健康牲畜的食道、胃、小肠、大肠和膀胱等器官，经过特殊加工，对保留的组织进行盐渍或干制的产品。

3.3 原肠：系指未经刮制的健康牲畜的小肠。

4. 原料、辅料的卫生

4.1 出口肠衣加工企业对原料应制定合理有效的源头控制措施，避免来自空气、土壤、水、饲料、肥料中的农药、兽药或者其他有害物质的污染，保证原料的安全卫生。

4.2 国产肠衣原料应当来自官方兽医监督的屠宰场。供宰动物经宰前、宰后检验检疫符合人类食用，并具有产地官方兽医部门检疫合格证明。供宰动物应按规定进行疫病监测和残留监控，不合格的不得用于加工肠衣产品。

4.3 进口肠衣原料应当来自经认监委注册的国外生产加工企业，并具有出口国家或地区官方兽医部门出具的检疫证书和口岸检验检疫机构出具的《入境货物检验检疫证明》。

4.4 原料应在良好的卫生条件下运至出口肠衣加工企业。国产原肠在原料的收集期间，应进行适当的冷藏。运输原料的容器内部表面光滑，易于清洗消毒。进口原肠应密闭包装并保持清洁卫生，冷冻运输至肠衣加工企业专用冷库，包装应进行销毁或防疫性消毒处理，防止疫病传播。

4.5 加工用盐应使用符合卫生要求的肠衣专用盐，并具有检验合格证，进厂验收合格后方准使用。加工用盐应专库存放，并保持清洁卫生，不受污染。

4.6 加工肠衣的其他辅助材料（如套管、压缩片、网袋等）应符合食品卫生要求。

4.7 超过保质期的原料、辅料不得用于生产。

4.8 原料、辅料、半成品、成品分别存放在不会受到污染的区域。

5. 企业的设计和环境卫生

5.1 企业不得建在有碍食品卫生的区域，厂区周围无有害气体、灰沙及其他污染源。交通方便，水源充足。厂区内不得兼营、生产、存放有碍食品卫生的其他产品。

5.2 厂区主要道路应铺设适合于车辆通行的坚硬路面（如混凝土或沥青路面等），路面平整、易冲洗，无积水。

5.3 厂区布局和设计合理，应建有与生产能力相适应的符合卫生要求的原料、辅料、成品、包装物料、化学物品等储存设施和废物、垃圾暂存设施，避免交叉污染。

5.4 厂区排水系统畅通，地面不得有积水。废水、废料的处理和排放应符合国家有关规定。

5.5 原肠处理车间应与肠衣加工车间严格分开，有独立的污水处理和排放系统。

5.6 厂区卫生间有冲水、洗手、防蝇、防虫、防鼠设施，墙裙以浅色、平滑、不透水、耐腐蚀的材料修建，易于清洗并保持清洁。

5.7 生产区与生活区应分开设置。

6. 车间及设施卫生

6.1 车间面积与生产能力相适应，工艺流程布局合理，排水畅通；车间地面应用耐腐蚀的无毒材料修建，防滑、坚固、不渗水、不积水、无裂缝、易于清洗消毒并保持清洁；地面排水坡度为1%～2%。

6.2 车间出口及与外界相连的排水、通风口应安装防鼠、防蝇、防虫等设施。

6.3 排水系统应设置过滤网及防止异味溢出的水封装置。排水沟为明沟或加盖，沟底应呈弧形。

6.4 车间内墙壁、屋顶或天花板应用无毒、浅色、防水、防霉、不脱落、易于清洗的材料修建，墙角、地角、顶角具有弧度。

6.5 车间窗户有内窗台的，内窗台应下斜约45°；车间门窗应采用浅色、平滑、易清洗、不透水、耐腐蚀的坚固材料制作，结构严密；车间非封闭的窗户应装设固定的纱窗。

6.6 车间应设有通风设施，天花板上不得有冷凝水。车间温度控制在25℃以下。

6.7 车间内应有适度的照明，光线以不改变肠衣的本色为宜。照明设施应装有防护罩。

6.8 车间入口处及车间内适当的位置应设有与生产能力相适应的洗手、消毒、干手设施，洗手水龙头为非手动开关。消毒液浓度应能达到有效的消毒效果。

6.9 车间入口处应设鞋靴消毒池。

6.10 应设有和车间相连接并与生产人员数量相适应的更衣室、卫生间，其设施和布局不得对车间造成潜在的污染。不同清洁区应设有单独的更衣室。卫生间的门应能自动关闭，门、窗不得直接开向车间且关闭严密；卫生间设有洗手、消毒和干手设施，并有排气和防蝇虫装置，确保清洁卫生。

6.11 车间内的设备、设施和工器具应用无毒、耐腐蚀、不生锈、坚固的材料制作，易于清洗消毒。禁止使用竹木器具。

6.12 废弃物容器应选用不透水的材料制作，并有明显的标识。

6.13 加工车间的工器具应在专门的房间或区域进行清洗消毒，清洗消毒后的工器具应当放在专门的搁架上备用。

7. 水的卫生

7.1 加工用水应符合国家生活饮用水和其他相关标准的要求。每年对水质的公共卫生检测不少于两次。企业应定期对加工用水的微生物进行检测，必要时检测余氯含量。

7.2 企业应备有供水网络图。加工用水的管道应有防虹吸或回流装置。

7.3 储水设施应采用无毒、无污染的材料制成，并有防止污染的措施。应定期清洗和消毒，避免加工用水受到污染。

8. 加工卫生

8.1 车间入口处和车间内适当位置应设有相应标示或警示牌。

8.2 生产设备、工具、容器、场地等应严格进行清洗消毒，盛放肠衣的容器不得直接接触地面。

8.3 加工前后应对加工场地、工器具、操作台及时清洗消毒，并指定专人负责检查，作好检查记录。

8.4 对加工过程中产生的不合格品、跌落地面的产品和废弃物，应在固定地点用有明显标志的专用容器分别收集盛装，并在检验人员监督下及时处理。

9. 包装、储存、运输的卫生

9.1 用于包装肠衣的物料应符合卫生标准并且保持清洁卫生，不得含有有毒有害物质，不易褪色。

9.2 内、外包装物料应分别专库存放。包装物料库应干燥、通风，保持清洁卫生。

9.3 肠衣应专库存放。盐渍肠衣需冷藏保存，温度控制在0～10℃。冷库应配备自动温度显示、记录装置并定期校准。

9.4 库内应有防霉、防鼠、防虫设施，保持清洁、整齐，并定期消毒。同一库内不得存放可能造成相互污染或串味的其他物品。

9.5 库内物品应与墙壁、天花板保持一定距离并分垛存放，标识清楚。

9.6 原料、成品运输工具应及时清洗消毒，保持清洁卫生。

10. 有毒有害物品的控制

企业应制定并严格执行有毒有害物品的储存和使用管理规定，确保厂区、车间和实验室使用的洗涤剂、消毒剂、杀虫剂和化学试剂等有毒有害物品得到有效控制，避免对肠衣和包装物料造成污染。

11. 检验的要求

11.1 企业应设有与生产能力相适应的检验机构，配备相应资格的检验人员。

11.2 企业应当建立实验室，配备相应检验设施和仪器设备。检验仪器须进行计量检定的，按规定进行检定。

11.3 企业委托社会实验室承担检验工作的，应当签有合同，并且该实验室应当具有相应的资格。

12. 人员卫生

12.1 企业应建立员工健康档案并制定卫生健康检查计划。从事肠衣加工和管理的人员经体检合格后方可上岗。每年进行一次健康检查，必要时做临时健康检查。凡患有影响食品卫生的疾病者，必须调离肠衣加工岗位。

12.2 从事肠衣加工和管理的人员应保持个人清洁，不得将与生产无关的物品带入车间；工作时不得戴首饰、手表，不得化妆；进入车间时应更换工作服、帽、鞋，并洗手、消毒；离开车间时应换下工作服、帽、鞋；工厂应设立专用洗衣房，工作服应集中管理，统一清洗消毒，统一发放。

12.3 清洁区与非清洁区等不同岗位的人员应穿戴不同颜色或标志的工作服、帽，以便区分。不同区域人员不准串岗。

13. 卫生质量体系运行的要求

13.1 企业应配备足够数量的、具备相应资格的专业人员从事卫生质量管理工作。

13.2 企业应制定原料、辅料、半成品、成品及生产过程卫生控制程序，并有效执行，做好记录。

13.3 企业应建立并执行卫生标准操作程序并做好记录，对影响肠衣卫生的关键工序，企业应制订明确的操作规程并进行有效的监控。

13.4 企业应制定和执行对不合格品的控制制度，制度包括不合格品的标识、记录、评价、隔离处置、纠偏措施和追溯性等内容。

13.5 企业应制定产品标识、质量追踪和产品召回制度，以保证出厂产品在出现安全卫生质量问题时能够及时召回。

13.6 企业应制定和执行加工设备、设施的维护程序，保证加工设备、设施满足生产加工的需要。

13.7 企业应制定和实施职工培训计划并做好培训记录，保证不同岗位的人员熟练完成本职工作。

13.8 企业应建立内部审核制度，每半年进行一次内部审核，一年进行一次管理评审，并做好记录。

13.9 对反映产品卫生质量情况的有关记录，企业应制定标记、收集、编目、归档、保管和处理的程序，并贯彻执行；所有记录必须真实、准确、规范，保存期不少于2年。

14. 对于必须使用传统工艺生产加工的产品（如干制肠衣），在保证食品安全卫生的前提下，可以按传统工艺生产加工。

15. 本规范由认监委负责解释。

16. 本规范自2003年12月31日起实施。原国家商检局发布的《出口肠衣加工企业注册卫生规范》同时废止。

第十二节　出口茶叶生产企业注册卫生规范

1. 依据

本规范依据《出口食品生产企业卫生注册登记管理规定》（国家质检总局2002年第20号令）和有关茶叶卫生法规、标准制定。

2. 适用范围

本规范适用于出口茶叶生产企业。

3. 定义

3.1 茶叶——是指采用适宜于制作饮料的山茶［*Camellia sinensis*（Linnaeus）O. Kuntze］的一系列变种的芽叶和嫩梢，用可接受的方法加工和干燥后制成的干饮料。包括绿茶、红茶、乌龙茶、白茶、黄茶、黑茶；以及用上述茶类茶叶为原料制作的再加工茶（包括花茶、紧压茶等）。

3.2 出口茶叶生产企业（以下简称企业）——经国家认证认可监督管理委员会注册的出口茶叶生产、加工、储存企业。

4. 原料

4.1 企业应针对原料制定有效的质量安全管理控制措施，避免来自空气、土壤、水质、肥料中的农药或者其他有害物质的污染，保证原料的安全卫生。

4.2 企业应建立种植基地或有明确的供货商，对种植基地和供货商应当签订质量保证合同，并确保有效实施。

4.3 种植基地周围空气、土壤和水质等环境条件应符合环境标准和规范要求；种植用肥料和农药应符合国家和进口国的有关规定；种植过程中应有种植日志及用药记录，记录施肥、病虫害防治、采摘等农事活动；鲜叶应在适当的卫生条件下采摘、运输和存储，不得受到污染。

4.4 企业应要求供货商提供原料来源及其相关卫生证明。

4.5 企业应对原料的农药残留、重金属等实施监测，监测记录应保存有效。

4.6 企业应制定原料验收程序，不得收购劣变或受到有害物质污染过的茶叶；原料应当来自符合国家有关卫生要求的生产企业；进口原料应当有出入境检验检疫机构的检验检疫合格证明。

4.7 原料进厂后要分类妥善存储，水分超过安全界限的，要及时干燥，以避免霉变。鲜叶/鲜花原料，要妥善养护，防止劣变。

4.8 辅料应符合国家卫生要求，专库存放，并制定验收、领用程序，确保产品安全卫生。

4.9 企业应收集、整理茶叶质量安全卫生信息，向种植基地和供货商反馈，指导监督其科学安全地使用肥料和农药及其他生长素。

5. 厂区环境

5.1 茶叶生产企业不得建在可能影响茶叶卫生的区域。厂区周围无物理、化学、生物等污染源，厂区内不得兼营、生产、存放可能影响茶叶卫生的其他产品，非清洁区和清洁区应当充分隔离。

5.2 厂区应按工艺要求布局，生产区与生活区应隔离；应建有与生产能力相适应的符合卫生要求的原料、辅料、化学物品和包装物料等储存库房以及废物、垃圾暂存设施。

5.3 厂区应合理绿化，主要道路应当铺设适于车辆通行的坚硬路面，路面平坦，无积水，并保持清洁。

5.4 厂区卫生间有冲水、洗手、防蝇、防虫、防鼠设施，墙壁、地面易于清洗并保持清洁。

5.5 厂区排水系统畅通，污水排放、烟尘排放、污物处理应当符合国家相关法规要求。垃圾及废弃物应集中存放，并及时清理出厂。

5.6 锅炉房、贮煤场所、污水及污物处理设施应当与生产车间保持一定距离，并位于主风向的下风处。

5.7 厂区内禁止饲养禽畜及其他宠物。

5.8 出口茶叶生产企业在新建、扩建或者改建前，应当向所在地的直属检验检疫局申请选址、设计的卫生审查。

6. 车间及设备设施

6.1 车间

6.1.1 车间面积、高度应当与生产能力和设备安置相适应。车间布局合理，符合工艺流程要求。

6.1.2 车间内墙壁、天花板使用易清洁的无毒、浅色、不易脱落的材料装修。车间地面应采用耐磨、防滑的坚固材料修筑，无裂缝，易于清洁。需要用水冲洗的车间，地面应有一定的坡度，不积水。

6.1.3 车间门窗结构严密，车间出入口及与外界相连的通风处应当安装防鼠/防蝇/防虫设施。

6.2 卫生设施

6.2.1 应设有与生产车间相连的更衣室，其面积以及衣柜、鞋柜的数量要与生产人数相适应。个人衣物不得与工作服混放，避免污染。

6.2.2 车间如设有卫生间，应有水冲装置、洗手设施。卫生间应当便于清洗消毒，并保持清洁。门、窗不得直接开向车间，门能自动关闭，通风合理。

6.2.3 在车间入口处及车间适当的位置应设置洗手消毒、干手设施。洗手消毒设施用的水龙头应当是非手动开关。车间入口处的洗手水龙头数量应当与生产人员数量相匹配。

6.3 加工设备和设施

6.3.1 设备、设施应与生产相适应，符合工艺和产品卫生要求。设备、工器具和容器与茶叶的接触面应当使用无毒、无味、易清洁的材料制作。

6.3.2 加工设备的安装应按工艺流程布局，与屋顶、墙壁有足够的距离，便于维护保养及清洁。

6.3.3 车间应配有与加工能力相适应的除尘设施。各种炉灶不得直接开向车间，燃料及残渣应设有专门存放处。

6.3.4 盛装废弃物等的容器应有标识，不得与盛装茶叶的容器混用。

6.4 供、排水设施

6.4.1 供水

6.4.1.1 供水系统管道应采用不易生锈的材料，不得与非饮用水的管道相连接，并有标识。

6.4.1.2 储水设施（塔、池、罐）应当采用无毒、易清洗、不会对加工用水造成污染的材料制成，并有防止污染的设施，定期清洗。使用自备水源，应设置净化、消毒设施。地下水源应当远离污染源。

6.4.1.3 加工用水应当满足加工需要并符合国家《生活饮用水卫生标准》。对水质的检测每年不得少于两次。

6.4.2 排水

6.4.2.1 车间排水系统合理并有防止固体废弃物进入的装置，排水沟保证畅通，易于清洗并保持清洁。

6.4.2.2 排水口应有防止污水倒流和鼠类、昆虫通过排水装置潜入车间的措施及防止臭味溢出的水封装置。

6.5 油、汽设施

加工用汽、油供应装置应保证生产安全和卫生。

6.6 温度控制

有温度要求的工序和场所的温度应按照产品工艺要求控制在适当的范围内，并安装温度显示装置。

6.7 通风设施

6.7.1 生产车间应通风良好。采用机械通风的，进风口应当距地面 2m 以上，并远离污染源和排风口，开口处应设防护罩。通风系统的设计和安装应当符合易于养护和清洁的要求。

6.7.2 烘干设施应当设有有效的排烟和通风装置。

6.8 照明

应当有充足的自然采光或者人工光源，光源以不改变被加工物的本色为宜。生产车间的照明强度应当满足生产检验需要，照明设施应装有防护罩。

7. 生产过程的卫生控制

7.1 生产加工车间结构和设备布局合理，按照生产工序和产品特点，不同清洁卫生要求的区域分开设置，防止交叉污染。

7.2 同一生产场所不得同时生产或存放两种不同茶类的茶叶。

7.3 生产设备、工具、容器、场地等应当保持清洁。工器具应在班前班后进行有效的清洁，必要时进行消毒。清洁消毒后的工器具应当存放在指定区域，防止受到污染。

7.4 设备检查维修时，不得污染茶叶。维修后要对相应区域进行清洁。

7.5 应按照工艺操作规程生产，防止茶叶加工中产生劣变或有毒有害物质的污染。

7.6 在加工过程中，在制品要按等级、规格存放并标识；落地茶和废弃物要分别在指定地点用有明显标志的专用容器分别收集盛装，并及时处理。

7.7 茶叶成品包装应在专用的包装间内进行，包装过程应保持清洁卫生，防止异物混入。

7.8 对不合格品应单独存放并标识，对产生的原因要及时分析，并采取纠正措施。

7.9 生产企业应建立有毒有害物品清单，有专用储存场所，标识清楚；进库领用应登记签名，并有专人加锁保管。

8. 包装、储存、运输卫生

8.1 包装

8.1.1 包装物料应符合卫生标准，不得含有有毒有害物质。

8.1.2 包装物料应在通风、干燥的专库存放，并且保持清洁卫生。内、外包装物料应分别存放，并有防尘、防鼠、防虫害设施。

8.2 储存

8.2.1 储存库应保持干燥、通风和清洁，有防霉、防鼠、防虫害设施。同一库内不得存放可能造成相互污染、串味和易腐、易燃品。堆垛距墙壁 30cm 以上，与地面距离不少于 10cm。堆垛不宜过高过密，便于抽样和货物进出。出入库应有记录。

8.2.2 成品茶应有专库存储，按批次堆放整齐，挂牌标识。未经包装的产品不得进入成品库存放。

8.2.3 储存库内应配备温湿度计，注意温湿度调控。

8.3 运输

运输工具应清洁、干燥、无异味，符合卫生要求，并能防雨、防潮。不得与有毒有害及有异味的物品混装、混运。

9. 生产、质量管理人员

9.1 健康要求

9.1.1 从事生产和质量管理的人员经体检合格后方可上岗，每年至少进行一次健康检查，必要时可以进行临时健康检查。凡确认患有有碍食品卫生的疾病患者不得从事茶叶生产。

9.1.2 发现有碍食品卫生临床症状的生产人员，应及时调离生产岗位，康复后经批准方可重新上岗。

9.1.3 企业应建立员工健康档案。

9.2 个人卫生

9.2.1 进入车间人员，应穿戴整洁的工作服、帽和鞋，并按规定洗手消毒。

9.2.2 生产人员应保持个人卫生，不得将与生产无关的物品带入车间，不准佩戴首饰、手表，不得化妆。

9.2.3 接触过污染物后，应重新洗手消毒。

9.2.4 工作服、鞋帽不得穿戴出车间，应定期统一清洗、消毒。

9.2.5 禁止在加工场所内饮食、吸烟、吐痰及其他可能对茶叶加工造成污染的行为。

9.2.6 进入车间的其他人员（包括参观人员）均应遵守本规范要求。

9.3 资格与培训

9.3.1 应当配备足够数量的、具备相应资格的专业人员从事质量管理工作。质量管理人员应当具备相关的专业和食品卫生知识。

9.3.2 应当制定年度培训计划；所有从事茶叶生产和质量管理的人员均应经过培训方可上岗，以保证卫生质量体系能有效运行。

10. 检验

10.1 应设立与加工能力相适应的、独立的卫生质量检验机构，并配备具有相应资格的检验人员；检验机构对产品质量具有否决权。

10.2 茶叶审评室应符合《进出口茶叶感官审评室条件》（SN/T 0911）的要求。

10.3 检验机构应具备检验工作所需要的标准资料，配备常规检测所需的设施和仪器设备。

10.4 生产和检验所需的仪器设备必须按规定进行计量检定，加贴标识。

10.5 使用社会实验室承担企业卫生质量检验工作的，该实验室应当具有相应的资格，并签订合同。

10.6 产品出厂前必须按批次进行检验，出具检验报告。

11. 卫生质量体系

11.1 制定并执行对原料种植基地或供货商提供产品的安全卫生监控程序。

11.2 制定并执行原料、辅料、半成品、成品及生产过程卫生的控制程序。

11.3 制定并执行对不合格品的控制程序，包括不合格品的标识、记录、评价、隔离处置等。

11.4 制定产品标识、追溯和召回制度，确保出厂的产品在出现安全卫生质量问题时能够及时召回。

11.5 制定并执行生产设备、设施的维护程序，保证生产正常运行。

11.6 制定并执行生产和管理人员健康检查和疾病报告、疾病监督程序。

11.7 制定并实施职工培训计划，保证各岗位的人员具备做好本职工作的知识和技能。

11.8 建立内部审核制度，每半年进行一次内部审核，每年进行一次管理评审。

11.9 制定并执行产品卫生质量管理、检验和纠偏程序。

11.10 各项生产和质量控制活动应做好记录，制定并执行记录的标记、收集、编目、归档、保管和处理等规定。质量记录必须真实、准确、规范并具有卫生质量的可追溯性。记录保存不少于 2 年。

12. 对于必须使用传统工艺生产加工的，应制定相应的操作规程，在确保产品符合安全卫生要求的前提下，可以按传统工艺生产加工。

13. 本规范由国家认证认可监督管理委员会负责解释。

14. 本规范自发布之日起实施。原国家商检局 1995 年发布的《出口茶叶加工企业注册卫生规范》同时废止。

第二章　山东检验检疫局关于出口食品生产企业卫生注册的有关规定

第一节　山东出入境检验检疫局卫生注册登记工作指南（试　行）

1. 总则

1.1 为加强对山东出口食品生产企业卫生注册登记工作的管理，根据《出口食品生产企业卫生注册登记管理规定》，制定本指南。

1.2 本办法适用于山东出入境检验检疫局（以下简称省局）及其各分支机构（以下简称分支局）对辖区内出口食品生产企业卫生注册登记管理工作。

1.3 省局认证监管处是全省进出口食品卫生注册登记工作的主管部门。负责出口食品生产企业卫生登记的颁发证书及管理工作；负责出口食品生产企业卫生注册的组织评审、颁发证书、换证复查和管理工作；负责出口食品生产企业申请对国外卫生注册的预评审、向国家认监委推荐、上报相关申请材料以及获证后的监督管理工作；负责全省卫生注册评审员的培训、资格评定、注册和管理工作；负责对各分支局的卫生注册登记工作进行检查、指导。

1.4 省局食品监管处配合认证监管处对出口食品卫生注册登记企业的日常监管和定期监管进行监督检查、对申请卫生注册和申请国外卫生注册的出口食品生产企业组织现场评审、对各分支检验检疫局卫生注册登记工作进行督查。

1.5 分支局负责所辖区域内出口食品生产企业提交卫生注册、登记申请前的初审工作，受理卫生注册、登记申请，实施卫生登记评审，负责所辖区域内卫生注册登记企业的日常监督管理、定期监督检查、换证复查及凭证报检等工作。

2. 申请前的准备

2.1 出口食品生产企业在新建、扩建或者改建前，应当向所在地的分支局申请选址、设计的卫生审查，审查合格方能施工。

2.1.1 新建企业由分支局负责卫生审查和卫生注册的指导工作。原则上不接受在工厂选址、工艺流程等方面有无法弥补缺陷的企业注册申请。

2.1.2 非国外注册企业的扩建或涉及工艺流程、安全卫生的改建由分支局负责卫生审查工作，企业扩建、改建完成后向省局认证监管处书面报告完成情况，并附完工后的平面图、工艺流程图、扩（改）建后的照片等资料。已获国外注册企业的扩（改）建，按照5.6的程序进行。

2.1.3 注册企业扩（改）建期间必须暂停生产出口产品。

2.2 出口食品生产企业在生产、加工、储存出口食品前，应向所在地分支局提供本企业电子及纸制版本的卫生质量体系文件（对列入《卫生注册评审需评审 HACCP 体系的产品目录》的出口食品生产企业还应包括 HACCP 体系文件）、厂区平面图、车间平面图（必要时应包括人流、物流、水流、气流图等）、工艺流程图以及生产工艺关键部位的图片资料（以下简称有关资料）。纸制版本应为 A4 规格，对各项材料分别装订，便于存放于 A4 档案盒中。

分支局负责食品生产企业申请注册登记前工厂选址、设计的卫生审查和资料审查，并对拟申请注册企业按照《出口食品生产企业卫生要求》及相关卫生规范进行指导，填写《出口食品生产企业卫生条件审查记录》，并由分支局局长签字。分支局组织的卫生条件审查应由经过培训的评审员担任组长。

3. 申请

3.1 卫生条件审查合格的申请企业填写《出口食品生产企业卫生注册/登记申请书》（以下简称《申请书》，一式三份）及企业有关资料向分支局提出卫生注册登记申请，分支局根据申请单位提交的材料是否齐全、是否符合法定形式做出受理或不予受理的决定，并出具书面凭证。受理申请卫生注册的，应在 3 个工作日内将企业申请材料及《出口食品生产企业卫生条件审查记录》上报省局认证监管处。

卫生登记由分支局接受申请，组织考核，填写卫生注册登记评审记录。考核合格后 15 个工作日内向省局认证监管处提报合格企业名单，认证监管处核准后，由企业持分支局收费发票到省局认证监管处领取卫生登记证书。分支局组织的对卫生登记企业的考核评审，不得由对该企业进行卫生审查的同一批人员进行。正式考核评审组的成员至少应具有卫生注册评审员资格。

3.2 省局认证监管处在收到企业注册申请后，填写《卫生注册工作流程表》，并商食品监管处组成由主任评审员任组长（特殊情况可以由有经验的评审员担任组长）、1～2 名具备资格的评审员参加的评审组。评审组成员应与被考核企业没有任何直接利益关系。

评审组长负责申请企业的文件资料审核，负责向申请企业通报评审的目的、依据、范围、方法和要求，负责组织评审的现场审核活动，负责汇总评审报告，负责整改情况的落实，负责向省局认证监管处提交意见，签署完整的《卫生注册工作流程表》、《卫生注册登记批准程序表》和《评审记录表》。

4. 评审和发证

4.1 评审依据

4.1.1 出口食品生产企业进行注册评审应按照《出口食品生产企业卫生要求》及相应产品的注册卫生规范，《山东检验检疫局关于出口食品生产企业卫生要求补充规定（试行）》（鲁检认［2002］267 号）等进行文件审核和现场评审。

4.1.2 对于罐头、水产（活品、冰鲜、晾晒、腌制品除外）、肉及肉制品、速冻果菜、果蔬汁、含肉或水产品的速冻方便食品等六类食品，注册时还应按照 CAC《危害分析与关键控制点（HACCP）体系及其应用准则》对企业建立的 HACCP 体系进行验证评审。

4.1.3 出口禽肉、兔肉、蔬菜、牡蛎加工企业卫生注册登记评审还应按照《关于印发〈贯彻落实总局出口禽肉及其制品检验检疫要求（试行）〉的补充要求》（鲁检动［2003］177

号）附件一等文件规定，对饲养场、种植基地进行现场评审。针对山东省食品出口遇到的实际问题，省局认证监管处将会同食品监管处及时调整、补充其他类出口食品生产企业自检自控能力、自属原料基地的有关要求，作为注册登记评审的依据。

4.1.4 对于按照传统工艺生产或生产工艺有特殊要求的企业，分支局应在《出口食品生产企业卫生条件审查记录》中明示，并随附相应的工艺卫生要求，经省局认证监管处商食品监管处批准后，正式评审可以作为评审依据之一。

4.2 评审组在10个工作日内完成对企业质量体系文件的审核。经审核不符合要求的，通知企业在30日内补正，逾期未补正或补正无效的，视为撤回申请。经审核符合要求的，由评审组长制定评审计划，并与出口食品生产企业商定现场评审的具体时间，按时进行评审。

4.3 现场评审按以下程序进行：

4.3.1 见面会：由评审组长主持，企业管理层和与质量体系有关的部门负责人参加。评审组长向企业人员介绍评审员及评审的目的、依据、范围、方法和时间安排；说明评审是抽样调查过程及有关事项；企业负责人汇报企业的情况；最后确定评审过程中的陪同人员。

4.3.2 现场审核：评审组应按照《出口食品生产企业卫生要求》及有关要求进行评审，应当采取提问、查阅记录、现场抽查、抽样验证等方式对企业的卫生质量体系及基地（源头）、自检自控能力进行全面评审并做好记录。

4.3.3 评审组内部会议：评审组对评审过程中发现的问题汇总、平衡，形成评审结果。

4.3.4 总结会：评审组将评审情况告知出口食品生产企业，对存在的问题提出不符合项报告和限期改进意见。

4.4 评审组应根据产品类别，填写相应的评审记录表。

4.5 评审组应当对企业完成整改情况进行跟踪评审。特殊情况下，如确需被评审企业所在分支局进行跟踪评审的，评审组长应在评审记录表中注明。

企业的整改材料应当采用照片、文字等多种形式，直观地显示整改情况。

4.6 评审组在评审工作完成后应立即内向省局认证监管处提交相关评审材料。

4.7 省局认证监管处商食品监管处对评审组的评审记录、卫生注册登记批准程序表和评审结论进行审核，在12个工作日内做出审核意见。《申请书》中“卫生注册登记管理部门评审结论”由省局认证监管处填写意见，“直属出入境检验检疫局审批意见”由省局分管局领导签署。对评审合格的，颁发卫生注册登记证书；对评审不合格的，签发《出口食品生产企业卫生注册登记不合格通知单》。

评审合格的企业应在接到合格通知后1个月内到省局认证处领取卫生注册登记证书，逾期不领证书者，证书视为自动失效。

经评审不合格的企业，自不合格通知单发出之日起6个月后方可重新提出卫生注册登记申请。

4.8 省局认证监管处对评审组现场评审结果采取监管督查的方式进行监督检查，以保证评审有效。

4.9 获证企业应当将卫生注册登记证书妥善保管，在企业更名、复查换证时，需持旧证换发新证。如有遗失，应持在省级报刊上刊登的遗失声明原件到省局认证监管处申请补发新证。

5. 国外注册

5.1 出口食品生产企业需要办理国外卫生注册的，必须先取得卫生注册登记证书，依照《出口食品生产企业申请国外卫生注册管理办法》的有关要求，向分支局提报有关申请材料。

5.2 分支局组织卫生注册评审员对企业提交的申请材料、有关资料及生产现场进行预评审，填写《出口食品生产企业注册登记评审记录》。有条件的局，应安排具备相应专业知识的卫生注册主任评审员担任组长。分支局预评审合格后，填写《出口食品生产企业国外卫生注册推荐表》(将表中“直属出入境检验检疫局意见”改为“分支局意见”并填写有关内容，加盖公章。同时通过 OA 系统报电子文本)，连同企业有关申请材料上报省局认证监管处。

5.3 省局认证监管处组织 3 人以上的评审小组（其中主任评审员不少于 2 人），对企业进行文件审核及现场评审。评审组必须按照相关国家或者地区的注册申请要求，逐项核实推荐所需申请材料和有关资料，并审核其准确性（包括中文、英文)。经评审符合要求的，报局长签发，由省局认证监管处上报国家认监委。

5.4 在省局、国家认监委或国外注册评审、检查中发现企业存在严重问题的，对参与评审的评审员按 6.5 有关规定处理；对属于分支局推荐或监管责任的，追究分支局相应的责任。

5.5 对获得国外卫生注册的企业，由所在地分支局按照《山东出入境检验检疫局卫生注册登记工作指南》第 4 章及有关国家或地区主管当局规定要求，对其实施监督管理。

5.6 获得国外注册的企业扩建、改建工程，应首先向分支局提出申请，由分支局初审后，报省局认证监管处批准后实施；分支局负责监督企业按照批准的方案施工；扩（改）建完成后报中英文对照的平面图、工艺流程图、扩（改）建后的照片等资料一式三份。国外要求必须由国外卫生主管当局批准后方能进行的扩建、改建，需先将中英文对照的扩（改）建方案上报省局、国家认监委及国外主管当局，待国外主管当局批准后方可实施扩（改）建。

6. 卫生注册登记监管人员

6.1 卫生注册登记工作人员和从事进出口食品注册登记监管工作的检验检疫人员（以下简称注册登记监管人员)，应当具备《质量许可和卫生注册登记评审员管理办法》和《进出口卫生注册登记评审员注册登记管理细则》规定的基本条件要求。

6.2 省局认证监管处负责对全省系统内注册登记监管人员的管理，根据具体的被考核企业情况，合理安排考核任务。注册登记监管人员应当取得出口卫生注册登记评审员资格或主任评审员资格，并实行持证上岗制度，在对企业进行卫生注册登记评审及监督管理时，佩戴国家认监委统一制发（或监制）的主任评审员（评审员）证件，自觉接受企业的监督。

6.3 省局认证监管处每年制定培训计划和考核大纲，定期对卫生注册登记监管人员进行培训，每三年对卫生注册登记管理人员进行一次考核。

培训、考核内容是：国家有关食品及农产品卫生安全质量方面的法律、行政法规和技术规范、标准，质检总局及国家认监委有关出口食品检验检疫和监督管理方面的规章和技术规范要求，进口国对我国出口食品的有关要求，卫生注册登记监督管理实际操作，廉政和行业规范要求。

6.4 建立评审员政策水平、业务工作能力和工作质量的定期监督检查制度。

省局设立卫生注册登记评审员资格评定小组，负责每年对评审员的政策水平、业务工作能力和工作质量进行一次监督检查，对其履行评审员能力状况进行评估，并做出评价。协助国家认监委对主任评审员进行督促检查，并报告其评审能力状况的评价结论。

6.5 省局注册评审和监管督查过程中，发现分支局评审合格，而省局评审不合格的，将对分支局及参加预评审的评审员提出警告，累计2次（或厂）警告后，取消评审员资格，对分支局全省通报。

对取消资格的评审员，在未经二次培训前，不允许其从事对企业的评审和日常监管工作。

7. 对获得注册登记企业的监督管理

7.1 监管内容

7.1.1 用于生产、加工出口食品的原料的养殖场/种植场周围50km范围内的疫情疫病，农药、兽药残留情况；

7.1.2 用于生产、加工出口食品的原料的养殖场/种植场的卫生管理条件，疫情、疫病，农药、兽药使用，饲料、农业投入品等的使用情况和周围环境状况；

7.1.3 企业购买的原料、辅料进厂前的验收情况；

7.1.4 企业持续符合规定的卫生注册登记条件，卫生质量管理体系（包括HACCP体系，下同）有效运行情况；

7.1.5 在产品、成品（实施HACCP体系企业的各CCP点的验证检测）的病原微生物，农药、兽药残留及其他有毒有害物质的控制、监测（检测）及记录情况；

7.1.6 注册、登记编号的使用情况；

7.1.7 企业法人代表、质量管理、检验主管人员变更，生产加工设施和工艺增减、改动情况；

7.1.8 出口食品生产加工时间、产量、流向和库存情况；

7.1.9 其他可能对出口食品安全卫生质量产生影响的情况。

7.2 监管方式

监管方式包括日常监督管理、定期监督检查、换证复查。根据企业生产、加工的不同时期，有针对性地施行监督管理。

7.2.1 日常监督管理

日常监督管理工作由分支局组织进行，可以结合出口食品检验检疫的现场检验、查验等工作一并实施。日常监督管理应做到：

a. 抽查企业对原料、辅料进厂的验收，查阅原料、辅料产地检验检疫证明和生产记录，现场监视原料收购过程；

b. 抽查企业生产加工过程和库存情况；

c. 按照企业质量管理相关文件进行生产加工设备设施运行情况的实地对照检查；

d. 对企业卫生设施的维护情况，车间班前、班中、班后的卫生清洁情况进行检查、核查。

对于日常监管中发现的问题，相关人员应将抽查内容和情况填写《出口食品生产企业日常监督管理记录》（以下简称《日常监管记录》），督促企业限期整改，并对整改情况有检查结论。填写《日常监管记录》的频率为：

a. 对于欧盟、美国注册的肉类屠宰企业，实行驻厂兽医制度，在生产季节每天填写；

b. 对其他国外注册企业，每个月不少于两次；发现企业存在问题时，应随时填写；

c. 其他注册登记企业，每个月不少于1次；发现企业存在问题时，应随时填写。

省局食品监管处结合检验检疫情况和国外反馈意见，及时对分支局的日常监管提出工作要求，并进行监管督查。

7.2.2 辖区内有对欧盟、美国注册的肉类屠宰企业并派驻驻厂兽医的分支局，应建立巡回兽医制度，由巡回兽医每月对驻厂兽医的工作进行检查并做好有关记录。

7.2.3 定期监督检查

定期监督检查由分支局根据注册登记规范要求进行检查，对日常监督管理中发现的问题及整改情况进行跟踪核查。定期监督检查应当按照规定要求，填写相关的注册登记评审记录。省局认证监管处将对定期监督检查情况进行监管督查。

下列企业应按照规定时间施行定期监督检查：

a. 生产、加工出口肉类食品的屠宰企业，在生产季节每月进行不少于1次的监督检查（监督检查可以涉及相关卫生要求、规范的部分要素，下同），至少每半年要覆盖相关卫生要求的所有要素，完成全面监督检查；

b. 按照规定要求建立HACCP管理体系并需官方验证或者取得等效的HACCP认证的企业，每3个月至少进行1次监督检查，至少每年要覆盖相关卫生要求的所有要素，完成全面监督检查；

c. 上述企业以外的其他注册企业，每半年度至少进行1次监督检查，至少每年要覆盖相关卫生要求的所有要素，完成全面监督检查；

d. 卫生登记企业每年度进行1次全面监督检查。

7.2.4 换证复查

各分支局应在企业卫生注册登记证书有效期满前3个月内，通知企业提出复查申请。

换证复查工作由分支局组织专门的评审小组进行评审。合格的予以换证；不合格的或者未申请换证的不予换证。

复查评审应当填写《出口食品生产企业卫生注册登记评审记录》。

复查合格的企业，由分支局持企业复查申请、《评审记录》、原注册登记证书等上报省局认证监管处换发新证。

对逾期未申请换证复查的，办理自动失效手续。

8. 对注册登记企业的原料监管

原料监管是日常监管的重要内容，是注册登记工作的重点环节。

8.1 自然生长的动植物性原料的监管

对采用自然生长的动植物作为出口食品原料的企业，重点监管以下方面：

a. 企业建立和施行的原料污染物残留监控计划情况；

b. 原料产地（基地）污染或疫情的情况；

c. 原料购买、运输、贮存过程中添加或使用违禁化学药物和受到不明物质污染情况；

d. 企业抽样检测情况；

e. 有无进口国家或地区规定的有毒有害物质。

监管人员根据具体情况，可进行产地（基地）环境调查和疫情监测。

8.2 人工养殖的动植物原料的监管

对采用养殖场提供的动物原料的企业，重点监管以下方面：

a. 养殖场位于畜牧兽医部门设立的“无规定动物疫病区”（或其他相关规定区域）内，或者设立在国家、省级人民政府认定的非动物疫病区；

b. 养殖场符合国家或国务院有关部门及山东省规定的基本卫生条件；

c. 养殖过程中是否使用兽药、接种疫苗，如果使用（接种）过，其兽药、疫苗生产厂家是否取得国家规定的生产许可证；

d. 养殖场与购买其原料的屠宰加工企业的安全卫生质量管理关系及其运行情况；

e. 养殖场使用的饲料是否来自取得国家规定的生产许可证、产品批准文号或者饲料产品认证的企业；

f. 进口国或地区明令禁止使用的药物；

g. 对相关的饲料、农业投入品和原料进行抽样检测，以确定原料安全卫生质量。

监管人员应填写《出口动物饲养场监管记录》，同时根据不同地区、不同动物品种和不同季节等具体情况，开展风险分析并进行评估。

8.3 人工种植的植物原料的监管

对采用种植场提供的植物原料的企业，重点监管以下方面：

a. 产地（基地）符合国家或国务院有关部门规定的基本卫生条件；

b. 种植过程中是否使用国家禁止使用农药、生长剂等，如果使用过，其相关药品生产厂家是否取得国家规定的生产许可证；

c. 种植过程的用药记录；

d. 种植企业或植物产地的村组，与购买其原料的蔬菜（水果）加工企业的安全卫生质量管理关系及其指导情况；

e. 进口国或地区明令禁止使用的药物。

监管人员应填写《出口植物种植场监管记录》，同时根据不同地区、不同植物品种和不同季节等具体情况，开展风险分析并进行评估。

8.4 初加工动植物原料的监管

经过初加工后的动植物原料，是指采用屠宰企业、加工企业一次加工后的产品为原料。重点监管以下方面：

a. 对提供初加工或一次加工原料的企业施行卫生注册登记管理，监管内容和方式按照有关规范和本指南实施；

b. 检查本企业与原料供应企业的供货合同；

c. 检查企业原料验收情况。

监管人员应根据企业生产季节实施日常监督管理或定期监督检查。对发现的问题，应当及时通知原料供应企业所在地出入境检验检疫机构。

9. 特定情况的监管

9.1 发生动植物疫情时的监管

辖区发生重大动植物疫情或疑似病例时，各分支局注册登记工作部门应按照国家、省级人民政府或有关部门的规定，立即督促企业暂停相关产品的出口和购进相关的原料、辅料，防止疫情扩散。同时，派出监管人员现场督促企业进行检查和整改。

9.2 检出病原微生物、违禁药物及残留超标的监管

各分支局注册登记工作部门应将出口检验检疫和进口国（地区）检出病原微生物、违禁药物及许可药物残留超标情况立即通知企业，责令其召回并封存相关产品，查明原因，采取整改措施。在查明原因前，企业应停产整顿，且不得允许企业将可疑产品转为内销处理或转口。同时，派出监管人员对该企业和生产同类产品的其他企业进行监督检查。

9.3 对获得国外卫生注册的出口食品企业的监管

凡获得国外卫生注册的出口食品企业，应满足中国出口食品卫生要求和进口国卫生要求。在监管时，要按国内外要求进行。

9.4 对跨辖区购销原料的监管

9.4.1 原料用动物饲养场与屠宰加工厂不在同一分支局所辖区域的，屠宰加工厂购进动物要携带饲养场所在地检验检疫局出具的《出口动物饲养场监管记录》，屠宰加工厂所在地检验检疫局对企业监管时要检查《出口动物饲养场监管记录》。

9.4.2 原料用植物种植场与植物性食品生产加工企业不在同一分支局所辖区域的，植物性食品生产加工企业在购进植物原料时要携带植物种植场所在地检验检疫局出具的《出口植物种植场监管记录》，植物性食品生产加工企业所在地检验检疫局对企业监管时要检查《出口植物种植场监管记录》。

9.4.3 其他食品原料需异地采购时，如果最终产品生产企业在产品出口前只是进行简单的整理包装，则原料生产加工企业必须为出口食品注册登记企业。

10. 企业实验室

10.1 企业应有与生产能力相适应的内设检验机构，能够满足卫生监控及产品检验的要求。除具备相应的微生物检测能力外，禽肉、猪肉屠宰及加工企业应具备兽药残留检测能力；兔肉屠宰及加工企业应具备兽药残留检测能力；牡蛎生产企业应具备生物法检测贝毒能力；冷冻蔬菜加工企业应具备农药残留检测能力；输欧花生企业应具备黄曲霉毒素检测能力；

10.2 实验室应有足够的面积，并在采光、通风、温湿度、清洁度等方面满足相关要求；

10.3 建立了实验室质量保证体系并有效运行；

10.4 具备检验工作所需要的标准资料、检验设施和仪器设备。检验标准齐全，现行有效；检验设施和仪器设备按规定进行计量检定、校准，并正常有效运行；实验药品、试剂在有效期内使用；

10.5 有足够的检测人员，且检测人员取得相关实验室有关培训资格。个别人员流动不至于影响实验室的正常运转；

10.6 制定了实验室样品检测计划，并按计划执行；
10.7 参加实验室能力验证，成绩满意；
10.8 检测原始记录和检测报告齐全，检测结果经过校准与复核；
10.9 建立检出不合格时的处理制度并有效执行；
10.10 使用社会实验室承担企业卫生质量检验工作的，该实验室应取得 CNAL 认可或计量认证，并签订合同；
10.11 鼓励企业实验室获得第三方认可。

11. 监管过程中发现问题的处理

11.1 在实施监督管理过程中，发现企业有违反《出口食品生产企业卫生注册登记管理规定》的情形，需要做出企业限期整改（整改期间暂停受理出口报检）、吊销注册登记证书、注册证书自动失效等决定时，由分支局上报相关材料并提出初步处理意见，省局认证监管处会同法制综合处、食品监管处按本指南第 12 章相关条款处理。

11.2 在实施监督管理过程中，发现企业加工用的动物源性原料、辅料没有畜牧兽医部门出具的检疫合格证明的（核查证明是否属实），或是来自国家认定的动物疫区的，应责令企业暂停该批产品的生产加工和出口，情节严重的可暂停该企业所有产品出口。根据有关规定和程序，做出限期整改（整改期间暂停受理出口报检）、吊销注册登记证书的决定。

11.3 在实施监督管理过程中，发现企业加工用的动植物性原料、辅料使用了违禁药物，或未按规定使用农药、兽药，应责令企业暂停该批产品的生产加工，并对该批产品采取控制措施，未经许可不得出口或转内销，情节严重的可暂停受理出口报检，限期整改，直至吊销卫生注册登记证书。

11.4 在实施监督管理过程中，发现企业加工用的动植物原料、辅料来自于国家或地方有关部门组织"残留监控"中被检出超标饲养场、种植场的，应责令企业立即停止接受该饲养场、种植场的原料、辅料，并暂停相关原料、辅料用于生产加工出口产品，其正在生产的半成品和已生产的成品应当予以封存，经检验检疫合格后方可继续生产或出口。对于企业"明知故犯"的予以停产整顿，情节严重的吊销卫生注册登记证书。

11.5 在实施监督管理过程中，发现企业使用的高风险动植物性原料、辅料是来自非注册登记企业，应责令加工企业停止购进和采用该原料、辅料加工出口产品并进行停产整顿（整改期间暂停受理出口报检），情节严重的吊销卫生注册登记证书。

12. 监管过程中发现问题的处理程序

12.1 限期整改、暂停出口。分支局根据日常监督管理情况，组织检查组复查，由检查组填写不符合项及跟踪评审报告，提出限期整改、暂停出口的意见，分支局分管领导签发后，报省局认证监管处，省局认证监管处会同法制综合处、食品监管处提出审核意见，报局领导批准。

12.2 吊销卫生注册证书。分支局根据日常监督管理或定期监督检查情况，组织复查，由检查组填写《出口食品生产企业卫生注册登记吊销批准程序表》，分支局主管领导签发后，报省局认证监管处，省局认证监管处会同法制综合处、食品监管处提出审核意见，报局领导批准。

12. 3 自动失效。由分支局注册管理部门或人员填写《出口食品生产企业卫生注册登记自动失效批准程序表》，分支局分管领导签发后，报省局认证监管处，省局认证监管处会同法制综合处、食品监管处提出审核意见，报局领导批准。

12. 4 在出口检验检疫过程中发现违反 20 号令第 18、19、20 条相关规定情况的，各分支局和检验检疫管理部门也应按照本章前三条的规定及时处理并上报省局认证监管处。

12. 5 在检验检疫监管过程中，发现企业存在以下问题时，应当及时通报农业畜牧兽医部门，并配合做好疫病控制和农药、兽药控制工作：

a. 使用的动物性原料无有效的检疫合格证明；

b. 检验检疫中发现疫病的；

c. 检验检疫中发现使用违禁农药、兽药或其他禁用物质的；

d. 残留检测超标的。

13. 监管督查

13. 1 省局认证监管处定期或不定期对各分支局注册登记监管计划的落实情况进行督查。督查内容：

a. 有关法律、行政法规和技术标准的落实或符合情况；

b. 企业卫生注册登记与换证复查、日常监督管理、定期监督检查实施情况；

c. 从事监管计划的人员资质、经历与培训情况；

d. 企业安全卫生质量体系运行情况等；

e. 各项监管记录档案情况。

督查工作要填写《监管计划实施情况督查记录》。

13. 2 督查中发现企业存在严重不符合卫生要求的问题，而监管人员未能认真执行监管计划时，追究相关评审、日常监管、定期监管直至分支局主要领导人员的责任并相应的扣除该分支局当年绩效管理考核重点工作目标中卫生注册监管的分数。

13. 3 督查中发现分支局监管工作存在重大缺陷时，应当依据有关规定予以纠正并采取适当处理措施。

14. 记录保持

14. 1 建立企业卫生注册登记档案。省局认证监管处及分支局应按《出口质量许可档案管理规范》建立卫生注册登记企业档案。

14. 2 各分支局应当将日常监督管理工作日志、出口检验检疫中发现的问题、定期监督检查记录和换证复查，以及对监管中发现问题的处理措施和对企业的整改跟踪检查记录等，及时归入企业档案。上述记录至少保存 3 年。

14. 3 吊销卫生注册登记证书或卫生注册登记自动失效的企业，其企业档案应继续保存至少 6 个月。

14. 4 建立督查工作记录。有关监管计划检查记录，以及上级有关部门对本级监管计划实施情况的督查记录等，应至少保存 3 年。

15. 本指南由山东出入境检验检疫局负责解释。

16. 本指南自发布之日起实施。

第二节　山东出入境检验检疫局出口农副产品生产企业自控体系规范

（试　行）

一、肉类部分

第一章　总　　则

第一条　为加强和规范出口肉类产品生产企业（以下简称出口肉类企业）的内部管理，提高企业自身的监控能力，确保从源头上加强对出口肉类产品的农、兽药残留及动物疫病监控，保障出口肉类产品的安全、卫生，促进对外贸易的发展，根据《中华人民共和国进出口商品检验法》及其实施条例、《中华人民共和国进出境动植物检疫法》及其实施条例、《中华人民共和国食品卫生法》、《中华人民共和国动物防疫法》和《进出境肉类产品检验检疫管理办法》等有关规定，特制定本规范。

第二条　该规范系用于指导全省出口肉类企业建立产品安全卫生自控体系。

第三条　企业自控体系管理目标。

通过加强对出口肉类产品从饲养、加工到贮运全过程的有效监控，确保出口肉类产品的安全、卫生符合我国及输入国或地区的有关检验检疫标准，维护我国出口肉类产品的国际声誉。

第二章　出口肉类企业自控体系基本要求

第四条　动物饲养场备案管理基本要求

（一）备案饲养场基本条件

1. 出口肉禽饲养场须符合“五统一”（统一供雏、统一供料、统一防疫、统一供药、统一回收屠宰）管理模式，建立完善的饲养管理制度。

2. 成立以饲养场负责人为组长的动物防疫领导小组，配有专职兽医，能按照有关法律法规要求有效实施卫生防疫管理制度（日常卫生管理、消毒程序、免疫程序、人员和车辆进出控制、病死禽处理、粪便垫料处理、疫情报告等）、饲养用药管理制度（饲料、水和药物使用），同时做好饲料、免疫、用药、消毒、人员及车辆进出、死亡和淘汰等情况的有关记录。

3. 具有地方农牧部门颁发的《出口家禽资格证》，能够严格按照《动物防疫法》的有关规定，做好动物的饲养、防疫工作。

4. 饲养场周围 1 000m 范围内不得有种禽、蛋禽饲养场、集贸市场、家禽屠宰场；500m 范围内不得有村庄、肉禽饲养场；并有与外界隔离的设施。

5. 水源充足、卫生，保证肉禽饮用水符合国家饮用水卫生标准。

6. 场区卫生整洁，布局合理；饲养区和办公区严格分开。饲养区设有饲养员居住室，饲料存放室和病禽隔离饲养区、兽医工作室等。

7. 场区大门口设有隔离、消毒设施；人员专用通道有消毒液喷淋装置和鞋底消毒池，饲料、疫苗、兽药、垫料等的运输通道应与垃圾处理运输通道、粪污道严格分开。

8. 进出饲养区应分别设有车辆消毒液喷淋装置、车轮消毒池和人员更衣、消毒通道；每栋禽舍门口设有消毒池或消毒垫。消毒设施、消毒液必须保证其有效性。

9. 饲养场内不得同时饲养水禽、其他禽类（护卫犬除外）。

10. 饲养场应设有防鼠、防鸟、防蝇设施，并定期灭鼠、灭蝇。

11. 饲养场严禁使用我国或进口国禁止使用的疫苗、兽药和消毒药；肉禽在宰前 14 天不得使用任何药物，个别药物规定的停药期超过 14 天的，必须严格按照规定的时限停药。

12. 饲养人员应掌握常见禽病的临床诊断、防疫等知识，并按照检验检疫机构的要求准确、规范、及时地填写《饲养日志》。

13. 所用饲料及饲料添加剂不含违禁药物，符合农业部、国家质检总局和进口国关于出口食用动物饲料的规定。

14. 具备与生产能力相适应的粪便、污水集中处理设施。

15. 鸡场实行“全进全出”饲养模式，空舍期间要进行 3 次以上防疫消毒处理，消毒药品及使用方法由所在地检验检疫机构认可。

16. 配备至少 1 名兽医专业毕业（中专以上）的专职兽医人员负责肉禽的饲养、卫生防疫管理，并需具备经检验检疫机构有效培训的资格，持证上岗。

17. 与肉禽饲养有关的人员每年应进行一次健康检查，取得健康证（参照食品加工人员）后方可上岗工作。

（二）备案程序

1. 申请备案饲养场应由其所属的出口注册加工企业向所在地检验检疫机构申请，申请时应提供如下材料：申请报告、饲养场地理位置图、饲养场平面图、饲养场主要设施照片和加工企业与饲养场签署的出口饲养合同等。

2. 饲养场所在地检验检疫机构对申请备案材料进行审核合格后，派出检验检疫人员对申请备案的饲养场进行考核，符合条件的同意备案并报省局予以公布；并进行日常监管。

3. 饲养场所在地的检验检疫机构结合出口肉类注册企业的档案管理对备案饲养场进行建档；并在每月底将辖区内新增加或吊销的备案饲养场报省局动植处。

第五条　饲养场建立饲养管理体系的基本要求

一、商品肉禽饲养场饲养管理体系的基本要求

（一）饲养场须符合“五统一”（统一供雏、统一供料、统一防疫、统一供药、统一回收屠宰）管理模式，建立完善的饲养管理制度，并获得检验检疫机构的登记备案；

（二）饲养场的饲养人员，应定期接受饲养管理及卫生防疫等有关知识的培训；

（三）饲养场须建立完善的兽医卫生制度，严格执行统一的动物免疫程序，实行“全

进全出”的饲养方式，并做好动物隔离和防疫消毒工作；

（四）饲养场须做好日常饲养管理日志，如实记录用药、用料、疫苗使用及病、死、淘汰动物的情况。

二、种禽饲养场饲养管理体系的基本要求

（一）种禽饲养场选址及建筑基本要求

1. 种禽饲养场应建在地势干燥、背风、向阳、开阔平坦、隔离条件良好的地区。远离居民区、动物饲养场、肉类加工厂、兽医院及交通要道等，距离上述场所至少2km。

2. 排水方便、水质良好。水源中矿物质、细菌和化学成分应符合国家饮用水的卫生标准。

3. 生产区与生活区严格分开。便于防疫和“全进全出”饲养模式的实施。

4. 场区周围应建筑围墙或其他隔离设施。饲养场的大门口应设有车辆消毒池、人员鞋底消毒垫，进入饲养区，应消毒、更衣、换鞋。

5. 饲养场应设有防鼠、防鸟、防蝇设施，并定期灭鼠、灭蝇。

6. 病死禽、粪便、垫料及污水等废弃物应进行无害化处理。

（二）种禽饲养场人员管理基本要求

1. 种禽场应谢绝外人参观，所有进场人员必须严格遵守防疫制度。场内员工及来访人员必须洗澡、更换工作服。进入或离开每栋鸡舍时，应清洗消毒双手和鞋靴，携带入舍的器具和设备应经过彻底消毒。

2. 饲养管理人员每年应定期接受健康检查，并建立健康档案；患有人畜共患病或其他影响动物健康的疾病，不得参与饲养管理。

3. 饲养管理人员应定期接受饲养管理及卫生防疫等有关知识的培训。

（三）种禽饲养场的卫生防疫管理基本要求

1. 禽舍消毒措施：种禽场应按规定认真做好接雏前消毒及出栏后消毒工作；鸡场应实行“全进全出”的管理模式，空舍期不少于21天，严格执行空舍期消毒和日常消毒规定。

2. 种蛋的日常管理：收集和包装种蛋的人员应经常清洗和消毒双手，在场内运输种蛋时，要遮盖运蛋车防止灰尘污染，已污染的种蛋不得入孵；种蛋入孵前应进行严格消毒，常见的种蛋消毒方法有：甲醛熏蒸消毒法、双氧水喷洒消毒法。种蛋应保存在温度及湿度适宜的地方，并保持室内空气流通。

3. 种禽的免疫：为保证鸡群免疫效果，免疫程序应根据本地区及本场的实际情况制定。免疫程序中任何改变（增加疫苗、取消疫苗、免疫时间、方式及方法改变）都要经过企业主管兽医批准。

第六条 饲养场建立卫生防疫体系的基本要求

（一）饲养场须按“五统一”的管理模式，统一防疫。

（二）饲养场应实行“全进全出”的饲养方式，空场（舍）时间不少于15天。严格执行空舍期消毒和日常消毒规定。

（三）饲养场应远离公路、居民区、动物饲养场、屠宰厂、兽医院及其他公共场所。饲养场周围应有隔离设施。

（四）饲养场的大门口应设有车辆消毒池、人员鞋底消毒垫，进入动物饲养区，应消毒、更衣、换鞋。

（五）病、死畜禽，动物粪便，垫料及污水等废弃物应进行无害化处理。

（六）饲养场内应禁止混养其他动物，并禁止食用与饲养动物有关的动物食品。

（七）饲养场应设有防鼠、防鸟、防蝇设施，并定期灭鼠、灭蝇。

（八）动物疫苗须来自国家批准的专业厂家，并统一执行由主管兽医制定的免疫程序。

（九）驻场兽医应每天对饲养动物进行临床检查，发现一类动物传染病或疑似一类动物传染病的临床症状，应立即报企业主管兽医及地方农牧部门，同时应在12h内以代码形式传真报所在地检验检疫机构。

（十）饲养场动物出栏前，应进行临床检查，抽样检测，确认健康无病方可出场。

（十一）"两病"检测程序：

1. 检疫频率：

(1) 每个出口鸡、火鸡、鹌鹑等禽类饲养群在饲养周期内至少在出栏前1周检疫1次，出栏前对备案饲养场的疫情状况进行综合评估。

(2) 每个出口鸭、鹅等水禽饲养群在屠宰前3～5天检疫1次，在屠加工过程中再检疫1次。

2. 采样：

(1) 样品：对同一采样个体同时采集泄殖腔和咽喉棉拭子作为一个样品，或鸡静脉血，如有病死禽，应重点采集病死禽样品，有关保存和运送方法按照OIE的规定进行。

(2) 采样量：每个饲养群采集泄殖腔和咽喉棉拭子不少于30个样品；鸡血样品应不少于120个样品；鸭、鹅等水禽类在屠宰加工过程中还需在每个生产加工日随机采取30只个体的肾脏样品。

3. 采样方法：

(1) 泄殖腔和咽喉棉拭子采集方法：咽喉棉拭子采集：将灭菌的干棉拭子插入口腔至咽的后部，轻轻地擦拭并慢慢地旋转将拭子拔出，将棉拭子的样品端放入盛有灭菌的2ml 0.01mol/LpH7.2PBS（内含青霉素10 000IU/ml，链霉素10 000IU/ml）管内。

泄殖腔拭子采集：将灭菌的干棉拭子插入肛门并旋转，使粪便沾在棉拭子上。将泄殖腔棉拭子的样品端放入上述盛有咽喉拭子的管内，做好标记。

(2) 鸡血样采集方法：无菌采集静脉血2 ml，放灭菌管中，做好标记。

(3) 肾脏样品的采集：在生产线上随机采取30只个体的肾脏样品，每个肾脏样品放在一个小塑料采样袋内，做好标记。

每个饲养群不少于30个样品，每栋禽舍不少于13只。

(4) 检测方法：采用荧光RT－PCR法或鸡胚病毒分离法（按照OIE规定的方法进行）两种方法。使用这两种方法进行病毒检测的，不再进行任何血清学方法的抗体检测。

第七条　饲养场建立用药管理体系的基本要求

（一）饲养场所用药品应符合农业部下发的《食用动物禁用的兽药及其他化合物清单》、国家质检总局发布的《禁用药物、限用药物名录》的规定，并参照输入国或地区的有关规定，由出口企业统一采购、发放。

（二）出口肉类企业采购的药品须有国家主管部门的批准文号，不得使用过期、变质的药品，严禁使用违禁药品。

（三）出口肉类企业对药品、疫苗应专库存放、专人管理，并建立出、入库记录。

（四）药品存放条件：按照药品说明注明的保存条件进行存放。

（五）饲养场应实行兽医处方用药制度，专职兽医负责药品的使用和登记管理。企业主管兽医负责对用药情况进行监督检查。

（六）出口企业应严格按照我国及输入国或地区规定的停药期实施宰前停药制度。

（七）过期、淘汰药品应在企业主管兽医的监督下集中销毁处理。

第八条　饲养场建立饲料管理体系的基本要求

（一）所有出口肉类企业的饲料厂应获得检验检疫机构的登记备案。

（二）饲养场的饲料须由出口肉类企业统一供应。饲养场应建立完善的领、用料制度。

（三）动物饲料配方应通过当地检验检疫机构的审核认可。

（四）生产饲料的原料须来自非疫区，原料进厂前应进行品质检验。

（五）饲料添加剂及微量元素应符合农业部《饲料和饲料添加剂管理条例》、国家质检总局《出口食用动物饲用饲料检验检疫管理办法》等有关规定，严禁使用违禁药品及有毒有害物质。

（六）饲料中添加的动植物源性成分应符合输入国或地区的有关规定。

（七）饲料成品应进行感观检查、常规指标检验，经检验合格方可使用。并定期对饲料中农、兽药残留进行检测。

（八）饲料的生产、加工及运输过程应避免交叉污染。

（九）饲料的贮存应防霉、防潮，通风良好，并设有防火、防盗、防鼠及防鸟设施。

（十）饲料的发放应按照“先进先出”的原则，并做好出库记录，严禁将过期、变质的饲料发放使用。

第九条　出口肉类产品加工厂建立生产管理体系的基本要求

（一）出口肉类产品加工厂的生产管理应符合《进出境肉类产品检验检疫管理办法》、《出口食品生产企业卫生要求》的规定，并建立 GMP、SSOP、HACCP 等安全、卫生、质量控制体系。

（二）加工厂从业人员应定期进行健康检查和职业培训。

（三）供屠宰的动物须来自经检验检疫机构备案的饲养场，经产地检疫合格，并附有《产地检疫合格证明》、饲养日志。

（四）生产过程中应实施严格的宰前、宰后检验，出口肉类产品的包装、贮存等过程应符合国家食品卫生的有关规定。

（五）出口肉类产品装运时，由认可监装员实施监装，查验有关单证，并做好监装记录。

（六）加工厂应做好厂区及周围环境的防疫消毒工作，厂区内应设有防鼠、防鸟、防蝇设施，并定期灭鼠、灭蝇。

（七）加工厂须建有污水处理设施，污水排放应符合国家环保标准。

（八）对病死动物及其他废弃物应进行无害化处理。

（九）工厂的改建、扩建及其他生产加工设备设施的变动应事先向检验检疫机构提出申请，获得批准后方可实施；对外注册企业的工厂改造，还应获得注册国或地区主管部门的批准。

第十条 出口肉类企业建立检测体系的基本要求

（一）出口肉类企业须建立完善的检测机构，检测设备齐全，并具备相应的检测能力。

（二）出口肉类企业应制定严格的检验检疫程序及农、兽药残留、疫病监控计划。

（三）检验人员必须经过严格的专业培训，并取得相应的资格证书后方可从事检验工作。

（四）按照我国及输入国的有关检验检疫规定，对出口肉类产品实施农、兽药残留、微生物及动物疫病检测。

（五）企业的检验机构应建立样品传递、检测、保存和不合格样品的处理、上报程序。

（六）检验记录应保存完整、归档管理。

第十一条 出口肉类企业建立产品追溯体系的基本要求

（一）出口肉类企业应建立有效的产品标识追溯系统，根据成品外包装的标识可追溯到具体的饲养场。

（二）把当天屠宰的动物或饲养场按顺序编号，并记录在内包装上。

（三）包装时将生产日期、序号标识在外包装上。

（四）冷藏库根据生产日期挂卡存放。

（五）出口产品按内包装袋→外包装箱→冷库→包装间→加工车间→宰前兽医检查→饲养场的程序追溯。

第三章 自控体系检查评估

第十二条 出口肉类企业应成立自控体系检查及评估小组，配备相应人员，每年至少2次对自控体系进行审核，当体系运行中出现偏离时应及时纠正，确保体系有效运行。

第四章 出口前的监控措施

第十三条 出口肉类企业应按照标识追溯系统对每一备案场的产品进行标识，按名称、规格、备案号、生产日期、批次分别码放。

第十四条 出口肉类产品报检前应按照相关要求进行农、兽药残留、微生物的检测，检验结果全部合格后方可报检。

第十五条 实行专职监装员管理，做好监装记录，确保货证相符。

第五章 附 则

第十六条 本规范自发布之日起试行。

第十七条 本规范由山东检验检疫局负责解释。

二、水产部分

第一章　总　则

第一条　为加强和规范出口水产品生产企业的内部管理，提高企业自身的监控能力，确保从源头上加强对出口水产品的农、兽药残留及动物疫病监控，保障出口水产品的安全、卫生，促进对外贸易的发展，根据《中华人民共和国进出口商品检验法》及其实施条例、《中华人民共和国进出境动植物检疫法》及其实施条例、《中华人民共和国食品卫生法》、《进出境水产品检验检疫管理办法》、《中华人民共和国国境卫生检疫法》及其实施细则等相关法律规定，特制定本规范。

第二条　企业自控体系管理目标：通过加强对出口水产品从生产原辅料的源头控制、加工环节到贮运等全过程的有效监控，最终确保出口水产品的安全、卫生符合我国及输入国或地区的有关检验检疫标准，维护我国出口水产品的国际声誉。

第三条　所有出口水产品生产加工企业必须依照本规范确立的基本原则建立符合本企业生产实际的安全卫生自控体系。

第二章　自控体系建立

第四条　组成自控体系管理小组：小组内应包括具备专业知识、经验和资格的，如工程学、产品加工、卫生、质量保证和产品微生物方面的人员，至少2～3人，也可以从其他途径获得专家的支持。

第五条　编写自控体系质量手册并在自控体系内制定HACCP计划方案。保证企业建立的自控体系涵盖自水域到餐桌全过程的安全卫生控制要求。

第三章　生产原料的安全卫生控制

第六条　养殖原料的源头控制

（一）养殖原料的养殖场管理

食用水生动物养殖场须遵照规定，建立完善的养殖管理制度，并获得山东省检验检疫局的登记备案资格，备案养殖场应满足以下条件：

1. 申请备案的出境水生动物出口备案养殖场应建立包括书面操作计划的安全卫生管理体系。

2. 建立安全卫生方案，确保无有毒有害物引入。

3. 制定水质保证程序，包括采集微生物水样和分析方法及例行的温度、盐度监测。水源充足，水质良好，无污染，各项指标均应符合中华人民共和国渔业水域水质标准（GB 11606－89）的有关要求。

4. 具备合理充分的供氧设备、设施。

5. 对非本地养殖的食用水生动物，以及在本地养殖场养殖且需要暂养观察的，必须在出口备案养殖场暂养15天以上。

6. 出口装运前应至少禁食24h以上。

7. 出口水生动物养殖期间不用任何禁用药物，出口装运前至少15天内禁止使用任何药物。

8. 养殖场地必须清洁无污染，结构合理。对于开放式养殖场须选在官方许可的非污染清洁海域。

9. 至少具备两名以上经检验检疫系统培训合格的技术人员。

（二）出口双壳贝类的安全卫生源头控制

包括捕捞地点监控，生物毒素（DSP、PSP、NSP和ASP）、重金属等化学污染及微生物污染的源头控制。

1. 贝类养殖场须配备经检验检疫系统培训合格的技术人员。

2. 遵守中国农业部渔业行政主管部门于1997年11月制定并发布施行的《贝类生产环境卫生监督暂行规定》。

3. 双壳贝类生产条件：

（1）对贝类生产区域划分为三类：一类海域为许可捕捞区，该区域内养殖或捕捞的贝类可以直接投入市场供人类食用或进加工厂加工。许可捕捞区的环境卫生标准：水域环境质量符合GB 11067－89《渔业水质标准》，贝肉中大肠杆菌低于3 000个/kg，贝类麻痹性毒素总含量低于800μg/kg，贝肉中挥发性盐基氮、汞、无机砷、六六六、滴滴涕含量符合GB2742－94标准。二类海域为条件许可捕捞区，在该区域内养殖或采捕的贝类需经净化或暂养处理后，才能供人类食用或进加工厂加工。三类海域为禁捕区，该区域的贝类禁止供人类食用，禁止采捕。

（2）近海养殖贝类原料在生产前，需对生长海域进行水质普查，包括贝类毒素、有毒有害物质（如重金属、农、兽药残留等）等项目检测普查，普查结果应符合国家检验检疫、渔业、环保部门有关规定。同时确定养殖区域是否具备官方出具的许可捕捞海域证明。

（3）养殖单位和个人须应按规定获得渔业主管部门注册登记认可，在渔业主管部门确认的生产区域内按核准的品种和规模从事生产，并如实记录每批产品在养殖海区的准确地理位置、养殖面积、养殖品种、养殖方式等。

（三）备案养殖场的药物管理（本条不适用于贝类）

备案养殖场必须建立有效的药物监督管理制度，并符合下列条件：

1. 养殖场所用药品应符合国家质检总局发布的《禁用药物、限用药物名录》的规定，并参照输入国或地区的有关规定。

2. 出口企业采购的药品须有国家主管部门的批准文号，不得使用过期、变质的药品。

3. 严格遵守停药期的规定。

4. 严禁使用国家禁用的药物、激素和其他动物饲料添加剂。

5. 对药品专库存放，有专人管理，并建立出、入库记录系统。

（四）备案养殖场的饲料管理（本条不适用于贝类）

备案养殖场应建立有效的饵料管理制度，并符合下列条件：

1. 应建立完善的饵料领用制度。

2. 生产饵料的原料须为未污染、品质良好的原料，原料进厂前应进行检验。

3. 饵料添加剂及微量元素应符合农业部《饲料和饲料添加剂管理条例》、国家质检总局《出口食用动物饲料检验检疫办法》等有关规定，严禁使用含有违禁药品及有毒有害物质的饵料。

4. 饵料中添加的动植物原料成分应符合输入国或地区的有关规定。

5. 对饵料成品应进行感观检查、常规指标检验，经检验合格后方可使用。定期对饵料农、兽药残留进行检测。

6. 饵料的生产、加工及运输过程应避免交叉污染。

7. 饵料贮存应防霉、防潮，通风良好，并设有防鼠及防鸟等设施。

8. 饵料的发放应按照“先进先出”的原则，并做好出库记录，严禁将过期、变质的饵料发放使用。

（五）养殖场卫生防疫管理（本条不适用于贝类）

养殖场卫生防疫管理须建立完善的卫生防疫管理制度，并符合下列条件：

1. 养殖场应实施定期的水质情况检查检测，确认养殖场水质状况符合养殖安全卫生控制规定。

2. 建立疫情登记报告制度。发现传染病或疑似传染病的临床症状，应立即向检验检疫机构报告。必要时应抽样送权威机构检测，确认健康无病方可出场。

3. 养殖场的养殖技术人员，应定期接受养殖管理及卫生防疫等有关知识的充分的培训。

4. 运载水生动物的装载容器、用水、运输工具须经卫生消毒处理，符合检验检疫卫生要求。

5. 养殖场须做好日常养殖管理日志，如实记录用药、用料及病、死水生动物的情况。

6. 做好水生动物的隔离和防疫消毒工作。

7. 养殖场应积极参加渔业主管部门进行的定期疫病检测和国家有关部门实施的残留监控计划要求的采样检查，并及时依照检测结果改进管理。

第七条 远洋捕捞原料的源头控制

1. 远洋捕捞原料须来自非污染的清洁海域。

2. 远洋捕捞的自捕鱼，进境时须提供海上作业日报表和生产日志。

3. 对于进口原料，企业在购进国外原料时，应向供货商索要国内外官方卫生/健康证书，无国内外官方卫生/健康证书的原料不能购买使用。同时对原料应进行检测，检测项目包括微生物、农兽药残、重金属等指标，检测结果不符合国家有关规定的，不准使用。

第八条 近海原料的源头控制

1. 近海捕捞原料须来自非污染的清洁海域，不收购在污染区域内捕捞的渔获物。用于捕捞原料的捕捞船作业者，其在对渔获物的处理和操作过程须遵照《水产品卫生管理办法》和《船上渔获物加冰保鲜操作技术规程》进行。

2. 企业在收购时应向捕捞船索要官方颁发的捕捞许可证。

3. 近海捕捞原料的运输加工工具、设备须保证清洁卫生。

4. 企业应建立近海渔业环境信息通报制度。搜集各级近海渔业环境监测站对所辖渔业水域的污染、赤潮等信息，一旦发现及时报告有关部门处理。

第四章　加工辅料的安全卫生控制

第九条　加工辅料的安全卫生控制应包括如下两方面：

（一）用于加工的各种辅助材料卫生质量要求

1. 包装物料的验收：凭包装生产许可证、卫生许可证、出厂合格证接收，同时认真检查其感官卫生状况。对于内包装袋、蜡盒、托盘需进行细菌总数、大肠菌群、大肠杆菌、金黄色葡萄球菌、沙门氏菌项目检测，合格后方可使用。

2. 辅料的验收：凭生产许可证、卫生许可证、出厂合格证接收，同时检查其感官品质、卫生状况。

3. 各种添加剂应符合国标和相应输入国家的要求，不得使用违禁添加剂。

（二）具备完善采购供应制度，规范签约行为

采购前应对供方做出客观评估，建立供方档案。不采购来自不合格供方的货物。

第五章　加工环节的安全卫生控制

第十条　加工厂硬件设施应符合《出口食品生产企业卫生注册登记管理规定》中《出口食品生产企业卫生要求》的条件。

第十一条　建立自控体系的基础程序与计划

包括卫生标准操作程序（SSOP）、设备维修保养计划、原辅料供应安全控制计划、产品可追溯和回收程序计划、人员培训计划等。

（一）卫生标准操作程序（SSOP）

必须建立和实施卫生标准操作程序，应包括（但不限于）以下方面：

1. 水（冰）的安全。应符合国家饮用水水质标准规定。

2. 与产品接触的表面的清洁、卫生和安全。

3. 防止产品交叉污染。

4. 洗手消毒及卫生间设施的维护及卫生保持。

5. 防止润滑剂、燃料、清洗消毒用品、冷凝水等及其他化学、物理和生物等污染物对产品造成安全危害；严格执行有毒有害物品的储存和使用管理规定，确保厂区、车间和化验室使用的洗涤剂、消毒剂、杀虫剂、燃油、润滑油和化学试剂等有毒有害物品得到有效控制，避免对水产品及其包装物料造成污染。

6. 正确标注、存放和使用各类有毒化学物质。

7. 保证产品操作员工的身体健康和卫生。

8. 清除和预防鼠害、虫害等危害。

（二）设备维修保养计划

所有厂房设施、设备要制订书面的维修保养计划和校准方法。

（三）原辅料供应安全控制计划

生产企业必须制订所有的原辅料、产品、包装材料书面的标准，能提供原辅料的合格证明，所有原料和辅料的储藏环境必须卫生清洁、温度适宜。

（四）产品的可追溯性和回收计划

1. 必须建立和实施批次、代码识别计划，以确保从原料到成品标识清楚，具有可追溯性。

2. 应建立和实施产品回收计划，以确保及时召回不安全的产品。

（五）人员培训计划

所有员工应接受个人卫生、产品安全卫生、企业基础计划、清洁消毒程序等知识培训，并保持培训记录。

第十二条 在自控体系内有效实施 HACCP 计划

（一）产品的描述

应对产品进行全面描述，信息包括：产品的成分、物理/化学结构（包括 AW、pH 等），加工方式（如：热处理、冷冻、盐渍、烟熏等），包装、保质期、储存条件和销售方式、预期用途和消费人群等。

（二）绘制加工过程流程图

流程图要清晰、准确地列出所有加工步骤，其范围必须包括加工过程中在企业直接控制下的所有工序，还可以包括产品链中加工前或加工后的步骤。

（三）进行危害分析并制定预防控制措施

体系管理小组应列出每个步骤中可能产生的所有危害，包括原料生产、产品成分、加工中的各步骤、产品储藏、销售和消费者最终食用方式。列出各步骤可能引入、增加或所控制的生物的、化学的、物理的潜在危害，确定必须列入自控体系的显著危害，对所加工的产品进行产品安全风险评估。在完成危害分析的基础上，列出各加工工序相关联的危害和用于控制危害的措施。

（四）设立 CCP

CCP 应设立于任何可以对危害加以预防、消除和降低到可接收水平的加工工序。

（五）对 CCP 规定关键限值，并保证其有效性。

（六）对关键控制点采取有效的监控程序

监控应尽可能采取连续式的物理和化学监测方式。须指定经充分培训的专人负责对各 CCP 实施监控。

（七）制定纠偏措施

当关键限值发生偏离，必须采取纠偏行动。纠偏行动必须包括以下内容：确定和纠正产生偏离的原因；确定偏离期间生产的产品的处置；记录所采取的纠偏行动。

第十三条 建立企业自身验证审核制度

（一）对所制定的自控体系进行使用前的首次确认

确认自控体系的信息通常包括：专家的意见和科学研究，生产现场的观察、测量和评价。

（二）对自控体系进行定期审查

验证自控体系执行情况，审查企业 HACCP 质量体系中 CCP 点的监控和纠偏行动情况。

1. 验证活动内容包括：制订验证计划；审核自控体系的完整性；确认流程图的准确性；审查自控体系确定工厂是否按照自控体系操作；审核 CCP 监控记录；审核记录有无偏离和纠偏行动记录；确认关键限值以确定是否可以充分地控制显著危害；确认自控体系，包括现场审查；审查对 HACCP 计划的修订；取样分析验证等。

2. 验证活动应在以下情况下进行：定期或在未通知情况下，需确保 CCPs 是否在控制状态下；当出现产品安全紧急情况时；当产品涉及食源性疾病传播媒介时；当自控体系经过修订之后，需确定修改的内容被正确执行时；当加工过程、设备和成分等发生变化时，需评估自控体系是否需要修改时。

3. 做好验证报告。验证报告包括内容：确定其存在及充分性；更新自控体系的负责人员；与 CCP 监控有关的记录；操作时 CCP 监控数据的直接记录；监控设备经过准确校准，处于工作状态；对偏差采取的纠正行动；验证 CCP 是否处于控制时所用的取样测试方法；自控体系的修订；监控人员的培训和知识；确认活动。

（三）内部审核制度频率

一般每半年进行一次内部体系审核，并做好记录。

第十四条　建立记录保持系统

自控体系记录的内容包括：危害分析概要，包括确定危害和控制措施的原因；HACCP 计划方案，包括列出体系管理小组名单和指定的责任，描述产品、销售方法、预期用途和消费人群，经验证的流程图，HACCP 计划方案表格（包括加工中列为 CCP 的各工序、涉及的危害、关键限值、监控、纠偏行动、验证程序和计划、记录保持程序）；支持性文件如计划确认记录；在计划操作中所产生的记录。需注明上述工作的岗位、程序和频率。对反映产品卫生质量情况的有关记录，应当制定并执行标记、收集、编目、归档、存储、保管和处理等管理规定。所有质量记录必须真实、准确、规范并具有卫生质量的可追溯性，保存期不少于 2 年。

第六章　储运环节的安全卫生控制

第十五条　应符合《出口食品生产企业卫生注册登记管理规定》中《出口食品生产企业卫生要求》的有关条件。

第七章　监装管理

第十六条　企业应成立监装小组，监督发运出厂的货物数量、重量、包装以及安全卫生等情况，加贴封识，并填写监装记录。

第十七条　监装人员的条件

必须经检验检疫机构培训并获得考核上岗资格，具备下列条件：

（一）身体健康，持有食品从业人员健康证明。

（二）熟悉与食品贮运卫生管理有关的法律法规及企业自身的管理规定，严格遵照规定进行工作，负有责任心。

（三）熟悉贮藏、装运业务。

第十八条 监装工作内容：产品发运前，由监装人员检查库存货物的卫生状况、库号、库位、温度等；核对货物的数量、重量、品种、规格、唛头、标记、生产日期、注册编号、收货人、发往口岸、出口国别与备货单、厂检单、检验检疫通关单或出境货物换证凭单是否相符；检查出口食品运载工具的卫生状况、消毒状况等，记录箱车号和铅封号。

第十九条 装运货物时，监装人员必须现场进行监装，填写的《监装记录》真实、准确，监督封识加贴情况；《监装记录》需经企业盖章确认，一式两份，一份提供给检验检疫局，一份企业存档。保存期不少于2年。

第二十条 监装人员的正常工作不受任何个人或机构干预。

第八章 企业的技术保障体系

第二十一条 企业实验室应按ISO/IEC 17025要求建立技术保障体系，制定《实验室质量手册》。

第二十二条 企业应根据生产能力配备相应数量的化验员，化验员必须经过严格的专业培训，并取得相应的资格证书后方可从事检验工作。

第二十三条 企业应建立检验标准依据档案。并根据我国及输入国要求制订相应的产品标准。

第二十四条 实验室每天应根据当日生产品种和数量确定成品、半成品的抽样数量。单一产品的成品、半成品至少分别从9个不同的取样点抽取样品混制各3个代表样；如果货物超出品质保证有效期（单冻、干冻产品，4个月内；块冻产品，6个月内；干制、盐渍产品，8个月内），出口前，须从整批货物中抽取25个不同的取样点抽取样品，混制为5个代表样品进行检验。如果货物未超出品质保证有效期，货物贮存适宜，可查对有关生产记录和检验报告，填写出厂检验合格单、备货单，准备发货。

第二十五条 实验室应制定表面样品、空气落菌数、水质的余氯和微生物项目的检测计划，每天进行1次余氯检测，每周进行1次细菌总数、大肠菌群项目检测（自来水可根据实际情况降低频率，至少1个月1次），对表面样品、空气落菌数每周选取几种进行检测，并按时完成。发现异常情况及时报告质检和生产部门，对产品实施隔离评估，做出相应处理。

第二十六条 严格执行检验检疫机构下达的农兽药残留监控计划，按规定扦取代表性样品，送到检验检疫机构指定的实验室进行检测。

第二十七条 检验仪器应定期按国家计量部门规定进行计量检定，取得计量证明，不得使用未经计量合格的检验仪器和设备。

第二十八条 使用社会实验室承担企业卫生质量检验工作的，企业实验室应与社会实验室签订检测协议，社会实验室须具备国家官方认可实验室资格。

第二十九条 检验记录应保存完整，及时归档，至少保存2年。

第三十条　实验室应定期参加检验检疫部门安排的比对实验和其他形式的水平测试，加强培训，努力提高检测水平。

三、蔬菜部分

第一章　总　　则

第一条　为规范出口蔬菜加工企业的内部管理，提高企业自身监控能力，确保出口蔬菜的安全卫生能从企业注册、基地备案、原料种植、收获加工、报检出口全过程得到保障，促进蔬菜出口贸易的发展，特制定本规范。

第二条　本规范适用于指导全省出口蔬菜生产企业建立产品安全卫生自控体系。

第二章　对蔬菜基地和农药使用的要求

第三条　基地周围环境无污染源，土壤、环境和灌溉水源条件不能低于国家无公害蔬菜的用地标准，有当地县级农业部门、环境保护部门出具的近期（1年以内）环境检测合格的证明资料。

第四条　每一个登记备案基地设有至少1名专职植保员。植保员的职责是能够指导基地的病虫害防治工作、指导农药安全使用和农药残留的监控工作、负责有关基地档案的建立与保管、负责与检验检疫部门沟通与联络。

第五条　有健全的农药用药管理制度和控制农药残留的措施。按照《中华人民共和国农药管理条例》进行药品管理。

（一）有专人负责农药的采购、核销和保管。

（二）有专用农药仓库储存农药。

（三）有专人负责药品发放和登记；专人负责农药配制；专人负责使用后剩余农药的处理与回收。

（四）不使用国家明令禁止使用和进口国禁止使用的农药、不违规使用限用农药。

（五）多使用有机肥，合理使用化肥；不使用未经净化处理的城市工业和生活污水灌溉蔬菜，不使用城市污泥做肥料。

第六条　有严格的田间管理制度。耕作、种植、浇水、施肥、用药、收获、储存和销售记录完整，项目齐全；蔬菜按类种植。

第七条　有蔬菜疫病和虫害登记报告制度和相关记录。出口蔬菜基地生产的蔬菜应健康卫生，无有碍出口的病虫害，无异形、异味，发现蔬菜疫病和虫害及时记录并报告当地农业部门。

第三章　对原料、辅料卫生的要求

第八条　原料应来自经检验检疫机构备案的种植基地。

第九条 企业应建立完善的农残监控体系，确保原料农残符合进口国有关要求。

第十条 蔬菜、水果、其他植物产品原料必须采用新鲜或冷藏的。成熟适度，风味正常，无病虫害，无腐烂。半成品原料必须来自出口食品卫生注册、登记企业。

第十一条 辅料应当符合国家有关卫生规定，有生产厂检验合格证；严禁使用进口国不允许使用的辅料。原料、辅料进厂后应专库存放，经过进厂验收合格后方准使用；超过保质期的原料、辅料不得用于食品生产。

第十二条 加工用水（冰）符合国家《生活饮用水卫生标准》或者其他必要的标准，每年对水质的公共卫生防疫卫生检测不少于两次，每周一次微生物检测，每天一次余氯检测。自备水源应当具备有效的卫生保障设施。挂冰衣用水中不得加入消毒剂。

第四章　对生产、加工的要求

第十三条 生产设备布局合理，并保持清洁和完好。

第十四条 应通过危害分析确定加工过程的关键控制点，并得到连续有效的监控，对监控失效期间的产品应及时隔离处理，并采取有效的纠偏措施。

第十五条 对加工过程的食品接触表面如切菜机、速冻设备传送网带、加工流水线、操作台、工具、容器手推车辆和工人的手、工作服等应定时清洗、冲霜、消毒，并定期做微生物检测。

第十六条 不便于直接清洗的蒸发排管、急冻间和冷藏库地面、内壁应定期维护和消毒。

第十七条 班前班后进行卫生清洁工作，专人负责检查，并作检查记录。

第十八条 对加工过程中产生的不合格品、跌落地面的产品和废弃物，在固定地点用有明显标志的专用容器分别收集盛装，并在检验人员监督下及时处理，其容器和运输工具及时消毒。

第十九条 应当对不合格品产生的原因进行分析，并及时采取纠正措施。

第二十条 加工间原料入口、废料出口应有防蚊蝇设施；废料出口尽可能远离原料进口，废料应及时、妥当地通过合理渠道处理到厂外；废料运输车辆不得污染厂区。

第二十一条 成品应经金属探测器检验合格。金属探测器应定时进行校准。

第五章　对包装、储存、运输的要求

第二十二条 用于包装食品的物料符合卫生标准并且保持清洁卫生，不得含有有毒有害物质，不易褪色。

第二十三条 包装物料间干燥通风，内、外包装物料分别存放，不得有污染。

第二十四条 速冻果蔬脱盘、包装间应当与冷库相连接，包装间不得兼作穿堂；冷库车辆不得进入包装间。

第二十五条 运输车辆定期消毒，保持干燥、卫生，无污染及异味；制冷、保温车状态良好。

第二十六条　出口速冻果蔬成品专库储存，未经包装的产品不得进入成品库。

第二十七条　速冻机－33℃、急冻库－35℃以下、冷藏库－18℃以下，保鲜库、冷藏库温度应保持稳定，库内保持清洁，定期消毒，有防霉、防鼠、防虫设施。

第二十八条　库内成品与墙壁距离至少30cm，与地面距离至少15cm，与顶棚距离至少60cm。垛位之间至少能使工人通过，垛位有管理卡。库内不得存放有碍卫生的物品；同一库内不得存放可能造成相互污染或者串味的食品。

第六章　对有毒有害物品的控制要求

第二十九条　蔬菜生产企业要建立有毒有害物品的专用储存库，标识清楚，专人管理。

第三十条　杀虫剂及其他化学药品的使用必须经相关主管部门批准，未经批准不得使用。

第三十一条　严格执行有毒有害物品的储存和使用管理规定，确保厂区、车间和化验室使用的洗涤剂、消毒剂、杀虫剂、燃油、润滑油和化学试剂等有毒有害物品得到有效控制，避免对产品、产品接触表面和包装物料造成污染。

第三十二条　蔬菜生产企业应列出有毒有害物品清单，建立使用记录。

第七章　对检验的要求

第三十三条　企业有与生产能力相适应的内设检验机构和具备相应资格的检验人员。检验机构应直接由厂长领导，对产品质量有否决权。

第三十四条　企业内设检验机构，具备相适应的微生物、农残等检验工作所需要的标准资料、检验设施和仪器设备，检验仪器按规定进行计量检定，检验要有检测记录。

第三十五条　企业内设检验机构必须对原料、辅料、半成品按标准取样检验，并出具检验报告。

第三十六条　对检验不合格的原料、半成品、成品应及时出具报告并隔离不合格品，督促指导相应管理者在加工过程中及时采取纠偏措施。

第三十七条　成品出厂前必须按生产批次进行检验，出具检验报告；检验报告应按规定程序签发及保存。

第三十八条　用社会实验室承担企业卫生质量检验工作的，应当签有合同，并且该实验室应当具有相应的资格。

第八章　对保证卫生质量体系有效运行的要求

第三十九条　制定原料、辅料、半成品、成品及生产过程卫生控制程序，并有效执行，做好记录。

第四十条　建立并执行卫生标准操作程序并做好记录，确保加工用水（冰）、食品接触表面、有毒有害物质、虫害防治等处于受控状态。

第四十一条 对影响食品卫生的关键工序，要制订明确的操作规程并得到连续的监控，对关键工序的监控必须有记录。

第四十二条 制定和执行对不合格品的控制制度，制度包括不合格品的标识、记录、评价、隔离处置和可追溯性等内容。

第四十三条 制定产品标识、质量追踪和产品召回制度，以保证出厂产品在出现安全卫生质量问题时能够及时召回。

第四十四条 制定和执行加工设备、设施的维护程序，保证加工设备、设施满足生产加工的需要。

第四十五条 制定和实施职工培训计划并做好培训记录，保证不同岗位的人员熟练完成本职工作。

第四十六条 建立内部审核制度，一般每半年进行一次内部审核，一年进行一次管理评审，并做好记录。

第四十七条 对反映产品卫生质量情况的有关记录，制定标记、收集、编目、归档、存储、保管和处理的程序，并贯彻执行；所有质量记录必须真实、准确、规范并具有卫生质量的可追溯性，保存期不少于 2 年。

四、花生部分

第一章　概　　述

第一条 为加强和规范出口花生及制品加工企业的内部管理，提高企业自身的监控能力，确保从源头上加强对出口花生和制品的农残、生物毒素及重金属的监控，保障出口花生及制品的安全、卫生，促进对外贸易的发展，特制定本自控管理体系。

第二条 加工企业是保证出口食品安全的主体，严格的自控措施是保证食品安全的重要手段，也是出口食品安全卫生质量的重要保证。各出口花生及制品加工企业应该根据本指南的要求，结合本身的实际情况，建立一套完善的自控管理体系，并在出口花生及制品过程中严格操作执行。

第三条 该指南适用于指导全省出口花生及制品加工企业建立食品安全卫生自控体系。

第四条 通过加强对出口花生及制品的产地普查、原料验收、生产加工、标识管理及储运等环节的有效监控，确保出口花生及制品的品质、卫生符合我国及输入国或地区的有关检验检疫标准，维护我国出口花生及制品的国际声誉。

第二章　企业的自控体系

第五条 产地普查

（一）评估确定拟收购出口花生原料的区域。各企业应当建立出口花生原料产地档案，在花生收获季节，各加工厂要派人到原料的主产地进行普查。除对当地花生取样进行相关项目检测外，还应全面了解当地气候变化及花生种植、生产和收获的情况，结合往年的资料进行综合分析评估，并详细填写《花生产区评估表》，以确定收购原料区域，要避免盲目收购花生原料的做法。

在进行产地普查时，拟输往欧盟的花生及制品的原料应重点关注产地的黄曲霉毒素污染水平；输日本的花生及制品原料应重点关注产地的黄曲霉毒素污染水平和种植期有无丁酰肼等农药的使用情况；输澳大利亚的花生及制品的原料应重点关注产地的黄曲霉毒素和重金属镉的污染水平，对拟输往其他国家和地区的花生原料，也要根据其进口要求进行相关项目的普查。

（二）对拟向欧盟出口的花生，在收购时，工厂要重点关注收获前 3～5 周期间内及收获后 10 天的气象资料，尽量不要收购收获前 3～5 周期间干旱比较严重或收获后阴雨天气较多地区的原料及抽样检测黄曲霉毒素结果偏高的原料。拟出口到日本的花生，尽量不要收购花生生长期间雨水较多且在种植期间使用过丁酰肼的区域原料。

（三）普查时要具体到县，在对拟收购的某一产区的花生做总体评估时，花生中黄曲霉毒素重点要依据当地的气象资料及自检的情况，并结合往年在出口时的检测情况来决定。根据预计收购量和出口量决定普查抽样的数量，普查时以不超过一个县或县级市为一个普查区域，输欧盟花生及制品的数量在 5 000t 以上的工厂，普查样品的数量至少为 50 个，但每个普查区域的普查样品的数量至少为 10 个；输欧盟花生及制品的数量不足 5 000t 的，普查样品的数量至少为 20 个，但每个普查区域的普查样品的数量至少为 10 个，同时鼓励各工厂联合进行普查，以达到减少成本、信息共享的目的。普查工作应在 11 月底前结束。

第六条　原料验收

（一）严格控制原料花生的采购。各加工厂要派员到确定的花生原料产地进行现场采购，不能收购货源来路不明的原料。严禁收购发芽、虫蚀、霉变、插花、返油粒过多及超过安全水分的原料，已经收购的要单独隔离存放，做好标识，防止混入输欧盟花生原料加工；对施水机搓花生也要加强控制。

（二）严把原料花生入厂检验关。经采购员初检合格的原料入厂时，加工厂质检员要对加工后拟出口到欧盟的原料逐批抽样进行黄曲霉毒素的检测，及时做好检测记录，并认真填写《出口花生加工厂原料验收记录》，对加工后拟出口到日本和澳大利亚等国家的原料，生产企业应根据出口量的大小，分别制订相应的黄曲霉毒素、丁酰肼和重金属镉等项目的自控抽样检测计划。对不合格的原料要详细记录其流向和处理措施。

第七条　储存管理

（一）确保花生水分降至安全水分。花生储存的安全水分界限为：花生果 9%～10%、花生仁 8%～9%。

（二）确保储存场地安全、卫生。地面应平整、无积水，跺底垫高并合理铺垫，防止水侵受潮，堆垛要封盖严密，防止水淋；储存仓库应清洁干燥，并有通风降温设施，具有防虫、防鼠能力。

（三）分类存放，定期检查。定期检查温湿度，防止霉变发生，夏季来临前，及时入冷风库。对不同产地、不同品种和不同水分的原料要分别存放，并保证在后续工序中不被混淆。

第八条　生产加工

（一）加工车间应光线充足，通风干燥，有防虫、防鼠设施。对来自不同产地的花生应做到分别加工，对不同水分含量的原料不得混合加工，防止水分转移，产生霉变。

（二）花生加工厂应尽可能加装去石机、金属探测装置和去尘去屑装置（去除毛发、塑料片、绳头等恶性微小杂质），定期检查设备的运转情况。

（三）霉粒等损伤粒受黄曲霉毒素污染的几率较大，在加工过程中应尽可能地将其挑拣干净，并确保批次清楚。

（四）检验人员在加工过程中应定时对成品进行检测，包装时，从每一包成品中抽取一定数量的样品，集合后进行成品中黄曲霉毒素含量的检测，发现超标批次，应单独存放，B1 大于 2μg/kg 或总量大于 4μg/kg 的，不能作为食品或食品组分向欧盟出口；B1 大于 8μg/kg 或总量大于 15μg/kg 的，不能作为食品或食品组分的原料向欧盟出口。

（五）检验时要做好记录，认真填写《出口花生自检结果单》，凭自检报告向所在地检验检疫机构报检，否则，不接受报检。

第九条 标识管理

（一）在出口花生及制品行业应逐步建立广泛的追溯系统，对每一批原料和成品均应标识清楚。

（二）不同产地的原料应分别标识、存放和加工。

（三）出口花生加工厂加工的出口花生和输欧盟的花生制品必须按同类型、同规格，以连续加工出的一个装运单位（集装箱、火车皮）的成品作为一个批次，在外包装上缝上或贴上符合要求的具有木厂代号和批次编号等内容的出口花生标签，同时在自检结果单上注明相应的批次编号。输往其他地区的花生制品也应确保批次清楚，货物的批次具有可识别性和追溯性。

（四）加工后的成品必须按批次单独堆存，并有明显标记和间隔。不得将不同品种、规格及批次混放。

（五）批次标签须专厂专用，严禁转借或使用非本厂标签。

第十条 出口装运

出口装运时应注意天气情况，没有防护措施时，应尽量避免在阴雨天装箱，以防止产生水湿。在装运冷风库中储存的花生时，应先将其出库，平衡温度至与环境温度相近时再装运。远洋运输的花生，在装箱时应采取防潮措施（如在集装箱内壁放置适量的纸板和干燥剂等），防止箱内花生结露产生霉变。装运结束后，加工厂要认真填写《出口花生装箱记录》，装船时，应将集装箱置于水线以下，避免太阳直射。

第三节　山东检验检疫局关于出口食品生产企业卫生要求的补充规定

（试　行）

为落实《国家质检总局、山东省人民政府关于相互配合，扩大山东省农副产品出口的工作方案》和《山东检验检疫系统促进农副产品出口工程的实施意见》，督促出口食品生产企业（以下简称食品企业）从源头上控制产品质量，制定本规定。

在山东省内对申请卫生注册登记的食品企业进行评审时，除对食品企业是否符合《出口食品生产企业卫生要求》进行评审外，同时对本规定的相关内容进行评审。

一、食品生产企业应建立食品安全、卫生自控体系，确保从源头上加强对出口食品农、售药残留及动物疫病的监控，保障出口食品的安全、卫生。

二、禽、兔、猪、羊等中小动物肉类屠宰加工企业有自属或合同饲料厂和规模化养殖场，其生产、饲养能力能够满足其饲养屠宰加工的需要；蔬菜类企业有属或固定的合同种植基地；牛等大动物屠宰企业有自属的中转隔离饲养场，其中转隔离饲养不得低于20天。

三、肉类企业实行“五统一”管理，即“统一供雏（幼畜），统一防疫，统一供应饲料及添加剂，统一处方用药，统一收购屠宰”。

四、肉类企业自属或合同的饲料厂、养殖场，蔬菜类企业自属或固定的合同种植场应获得所在地检验检疫部门的备案。

五、食品企业应配备在检验检疫机构备案的认可兽医、植保专业人员，对农兽药、疫苗、饲料添加剂、化肥的采购、配制、保管和使用进行统一管理，并有明确职责及管理基地的范围。

有能满足需要的健全的企业兽医卫生队伍，负责从养殖、加工到存储运输等各个生产环节的卫生防疫工作。企业的巡回兽医应定期对动物饲养场进行监督检查。

六、肉类企业有供运输动物、原料肉出入厂的专用通道，有对运输工具进行清洗消毒的设施、措施，并做好记录。

七、肉类企业有完善的宰前宰后检验检疫制度，并做好详细记录。

八、供屠宰的动物和用于出口的蔬菜必须经过必要的安全停药期。

九、供宰动物须来自经检验检疫机构备案的饲养场，经产地检疫合格，并附有《动物产地检疫合格证明》、饲养日志。

十、对供宰动物严格按国家有关标准进行检疫，对猪、马、牛、羊等大中动物能够逐头进行检疫，其他如禽、兔等小动物逐群检疫，必要时抽样送实验室。

十一、肉制品深加工企业，所需肉类原料必须来自获得检验检疫部门注册的屠宰企业。

十二、有对疫病、农残、药残、微生物、黄曲霉（花生）、添加剂等必要的检测设备、检测方法，并能够正常开展检测工作。

十三、有详细的疫病、农残、药残、微生物、黄曲霉（花生）、添加剂等监测计划并做好记录。

十四、有详细的农药、兽药、疫苗、饲料添加剂、化肥等的使用记录。

十五、委托社会实验室进行检测的，有与实验室签订的详细检测合同，规定检测项目、标准、频率、送样方式等，并能够提供该实验室检测能力证明及详细的检测报告。

十六、企业建立产品标识溯源代码制度，能够确保最终产品的可追溯性。

第三章　卫生质量体系文件编写实例

第一节　卫生质量管理手册实例

一、依据和适用范围

1. 本规范根据《出口食品生产企业卫生要求》、《出口水产品生产企业注册卫生规范》以及美国FDA颁布的《良好操作规范（21CFR110）》的规定制订。

2. 本规范适用于本公司出口产品的加工，用于保证产品的安全卫生。

二、卫生质量方针和目标

略。

三、组织机构及其职责

略。

四、生产、质量管理人员的控制

1. 健康控制。

（1）从事水产品生产加工和管理的人员，经体检合格后方可上岗。每年进行一次健康检查，必要时作临时健康检查，并建立员工健康档案。

（2）体检或卫生监督员观察，凡患有或似乎患有发热、呕吐、腹泻、重感冒等疾病或创面，包括疖、疮或感染性的创伤，或可成为食品、食品接触面或食品包装材料的微生物污染源的员工，直至消除上述病症之前，均不得参与作业，否则会造成污染。要求员工，发现上述疾病，要及时向上级领导报告，回家休养或调离食品加工岗位。

（3）下列疾病之一者，严禁入厂工作：a. 活动性肺结核；b. 病毒性肝炎；c. 化脓性或渗出性皮肤病、疥疮；d. 肠伤寒和肠伤寒带菌者；e. 细菌性痢疾和痢疾带菌者。

（4）由车间卫生监督员每天对加工人员的健康状况进行检查，并记录。

2. 工作服及穿戴情况控制。

（1）工作服为浅色上衣和裤子，袖口紧密，无明扣，无口袋，适合加工操作的需要，防止食品、食品接触面及食品包装材料受污染。工作服要穿戴整齐，防止头发等杂物混入食品中或对食品造成污染。工作帽内要戴发网盖住头发及耳朵，口罩应完全盖住口和鼻子。不得将个人衣物或胳膊等露在工作服外面。

（2）个人衣物与工作服严格分开，不得将与生产无关的物品带入车间，工作时不得戴首饰、手表，不得化妆，不留长指甲，不染指甲。

3. 进出车间控制。

（1）车间更衣室及车间入口设有专职卫生管理人员，加工人员按规定正确进行换鞋、更衣、洗手、消毒等顺序后，由卫生管理人员负责对进入车间的人员进行检查，合格后才能进入车间。

（2）离开车间时必须脱下工作服、帽、鞋，并按规定放置在指定位置。

（3）加工人员上厕所前应脱下工作服、帽、水鞋，穿厕所专用拖鞋入厕，严禁穿戴工作服、帽、鞋进入厕所。上厕所完毕后必须按洗手消毒程序洗手消毒后方可离开。

（4）车间内不同工序、不同清洁区的人员在加工过程中尽量减少走动，未经允许不得擅自到其他工作区域走动，避免因串岗引起交叉污染，必要时，经主管人员（车间主任或班长）同意后，从各区域规定的入口进入，并按规定程序严格消毒。

（5）非加工人员不得随便进入加工车间，经许可后亦需符合现场加工人员卫生要求方可进入。

4. 个人卫生控制。

（1）严禁在加工车间（包括更衣室、卫生间）等场所内吃东西、吸烟、喝饮料、吐痰或面对食品打喷嚏、咳嗽等。

（2）生产中严禁大声喧哗、打闹及快速跑动。禁止乱扔产品和工器具等不良行为。

（3）加工过程中和停顿时不得随意用手触摸眼、耳、口、鼻等身体部位，不得随意触摸工作服、围裙、口罩或落地物等不卫生物品，否则应重新洗手消毒后方可再从事加工。

（4）生产中使用手套作业时，手套要保持完整无损、清洁卫生并经消毒处理。戴手套前，双手必须清洗干净并彻底消毒。手套用不渗透的材料制作。手套破损要立即更换，并找出碎片。

（5）开始工作之前、每次离开工作台之后以及在双手可能已经弄脏或受到污染的其他任何时间（包括在作业中，加工人员手接触了产品以外的物品时），要在适当的洗手设施处彻底洗手消毒。

（6）加工过程中离开工作岗位或加工后严禁乱挂、乱扔工作服、套袖、水鞋、拖鞋、围裙、手套等，除工作服外，其他物品要清洁后放置在指定地点。

（7）加工人员应保持个人清洁卫生，每周洗澡两次。工作服集中收集，统一清洗消毒，统一发放，每周2次。

（8）车间入口及车间内应随手关门，不得开启未安装纱窗的窗户。

5. 员工培训。

（1）每年两次对员工进行加工卫生和加工技术的教育和培训，新进厂员工经培训考核合格后方可上岗，并建立培训考核档案。教育所有员工明确不良的个人卫生及不卫生的操作的危险性。

（2）公司具有与所生产产品相关专业知识的技术人员和具有生产组织能力的管理人员。生产加工管理人员具有适当的加工技术、经验和品质管理、卫生意识，能够按本规范的要求组织生产和进行管理，对出现的实际问题能及时做出正确的判断和处理。

(3) 车间主任、班长等在食品加工技术方面受过适当培训或具有丰富经验，并且明确不良个人卫生及不卫生的操作的危险性，能够对产品质量情况做出正确分析和判断。

(4) 公司设立质量管理专职机构，直接受总经理领导，保证不受其他情况的干扰。配备专职检验人员，检验人员必须具有中专以上学历，熟悉产品加工技术、质量标准、检验方法、依据及卫生要求，能对产品的卫生和质量状况做出正确的分析和判断。

(5) 对车间卫生消毒员、药品管理和配置人员、关键工序、设备操作人员、关键控制点的监控人员进行针对性培训，保证能够胜任各项工作。

五、环境卫生控制

1. 工厂周围清洁卫生，无物理、化学、生物等污染源。交通便利，水源充足。

2. 厂区内没有兼营、生产、存放有碍产品卫生的其他产品，不存在危害产品卫生的不良气味、有毒有害气体、烟尘等。

3. 工厂附近和厂区内路面平整、清洁、无积水，主要通道铺设水泥路面，空地进行绿化，草木定期修剪。并由后勤部定期对厂区路面进行维护。

4. 工厂建有专用的淋浴间和洗衣房，墙壁和地面使用浅色、无毒、易清洗、耐腐蚀、不渗水的瓷砖建造，易于清洗消毒，并保持清洁。厂区卫生间配有冲水、洗手、防蝇、防虫设施，墙壁、地面均为浅色、平滑、不透水、无毒耐腐蚀的瓷砖材料修建，易清洗消毒。

5. 厂区不堆放废旧物料、设备。工厂设专职卫生员对厂区卫生进行清扫，每天两次清扫，及时清除杂草，保证厂区清洁，无卫生死角和蚊蝇滋生地。由后勤部定期进行检查并记录。

6. 厂区内禁止饲养与生产加工无关的动物，并设有防鼠、放蝇虫设施。

7. 厂区内设有封闭的废料暂存间，对生产中的废料进行处理，每天用封闭容器清运出厂；采用封闭式垃圾箱，垃圾由环卫部门每天封闭清运出厂，由后勤部指定专人对废料暂存间和垃圾箱进行清洁，保持无异味，避免对食品、食品接触面、厂区造成污染，避免成为害虫的滋生、栖息、藏匿场所。

8. 厂区有合理的给、排水系统，保证供水充足、排水通畅。

9. 车间、仓库、冷藏库周围不得积水，避免对产品造成污染；工厂废水经污水处理系统处理，符合国家有关规定后排放，并且排放和处理不会对环境造成污染。

10. 厂区布局合理，设有与生产能力相适应的符合卫生要求的原料、辅料、包装物料、化学药品储存库。厂房按照加工工艺需要和清洁程度不同进行有效的布局，分为一般清洁区、准清洁区、清洁区，不同清洁区有效隔离，以满足良好的卫生操作要求。

11. 厂房各项建筑坚固耐用，易于维修和清洁，所用材料不能对产品造成污染。冷库具有良好的保温和防火结构。

12. 工厂生产区和生活区分开。

六、车间及设施、设备卫生控制

1. 车间设施。

（1）车间面积、高度与生产能力和设备的安置相适应，工艺流程布局合理，排水通畅，通风良好，清洁卫生，防止交叉污染。

（2）车间地面坚固、耐腐蚀、耐磨，防滑并有1%～1.5%的坡度，易于排水，平坦无积水，易于清洗消毒并保持清洁。墙壁采用白色瓷砖材料，墙角、地角、顶角具有弧度，便于清洁。天花板采用无毒、浅色、防水、防霉、不易脱落、便于清洗的PVC材料修建，并有一定的弧度，防止形成冷凝水滴落到产品上而污染产品。车间内门窗采用塑钢材料制成，密封性良好，不透水，耐腐蚀；内窗台下斜45°，易于清洁。

（3）车间与外界相连的出入口、排水、通风处设有防蝇、防虫、防鼠设施。车间出入口设有门帘、灭蝇灯和挡鼠板；车间内便于开启的窗户安装纱窗；下水道为U形水封式，装有反水弯和防鼠网；车间排风口和进风口全部装有防虫网或挡板，定期检查防虫、防鼠设施，保证使用状态良好，防止鼠、虫进入。

（4）原料入口与冷库相连，避免了原料传递过程的污染，包装物料间与包装间相连，便于物料的使用和传递，且原料、下脚料、包装物料和成品通过不同的出入口传递，各出入口完全分开，不会造成交叉污染。

（5）加工车间设有安全出口，在危急情况下能够保证人员迅速撤离现场。

（6）车间内设有工器具清洗消毒区域，其操作对加工过程和产品不会造成污染。

（7）加工过程中的污水通过排水管直接排向地面的下水口，车间内排水管与污水总管相通，避免污水横流。地面排水口设有篦子，可以防止固体废弃物进入下水道，排水沟呈弧形，易于清洗。加工污水排放的方向为从高清洁区向低清洁区排放，排水通畅。

（8）车间内设有与加工场所隔离的药品间，用于盛放消毒剂、洗涤剂，避免污染产品。

（9）车间内设有臭氧杀菌装置，对车间空气、工器具、设备、设施进行杀菌。

2. 照明设施。

（1）加工车间（包括更衣室、卫生间、检验台、加工和储存区工器具清洗区等区域）照明采用防爆日光灯，并设有防护罩，防止灯管破碎时对产品造成污染。冷库内安装防爆白炽灯，定期检查照明设施有无破损，如有损坏或破损情况，及时更换。

（2）车间内加工操作台上方的照明度不低于220Lx，检验台照明度不低于540Lx。保证车间内光线充足，且光线不应改变加工物本色。

3. 通风和降温设施。

（1）加工车间配有排气扇、空调、冷风机等换气或空气调节设施，其设计和安装符合清洁的要求，进气口远离污染源和排气口，蒸煮区域设有强制通风设施。以保证车间内通风良好，温度满足规定要求。

（2）进气口设有空气过滤装置，排气口设有防止害虫侵入装置，所有装置要便于拆卸或更换。

（3）车间内空气调节、排气、进气时，保证空气从高清洁区流向低清洁区，防止对产品或包装物料、辅料造成污染。

（4）工厂设有自动温度记录仪，对车间、冷库、冷冻设备的温度进行监控，车间内不同区域安装数字显示温度计，以便将加工温度控制在规定范围内；冷库安装数字显示温度计，便于对温度进行观察；每天对温度进行记录，发现不满足要求时，立即纠正。温度规定如下：加工车间≤18℃；冷库≤－20℃。

4. 供水、供电、供气设施。

（1）供水、供电、供气设施能够满足生产需要。

（2）供水设施能够保证公司生产和生活用水需要，压力适宜，加工用水的管道采用无毒、无害、防腐蚀的不锈钢材料。并且在车间总供水处安装了止回阀，以防止产生回流现象。加工用水管道与排放污水、废水的管道严格区分，不会产生回流和交叉连接现象。

（3）加工用水采用自来水和自备水两套供水系统，设置储水池和储水罐，通过沉淀、过滤，加氯和臭氧消毒后使用，将储水池封闭管理，保持清洁卫生，定期对储水池进行清洗消毒，保证加工用水安全卫生。

（4）车间内的用电设施满足防潮、防水需要，确保使用安全。

（5）提供满足车间洗刷、消毒工器具使用的蒸汽，并保证使用安全，不会对工器具造成污染。

5. 洗手消毒设施。

（1）各车间入口处、车间内、卫生间内的适当位置设置足够数量的洗手消毒、干手设施、鞋靴消毒池。备有洗涤用品、消毒液和干手用品，并设有洗手消毒程序标识。设有热水器，能够提供适当温度的清洗消毒用水。

（2）水龙头为脚踏式开关，洗手消毒池采用易于清洗消毒的不锈钢材料制成，靴鞋消毒池以瓷砖材料建成。洗手设施的排水直接排入下水管道。靴鞋消毒池中水深度以没过鞋面为宜（10～15cm）。

6. 更衣室、卫生间设施。

（1）设有与车间相连的更衣室，更衣室面积与加工人员相适应，配有与加工人员数目相适应的挂衣架、鞋柜、水鞋架，个人衣物与工作服分开放置，并设置臭氧杀菌装置。更衣室内保持清洁卫生，通风良好，有适当照明。

（2）设有与更衣室相连的卫生间，卫生用具采用坐便器，防止污水溅到外面，有冲水、洗手、消毒、干手设施，消毒处设有洗手消毒程序标识，备有洗涤、消毒用品和干手用品或装置，水龙头为脚踏式开关。卫生间采用自闭门，设置排风扇和灭蝇灯等通风和防蝇虫设施，设置臭氧发生器对卫生间进行消毒，有适当照明，保持卫生，门窗不直接开向车间并备有厕所专用拖鞋。

7. 加工设备和工器具。

（1）车间内禁用竹木制品，生产设备和工器具等与食品直接接触的表面用无毒、无味、不吸水、耐腐蚀、不生锈、易于清洗消毒的不锈钢或无毒塑料制成，设计合理，便于清洁消毒。在正常的操作条件下与水产品、洗涤剂、消毒剂不发生化学反应。

(2) 设备和工器具要避免明显的内角、凸起、缝隙和裂口，要焊接光滑，耐用、便于拆卸清洗。设备的安装要符合工艺和卫生的要求，并与地面、墙壁、屋顶保持一定距离，便于维护保养、清洁消毒和卫生监控。

(3) 车间内盛放产品、不合格品、废弃物、落地产品的容器要严格分开，有明显标识，不得混用，防止污染。废弃物容器应防水、防腐蚀、防渗漏。避免对产品造成污染。

(4) 使用和清洗后的工器具及用于清洁、清扫的工具应分别放在指定场所，不得随处乱放，如发现损坏应及时清理出车间并处理。

(5) 食品加工的设备随时保持良好的卫生状态。经常维护，确保不污染产品。

(6) 检测设备、监控设备和自动温度记录仪等应定期检查、校准，并维护良好。

七、原辅料的卫生控制

1. 保证产品质量符合标准，首先要把好原辅材料采购验收环节，由质量管理部门制定原料、辅料采购验收标准，并负责进厂验收工作，验收合格后方可使用，并做好记录，同时检查运输工具是否清洁无污染。

2. 生产用原料应符合工艺要求所需的品种、产地、规格、新鲜度等质量要求，安全卫生，无有毒有害物质污染。经验收合格后使用，不合格的原料拒收。

3. 原料来自无污染水域，在储存、运输过程中保证温度和时间适宜。

4. 接收捕捞类水产品原料，要检查捕捞许可证和捕捞海域，并且在运输过程中保持清洁卫生，符合国家有关卫生要求。

5. 对来（进）料加工的水产品原料要检查原料输出国主管机构的卫生证书和原产地证书，并经检验检疫部门检验合格后方可使用。

6. 水产品的半成品原料要来自于获得卫生注册登记的企业。

7. 生产所使用的辅料要具有有关部门的合格证，符合国家有关规定，并经本公司检验合格后投入生产，不合格的辅料不得用于生产。辅料专库存放，避免污染。

8. 包装物料的验收：凭包装生产许可证、卫生许可证、出厂合格证接收，同时认真检查其感官卫生状况，对于内包装袋、蜡盒、托盘需进行细菌总数、大肠菌群、大肠杆菌、金黄色葡萄球菌、沙门氏菌等项目检测，合格后方可使用。

9. 辅料验收：凭生产许可证、卫生许可证、出厂合格证接收，同时检查其感官品质和卫生状况。

10. 使用的各种添加剂要符合国家标准和相应进口国的要求，只接收有卫生许可证的正规厂家生产的添加剂，不得使用违禁添加剂。

11. 保质期的原辅料不用于食品生产。

12. 易腐易变质的原料要贮存在冷库内，按不同类别分开存放，垛放整齐，防止串味。散装原料经验收合格后，必须单独存放，原料的贮存过程保持卫生状况良好，避免对原料造成污染。

13. 原料或产品须用清洁、无异味、有温度调节功能的冷藏车运输。

14. 冷冻原料和辅料必须保持冷冻状态，使用时需解冻，解冻方式（如采用流动水解冻）必须防止被污染。

15. 其他原辅料也应存放在干燥、通风的库内，库内不得存放有碍食品卫生的物质，更不能与有毒化合物同时存放，同时要做好防鼠、防蝇、防霉、防尘工作。

16. 加工用水和冰，每年两次请卫生防疫站做全项目水质检测，并出具检验报告，保证符合《中华人民共和国生活饮用水卫生标准》。

17. 化验室每周对加工用水（冰）进行微生物项目检测，每天对余氯含量进行检测，以确保加工用水（冰）的卫生质量。

18. 加工过程中采用不锈钢盘在冷冻设备内制冰，采用浇水后自然破碎或机械破碎，保证制冰、碎冰过程在卫生条件下进行。

19. 加工车间内使用的蒸汽压力适宜，供应充足。

八、生产加工卫生控制

1. 防止污染。

（1）根据工艺先后次序和产品特点将原料处理、半成品加工、精加工、成品包装、工器具清洗消毒等不同清洁区域有效分开设置，各区域产品分开放置，各区域器具不交叉使用，各区域人员从不同入口进入加工车间，并按洗手消毒程序进行消毒，内外包装物料分开放置，避免人流、物流的交叉污染。

（2）避免生产过程中的废水、废弃物对成品、半成品造成污染；加工所用一切容器工具（下脚料和废弃物容器除外）均不直接接触地面，备用的加工器具要放置在搁架上。水管不接触地面。

（3）维修设备时，将需维修的区域隔离，不得对原料、辅料、半成品、成品造成污染，维修后要对维修区域进行清洗消毒。检查无遗漏在加工区域内的金属物时，方可进行生产。

（4）加工操作中采取有效措施防止产品变质和受到有害微生物及有毒有害物的污染，在关键工序设立警示牌。手和容器接触产品以外的不洁物后必须重新消毒。

（5）对加工过程中产生的不合格品、落地产品和废弃物在固定地点使用有明显标志的专用容器存放，在质量管理人员的监督下妥善处理，对不合格品产生的原因进行分析，及时采取纠正措施，防止再次发生。废弃物及下脚料有专用容器存放并及时清除。

（6）车间内使用的一次性用品（如：纸巾、一次性手套等）要存放在干净的纸盒里，避免污染，由车间卫生消毒员负责放置、分发、回收，使用后投进垃圾桶内，统一处理，避免对食品和食品接触面造成污染。

（7）同一车间内不得同时加工两种不同原料的产品，不得同时加工生熟制品；不得使用食品加工区域和设备来加工动物饲料或不能食用的产品，必要时，必须彻底清洁，经检验合格方可用来再加工食品。

（8）车间内不得堆放与加工无关的物品。

（9）加工中严格按照加工工艺和产品标准及安全卫生要求进行加工。

（10）由车间卫生消毒员随时保持洗手消毒设施清洁卫生，避免对手造成二次污染。

（11）加工中不得使用静止水解冻原料、清洗半成品和清洗工器具（客户特别要求的情况除外），避免造成污染。

2. 清洗消毒。

（1）制定加工车间清洗消毒作业计划，由车间卫生监督员负责检查。

（2）班前、班后对生产设备、工具、容器、场地等进行清洗消毒，必要时，拆卸设备进行彻底清洁消毒。班前检查合格后，方可生产。加工过程中根据生产产品的特点和检验情况的需要确定清洗消毒的频率。

（3）加工车间使用的清洁剂、消毒剂必须按规定配置和使用，不得乱用，由车间卫生消毒员负责。

3. 厂房、设施、设备和工器具的维护。

（1）厂房、设施、设备和工器具要保持良好的工作状态，如有损坏要立即维修，不能维修的工器具要立即更换。

（2）定期对仪器设备进行维护和校准，保证设备运行正常，仪器准确。

4. 虫害控制。

（1）根据虫害控制计划和厂区防鼠图，每天在厂区内不同编号的捕鼠点放置捕鼠工具，并检查防鼠、灭鼠情况。

（2）定期检查厂区和车间内有无鼠蝇和痕迹，发现后立即消灭，并检查防鼠蝇设施的有效性。清除害虫的滋生地和藏匿处。对厂区大院定期喷洒药物灭蚊蝇，并防止药物对食品、食品接触面、包装材料造成污染。

5. 温度和时间的控制。

（1）加工车间的温度控制在18℃以下（加热工序除外），产品经冷冻后进行包装时，包装间的温度控制在10℃以下。

（2）加工中产品的内部温度要严格按照产品工艺和卫生条件要求进行。

（3）速冻温度和时间满足工艺和产品质量要求。

（4）加工过程中，各道工序之间联系紧凑，不积压产品。严格控制产品的内部温度和暴露时间。若在加工过程中产品的内部温度在21℃以上，则加工产品的累计暴露时间不超过2h；若在加工过程中产品的内部温度在21℃以下、10℃以上，则加工产品的累计暴露时间不超过6h；若在加工过程中产品的内部温度在21℃上下波动时，则加工产品超过21℃以上的累计暴露时间不超过2h；加工产品超过10℃以上的累计暴露时间不超过4h。

（5）冷藏食品须保持在10℃以下；冷冻食品保持在冷冻状态（－20℃以下）。防止对公众健康有危害的微生物快速繁殖。

（6）对于易产生鲭鱼毒素的鲐鱼等鱼种严格加强对从原料接收到成品全过程的时间和温度的控制，必要时对组胺含量进行检测。

6. 金属控制。对捕捞和生产过程中产生的金属碎片的危害设置金属探测仪进行控制。并保证金属探测仪始终处于正常工作状态。对加工中的金属器具检查其破损情况，及时更换和修补破损的工具。

九、包装、储存、运输卫生控制

1. 包装。

(1) 包装物料选用国家注册的生产厂家，并提供卫生许可证、出厂合格证等，保证符合卫生标准，不含有有毒有害物质，不与产品发生化学反应，不改变水产品的感观特性，可对产品起到保护作用，并且要坚固，保证在运输和搬运中不破损。

(2) 用于包装水产品的物料一般不要重复使用，如果包装物料为易清洗、耐腐蚀的材料，则在重复使用时必须经过清洗消毒。

(3) 包装物料在干燥、通风、清洁卫生的专库内存放，内外包装物料分开存放。内包装物料在进厂时由质量管理部进行微生物项目的检验，检验不合格的不得使用，并做好退货准备。

(4) 包装要在与冷库相近的单独包装间内进行，温度符合工艺要求，包装物料与包装间相邻，便于包装物料的传递使用，且与成品的出入要严格分开。内包装物料不得带有外包装进出包装间。

(5) 内包装物料如需印刷文字或图案时，要用无毒颜料并在冷冻状态下不易脱落印刷清楚。外包装应符合出口标准要求，根据客户要求标识清楚。标签要粘贴牢固，标识清楚。

2. 储存。

(1) 储存库内要保持清洁、整齐，定期进行消毒，不得存放有碍食品卫生的物品，同一库内不得存放相互串味和相互污染的食品，原料和成品应分库存放，按种类、规格分区、分垛，标识清楚。未包装的物品不得进入冷库。

(2) 库内物品应离地隔墙，与地面距离不少于 20cm，离墙不少于 30cm，离天花板不少于 50cm，垛与垛之间相距 30cm。内设防霉、防鼠、防虫、防尘设施，定期消毒除霜，除霜时产品包装箱上必须用塑料纸遮盖。

(3) 冷库内配有温度显示装置，并配有自动温度记录仪，定期校准。冷库温度控制在－20℃以下，温度波动不能过大，速冻库温度控制在－28℃以下。其他储存库无特殊要求。每天对冷库温度进行记录。

(4) 冷库出入库要记录，出库时按照先进先出的原则。

3. 运输。

(1) 运输工具要安全卫生，无异味，使用前必须清洗消毒，相互污染的产品在运输中不能混装。

(2) 根据产品特性，运输工具（如集装箱）要配备制冷、保温、防雨、防尘设施，在运输过程中保持适宜的温度。

(3) 原料车和成品车严格区分，使用前后清洗消毒，保证清洁卫生、无异味。

十、有毒有害物品的控制

1. 有毒化合物进厂时由质量管理部验收合格后，方可投入使用。由后勤部和加工车间专人负责保管。做好验收、领用和配置记录。

2. 根据有毒化合物管理制度，对厂区、车间、化验室的有毒化合物的储存、使用进行有效控制。防止其对产品造成污染。

3. 厂区设有有毒化合物专用储存库，车间内设专门的药品间，远离加工区域、产品和包装物料，加锁并有专人管理，有毒化合物有固定包装，标识清楚，使用时按要求配置并记录。

4. 对有毒化合物的使用和管理人员进行专门的培训，考核合格后方可进行操作，避免对食品、食品接触面和食品包装物料造成污染。

5. 加工过程中，维修机械设备时应将加工物品处理干净，防止机油、润滑油等掺杂物品滴到加工品表面造成污染，维修完毕及时清洗消毒。

十一、检验控制

1. 公司质量管理部下设的化验员、质检员，在上岗前进行培训，经考核合格后对产品和产品接触面进行感观的、生物的项目检验，并及时出具检验报告。

2. 质量管理部拥有满足检验所需的仪器设备，并定期校准。同时收集各种质量标准、检验规程等资料，并定期归档。

3. 质量管理部负责从原辅料进厂到产品包装出厂全过程的质量检验工作，签发厂检单，做到准确迅速。对检验不合格的情况，及时反映到相关部门，采取措施及时纠正，并跟踪检查，防止再次发生。

4. 质量管理部负责原料、包装物料、辅料、有毒化合物的进厂验收工作，进出口部、后勤部负责原辅料、有毒化合物的合格证明的提供。

5. 检验工作要严谨、认真，做好记录并保存。所有记录保存 2 年以上。

十二、保证卫生质量体系有效运行的要求

1. 文件和记录参照《文件和资料控制程序》、《记录控制程序》的规定执行。文件和记录至少保存 2 年。

2. 产品的回收参照《产品回收计划》执行。

3. 保证设备正常运转和防止污染产品，由动力部制定设备、设施维修保养计划并严格执行，对生产设备、设施进行维修和保养。

4. 检测体系的效果：由后勤部每天对环境卫生进行检查，保证对危害和污染食品的因素及害虫进行有效控制；质量管理部通过对食品接触面的微生物检测来确认清洁消毒的有效性。

5. 标识：加工过程中对不同品种、不同批次的原料、半成品、成品进行有效标识，以确保出厂产品在出现安全质量问题时能及时召回。参照《产品识别代码计划》执行。外包装箱或内包装袋要对产品名称、成分、重量、生产日期、保质期和使用方法进行标识以保证消费者能够安全正确的对食品进行处理、储存和制作。

6. 工序控制：对影响产品卫生的关键工序，确定 CCP 点进行有效监控；卫生控制严格按照《卫生标准操作程序》执行并记录，确保加工用水（冰）、食品接触面、有毒有害物质、害虫等处于受控状态。

7. 培训：通过卫生知识培训，使食品加工人员具备必要的防止食品污染和变质的知识和技能。明确责任和任务，保证食品加工处理符合卫生要求。每次培训前要制定培训计划。

8. 内部审核：由 HACCP 办公室根据内部审核控制程序，每年进行两次内部审核，根据管理评审控制程序每年进行一次管理评审，确保质量体系运行正常。

第二节　SSOP 编写实例

SSOP—1　生产用水的安全性

目的：在加工过程中，直接接触食品或食品接触表面的水，其来源要安全、卫生或经过处理使其安全卫生，并防止被污染。

1. 水源

1.1 本厂加工用水采用自备井水及自来水两套供水体系，自来水由县自来水公司统一供给；自备水井 2 口，位于本公司院内。水井深 30m，周围无污染源，水质澄清卫生，符合国家生活饮用水卫生标准。

1.2 水井周围的地面用混凝土浇制，设排水沟，便于排水及卫生清理；水井周围不存放生活垃圾及生产废料，无其他污染源。

1.3 室外井口高出地面 30cm 以上并加盖封闭，防止虫、鼠入侵及地面水流入，同时防止雨水及灰尘落入。

2. 水的储存

2.1 储水采用钢质储水罐，罐体全封闭。

2.2 储水罐的清洗和消毒。

2.2.1 清洗消毒频率为每 2 个月一次。

2.2.2 消毒药剂及浓度：200～300mg/kg 的有效氯溶液（NaClO）。

2.2.3 清洗消毒程序：清理淤泥→清水冲洗罐内壁→用喷雾器喷洒消毒液→清水冲洗干净。

2.2.4 品管部每次对储水罐的清洗消毒进行检查监督，并在《储水罐清洗消毒检查记录》中签字。

3. 加工用水的控制

3.1 自来水用于食品解冻、洗手消毒和蔬菜粗处理，地面、消防及车间周围环境的冲洗清理，水管末梢出水的余氯不低于 0.05mg/kg；经过过滤及臭氧杀菌消毒处理后的自备水用于蔬菜精处理、水产品及肉解冻以及添加到食品中使用，如和面、制馅等。

3.2 处理食品加工用水的过滤网，经常检查，及时清理。

3.3 加工用水符合国家生活饮用水卫生标准（GB5749－85），水质澄清，无异味，细菌≤100 个/ml，大肠菌群≤3 个/L，末梢排放水余氯≥0.05mg/kg。

4. 防止饮用水、加工用水与污水的交叉污染

4.1 管道的区分和标识

4.1.1 不与食品接触的非饮用水管路与食品直接用水管路，应以颜色明显区分，并以完全分离之管路输送，不得有逆流或相互交接现象。

4.1.2 每个水管的出水口都应设有编号，并进行永久性标识。

4.1.3 冷水管道不能位于生产线的正上方，以防冷凝水的污染。

4.1.4 根据车间管道铺设的实际情况，画出供水网络图，并标明管道颜色及出口编号。

4.2

4.2.1 所有水管出水口须距离地面 2 倍于水管直径以上，以防止水的倒流。

4.2.2 所有插入液面以下的出水口设置防虹吸或止回装置。

4.3 车间污水的排放

4.3.1 生区和熟区废水的排放严格分开并各自排到车间外面。排水由高洁区向低洁区流动，防止造成交叉污染。

4.3.2 车间排水管道采用无毒、无害、耐腐蚀材料，地漏有防固形物进入的措施，排水管能防臭气溢出。

4.3.3 排水沟保持顺畅，且沟内不设置其他管路。排水沟底角呈弧形，易于清洗。

4.3.4 排水出口有防虫鼠装置。

4.3.5 须排水的作业区域，其地面有 1.5°的斜度以利于排水。

5. 监测

5.1 水质的检测及频率

5.1.1 品管部每年送两次水样到县卫生防疫站做水质全项目的检测，并将《水质检测报告》存档。采样前，先将样品容器（500ml 加盖广口玻璃瓶）放入高温干燥箱以 150℃的温度消毒 30min，采样时用酒精灯将瓶口、瓶盖、水龙头等相应部位消毒，再放水 5min 后才可取样。

5.1.2 品管部每日对自备加工用水进行一次常规项目检测（包括气味、可见物、pH），将检验结果记录于《加工用水感官检验记录表》；每周进行一次微生物的检测（大肠菌群、细菌总数），将结果记录于《水质微生物检验报告》；对自来水每日做一次余氯检验，将结果记录于《水质余氯检测记录》。

5.2 供水设施的监控

5.2.1 设备动力部负责供水设施的维护和日常维修；并每月一次对生产用水、污水管路进行检查，保证供排水顺畅。

5.2.2 车间在生产前对所有供水管道进行检查，发现不符合要求的要立即通知设备动力部进行维修，使供水设施处于完好状态。

6. 纠正措施

6.1 当水质检测不合格时，立即停止生产，并及时查找原因加以分析，同时由品管部制定消毒方案，并进行连续检测。待指标正常后再转入正常生产和检验。对已生产的产品进行隔离，由品管部检查评估后进行处理，并进行记录。

7. 质量记录

《水质微生物检验记录》

《储水罐清洗消毒检查记录》

《纠正措施实施报告》

《加工用水感官检验记录》

《水质余氯检测记录》

SSOP—2 食品接触表面的卫生控制

目的：与食品及食品接触表面直接接触的器具、设备及其他接触物保持良好的卫生状态。

1. 与食品接触的表面

1.1 加工设备：和面机、搅拌机、绞肉机、单冻机等。

1.2 案面、工器具；工作台、盘子、电子称、容器及加工用的工具等。

1.3 内包装物料、加工人员工作服、套袖、围裙等。

2. 食品接触面的材料

2.1 食品接触面的材料分别采用不锈钢、无毒塑料或铝合金材料制作。材料要表面光滑，容易清洗消毒，无锈，耐磨损，无毒，坚固，不易脱落。

2.2 禁止使用铁、镀锌、黄铜及重金属材料，禁止使用竹、木、棉、麻器具，禁止使用玻璃等易碎器具及物品。

3. 设备的使用和管理

3.1 正确设计、安装和维护，保持完好的设备运行状态。

3.2 设备、工器具制作精细，表面清洁，无粗糙焊接、凹陷、破裂等，不易积垢，便于清洗和消毒。

3.3 设备与食品有接触的部位所用的润滑油必须为食用油，需要时设备要在班后拆开进行清洁。

3.4 定期对食品接触面进行检查，发现损坏要及时维修或更换，特别是对硬质塑料容器，一旦发现破损或毛刺，或有可能导致脱落时，要立即更换。

3.5 如发现食品接触面的材料脱落到产品中，要对已生产的产品隔离查找，直到找出或整批产品销毁处理。

4. 食品接触面的清洗消毒程序

4.1 一般加工设备设施

卫生清理、清水冲洗→清洗剂或碱水刷洗→82℃以上热水烫2遍。

频率：班前、班中、班后各一次。并填写《车间加工设备设施工器具清洗消毒执行记录》。

4.2 平板速冻机

每天班前、班后用清水或热碱水冲洗，然后用100mg/kg的NaClO溶液或75%酒精喷洒。

4.3 工器具

A. 生区器具：清水冲→热碱水或洗洁剂刷→清水冲净→消毒水浸泡或82℃热水浸泡（3～5min）→清水冲净→备用。

B. 熟区器具（周转盘）：清水冲→热碱水或洗洁剂刷→清水冲净→蒸汽消毒→备用。

C. 消毒频率：生区工器具班前、班中、班后清洗消毒一次；周转盘循环清洗消毒使用。

4.4 案面

班前、班中用NaClO消毒液消毒，清水擦净。

班后：清水冲洗→洗洁剂或热碱水洗→NaClO消毒液（100PPm）消毒→清水冲净。

频率：班前、班中、班后各一次（另外熟区在加工过程中每小时喷洒75%酒精）。

4.5 工作服

清水浸泡→加洗衣粉清洗→清水洗→脱水→烘干。

使用前用臭氧消毒1h以上，并填写《工作服清洗消毒记录表》。

工作服每天清洗一次。

4.6 手及手套

清水洗手→皂液搓洗→清水冲洗→NaClO溶液消毒30s（50mg/kg）→清水冲净→干手。

频率：员工进入车间、出卫生间时、手接触不洁物品后进行清洗消毒，另外包装人员在加工过程中每小时用75%酒精喷洒消毒一次。

4.7 车间地面、排水沟（湿态或干燥状态）

班前、班中：泼洒或用拖把蘸200mg/kgNaClO溶液消毒擦洗3～5min→清水冲净或用拖把擦净。

班后：清水冲洗→热碱水或洗洁剂刷洗→泼洒200mg/kgNaClO溶液消毒3～5min。

4.8 墙壁、门窗玻璃、管道（湿态或干燥状态）

班前：抹布蘸200mg/kgNaClO溶液擦洗消毒3～5min→清水冲净或擦净。

班后：抹布蘸热碱水或洗洁剂擦洗干净→清水冲净→200mg/kgNaClO溶液消毒。

4.9 天花板、照明灯罩

每月组织一次大扫除，用抹布蘸热碱水或洗洁剂将天花板擦洗干净→清水冲净→用200mg/kgNaClO溶液擦洗消毒。

4.10 空气杀菌消毒

每天班前、班后对车间及更衣室内的空气进行臭氧消毒，每次灭菌时间不低于1h。

5. 监控

5.1 检测对象

5.1.1 食品接触面的状况：材料符合要求、适合卫生操作、无粗糙焊缝、无破裂。

5.1.2 食品接触面的清洗和消毒。

5.1.3 使用的消毒剂类型和浓度（在可接受范围内）。

5.1.4 工作服是清洗的并且状态良好。

5.1.5 工作服按规定进行消毒。

5.2 检测的方法及方式

5.2.1 感官检查：表面状态良好；表面已清洁和消毒；工作服清洁且保养良好。

化学检测：消毒溶液的浓度是否符合规定的要求。

食品接触表面微生物检测：检测方法采用商检行业标准中的工艺卫生检测方法。

5.2.2 每日班前、班中、班后由各班组负责人对加工所需的一切设备、工器具进行检查，并进行评价。若卫生清理不合格，必须重新清洗消毒，否则不能进行交接班及生产安排。质检员负责对设备和工器具的清洗、消毒状况进行监督检查。

5.2.3 消毒手的溶液由车间卫生员每 2h 更换一次，消毒靴的溶液每 4h 更换一次，并做记录。

5.2.4 验证：品管部每周对食品接触面进行一次工艺卫生检测。

6. 纠正措施

6.1 对于不符合要求的食品接触面（包括制作材料、粗糙焊缝及破损等）要及时进行修复或更换，如果发现接触面材料的脱落，要对产品予以隔离及评估处理。

6.2 对于检查不干净的食品接触面应重新进行清洗消毒或立即更换。

6.3 微生物检测不合格应扩大范围进行检测，并对此时间内生产产品重新进行评估和处置，必要时更改清洗消毒方案。

6.4 加强员工培训，增强员工卫生意识。

6.5 纠偏后填写《纠偏行动措施记录》。

7. 记录

《车间加工设备设施工器具清洗消毒记录》

《配制 NaClO 消毒液检查记录》

《工作服清洗消毒记录》

《车间加工每日卫生检查记录》

《食品接触面微生物抽检记录》

《纠正措施实施报告》

《个人卫生检查记录》

第三节　冷冻鳕鱼片 HACCP 计划应用实例

一、分布令

略。

二、前　言

略。

三、HACCP 小组成员及职责

略。

四、产品描述

1. 单冻鳕鱼片是使用进口冻鳕鱼（英文名为：frozen pollock；学名为：*Gadous macrocephalus*）去头、去脏原料，经解冻后，开片、修整、去刺、去虫等手工操作加工，冷冻而成的产品。

2. 采用内塑料袋外纸箱包装。每箱 8kg。

3. 在－18℃以下冷冻储存和运输。供一般消费者经加热后食用。

五、单冻鳕鱼片工艺流程图

原料接收 CCP1→原料保管→原料解冻→开片→去皮→修整→摸刺→灯检→清洗→控水→摆盘 →冷冻 →包装→金属探测 CCP2→入库冻藏→运输。

加工工艺：

（1）原料接收：原料采用进口冻鳕鱼（去头、去脏）原料，进厂时检查原料的产地证、卫生证、入境货物检验检疫证明，检测每批原料的微生物情况，检查原料外包装是否完整，检查内容物是否与外包装标识相符，验收合格后方可投入使用，验收不合格的原料拒收。

（2）原料保管：原料在－18℃以下冷库内保管。采用“先进先出”的原则进行加工，尽量缩短原料储存期。

（3）原料解冻：原料在 10℃以下的水温条件下分批解冻，采用流动水解冻，控制解冻后鱼体中心温度在 0±2℃之间。

（4）开片：用不锈钢刀具将原料鱼开片，保持鱼片完整，切面平滑，鱼片上不要留有黑膜、腹刺、鱼排刺、鱼鳍及鱼脊骨残留物。

（5）去皮：用不锈钢刀具人工去皮，避免皮上带肉或鱼片上带有小块鱼皮。

（6）修整：用不锈钢刀具去掉变色肉、头部污物及氧化肉、风干肉等，保持鱼片完整，边缘整齐。

（7）清洗：将鱼片清洗，水温不超过 10℃，夏季用加冰的方式调节水温。

（8）摸刺：去除残留的腹刺、鱼排刺、鱼鳍、黑膜及其他杂物。

（9）灯检：在灯检台上用镊子逐片检查去除所有的虫卵、环虫、有色虫，去除残留的黑膜、鱼皮及其他杂物，剔除质量不好的鱼片（有异味或肉质较差）。

（10）清洗：将鱼片清洗，控制水温不超过 10℃，夏季用加冰的方式调节水温。

（11）控水：控水约 3min。

（12）摆盘：将鱼片整齐摆放在不锈钢盘中，鱼片皮面在上，整理鱼片形状。

(13) 冷冻：在－30℃以下快速冷冻，根据实际情况调节冷冻时间，要求冷冻至鱼体中心温度在－18℃以下。

(14) 包装：整理鱼片形状，检出不合格鱼片。用电子秤逐片进行分级后，按要求称出单箱重量，加冰衣（冰水温度控制在4℃以下），装箱，采用内塑料袋、外纸箱包装。

(15) 金属探测：产品逐箱通过金属探测仪检测，由专人控制，并在探测前、探测过程中每小时用试块检测探测仪灵敏度（Feϕ1.5mm，Susϕ2.5mm）。

(16) 入库冻藏：成品及时入库，在－18℃以下条件下冷冻贮藏。

(17) 运输：保证集装箱温度在－18℃以下。

六、危害分析工作单

危害分析工作单

公司名称：＃＃＃＃＃＃＃＃＃＃＃＃＃＃＃　　产品描述：冻鳕鱼片

公司地址：＃＃＃＃＃＃＃＃＃＃＃＃＃＃＃＃＃＃＃＃　　销售和贮存方法：－18℃以下冷冻贮存

预期用途和消费者：加热后供一般公众食用

(1) 配料/加工步骤	(2) 确定在这步中引入的、控制的或增加的潜在危害	(3) 潜在的食品安全危害是显著的吗？(是/否)	(4) 对第3栏的判断提出依据	(5) 应用什么预防措施来防止显著危害？	(6) 这步是关键控制点吗？(是/否)
原料接收	生物的： 致病菌	是	原料鱼生长环境可能存在致病菌	检查产地证、卫生证、入境货物检验检疫证明	是
	寄生虫	否	冷冻原料寄生虫已失活		
	化学的： 无	否			
	物理的： 金属碎片	是	原料中可能携带金属碎片	金属探测工序可清除	否
原料保管	生物的： 病原体无 化学的：无 物理的：无				
原料解冻	生物的： 病原体生长	否	适当的解冻时间和温度不可能发生		
	病原体污染	否	通过SSOP控制		
	化学的：无 物理的：无				

（续）

（1）	（2）	（3）	（4）	（5）	（6）
配料/加工步骤	确定在这步中引入的、控制的或增加的潜在危害	潜在的食品安全危害是显著的吗？（是/否）	对第 3 栏的判断提出依据	应用什么预防措施来防止显著危害？	这步是关键控制点吗？（是/否）
开片	生物的： 病原体生长 病原体污染 化学的：无 物理的：无	 否 否	 连续加工控制 通过 SSOP 控制		
去皮	生物的： 病原体生长 病原体污染 化学的：无 物理的：无	 否 否	 连续加工控制 通过 SSOP 控制		
修整	生物的： 病原体生长 病原体污染 化学的：无 物理的：无	 否 否	 连续加工控制 通过 SSOP 控制		
摸刺	生物的： 病原体生长 病原体污染 化学的：无 物理的：无	 否 否	 连续加工控制 通过 SSOP 控制		
灯检	生物的： 病原体生长 病原体污染 化学的：无 物理的：无	 否 否	 连续加工控制 通过 SSOP 控制		
清洗	生物的： 病原体生长 病原体污染 化学的：无 物理的：无	 否 否	 连续加工控制 通过 SSOP 控制		

（续）

(1)	(2)	(3)	(4)	(5)	(6)
配料/加工步骤	确定在这步中引入的、控制的或增加的潜在危害	潜在的食品安全危害是显著的吗？（是/否）	对第 3 栏的判断提出依据	应用什么预防措施来防止显著危害？	这步是关键控制点吗？（是/否）
控水	生物的：				
	病原体生长	否	控水时间较短，病原体的生长不会造成产品的安全危害		
	病原体污染	否	通过 SSOP 控制		
	化学的：无				
	物理的：无				
摆盘	生物的：				
	病原体生长	否	连续加工控制		
	病原体污染	否	通过 SSOP 控制		
	化学的：无				
	物理的：无				
冷冻	生物的：				
	病原体生长	否	快速冻结可抑制微生物生长		
	病原体污染	否	通过 SSOP 控制		
	化学的：无				
	物理的：无				
包装	生物的：				
	病原体生长	否	产品处于冷冻状态		
	病原体污染	否	通过 SSOP 控制		
	化学的：无				
	物理的：无				
金属探测	生物的：				
	病原体生长	否	产品处于冷冻状态		
	病原体污染	否	通过 SSOP 控制		
	化学的：无				
	物理的：				
	金属碎片	是	原料或加工中可能混入金属碎片，对人体造成危害	产品逐箱通过金属探测仪检测	是
入库冻藏	生物的：无				
	化学的：无				
	物理的：无				
运输	生物的：无				
	化学的：无				
	物理的：无				

七、HACCP 方案表格

HACCP　方案表格

公司名称：＃＃＃＃＃＃＃＃＃＃＃＃＃　　产品描述：冻鳕鱼片
公司地址：＃＃＃＃＃＃＃＃＃＃＃＃＃＃　　销售和贮存方法：－20℃以下冷冻贮藏
预期用途和消费者：加热后供一般公众食用

关键控制点（CCP）	显著危害	每一预防措施的关键限值	监控				纠偏行动	记录	验证
			监控什么	怎样监控	监控频率	监控者			
原料接收CCP1	致病菌	原料产地证、卫生证、入境货物检验检疫证明齐全	原料产地证、卫生证、入境货物检验检疫证明	检查	每批接收时	质量保证人员	无产地证、卫生证和入境货物检验检疫证明的原料拒收	原料验收记录和纠偏记录	1周内审核监控、纠偏行动和验证记录；细菌检测
金属探测CCP2	金属碎片	在成品中无可探测到的金属碎片（Fe ϕ1.5mm，Susϕ2.5mm）	在成品中存在的可探测到的金属碎片（Fe 和Sus）	金属探测仪	对所有成品进行逐箱检测	操作人员	被金属探测仪检测出含有金属的产品，需仔细检查，不出结果不能作为合格品；查证在产品中发现金属的来源和维修危险的设备；如果生产的产品未经金属探测，应封存隔离后经金属探测；如金属探测仪运行不正常或不灵敏，重新调整金属探测仪至正常状态；将所有由上次正确的结果后生产的产品重新检测	金属探测仪运行及监控记录；纠偏记录	1周内审核监控、纠偏行动和验证记录；探测开始和结束时及探测过程中每小时检测金属探测仪灵敏度

签名：　　　　　　　　　　　　日期：

八、验证程序

（一）目的

为了保证 HACCP 计划能有效控制可能发生的食品安全危害及 HACCP 计划被有效实施。

（二）验证的人员

HACCP 小组成员和受过适当培训或经验丰富的人员。

（三）验证的内容

包括 HACCP 计划的确认、CCP 的验证（校准、校准记录的复查、针对性的取样检测、CCP记录的复查）、HACCP系统的验证（审核、最终产品的检测）、执法机构的验证。

（四）HACCP计划的确认

1. 确认的目的：对HACCP计划基本原理作科学和技术上的复查。获取能表明HACCP计划所有要素都有科学基础的客观依据，这些依据能作为一种有效的办法来控制与特定产品和工艺过程有关的影响食品安全的危害。

2. 确认的对象：HACCP计划所有环节，包括危害分析、CCP的确定、关键限值、监控、纠偏措施、记录保持和验证活动。

3. 确认的频率：

（1）最初的确认：HACCP计划颁布实施前要进行确认。

（2）当有因素证明确认是必须时，下列情况可以导致采取确认行动：①原料的改变。②产品或加工工艺的改变。③验证数据出现相反结果时。④加工过程中重复出现的偏差。⑤有关危害或控制手段出现的新信息及新的法律、法规的颁布实施。⑥生产中的观察。⑦新的销售或消费者处理行为以及客户对产品有特殊要求时。

（五）CCP的验证

1. 监控设备的校准在使用前后、产品更换时，加工现场的监控设备在加工过程中每小时校准一次。

2. 校准记录的复查由HACCP小组在记录发生1周内进行。

3. 由质量管理部定期进行针对性取样检测。

4. CCP监控及纠偏记录的复查由质量管理部在记录发生1周内进行。

5. 现场验证活动开始时每月一次，HACCP计划正常实施后半年一次，由HACCP小组成员现场观察各CCP监控是否按计划要求进行，是否有超出关键限值现象，CCP是否得到有效控制。

6. 记录复查开始时由HACCP小组全面复查一次，运行正常后半年复查一次。

（六）HACCP系统的验证

1. 对HACCP系统每年进行一次验证。

2. 当系统发生故障、有显著改变时要对HACCP系统进行验证。

3. 系统验证包括现场观察、记录复查、对最终产品的检验。

（1）现场观察：①检查产品说明和生产流程图的准确性。②检查CCP是否按HACCP计划的要求监控。③检查工艺过程在既定的关键限值内操作。④检查记录是否准确地和按要求的时间间隔来完成。⑤提问CCP监控人员对关键控制点和关键限值是否熟悉，监控方法是否准确，如果出现偏离关键限值如何处理。

（2）记录复查：①监控活动在HACCP计划规定的位置执行。②监控活动按HACCP计划规定的频率执行。③当监控表明发生了与关键限值的偏差时，执行纠偏行动。④设备仪器按HACCP计划中规定的频率进行了校准。

（3）对最终产品进行微生物检验和理化检验以确定产品是否被控制。验证后，由HACCP小组提出书面验证报告，如须修改HACCP计划，在重新修改后，由总经理签字发布。

第四章　出口食品加工企业卫生细菌检验及控制方法

第一节　基础知识

一、食品微生物检验的意义

食品微生物检验方法是食品监测必不可少的重要组成部分。

首先,它是衡量食品卫生质量的重要指标之一,也是判定被检食品能否食用的科学依据之一。

其次，通过食品微生物检验，可以判断食品加工环境及食品卫生情况，能够对食品被细菌污染的程度做出正确的评价，为各项卫生管理工作提供科学依据，提供传染病和人类、动物的食物中毒的防治措施。

第三，食品微生物检验是贯彻“预防为主”的卫生方针，可以有效地防止或者减少食物中毒和人畜共患病的发生，保障人民的身体健康。

第四，对提高产品质量、避免经济损失、保证出口等方面具有重要的意义。

二、食品微生物检验的范围

食品不论在产地或加工前后，均可能遭受微生物的污染。根据食品被细菌污染的原因和途径，食品微生物检验的范围包括以下几点：

1. 生产环境的检验：包括车间用水、空气、地面、墙壁等。

2. 原辅料检验：包括食用动物、谷物、添加剂等一切原辅材料。

3. 食品加工、储藏、销售环节的检验：包括食品从业人员的卫生状况检验、加工工具、运输车辆、包装材料的检验等。

4. 食品的检验：对出厂食品、可疑食品及食物中毒食品的检验。

三、食品微生物检验的指标

食品微生物检验的指标就是根据食品卫生的要求，从微生物学的角度，对不同食品所提出的具体指标要求。我国卫生部颁布的食品微生物指标有菌落总数、大肠菌群和致病菌三项。

1. 菌落总数：菌落总数是指食品检样经过处理，在一定条件下培养后（如培养基成分、培养温度、pH、需氧性质等），所得1g或1ml（g）检样中所含菌落的总数。它可以反映食品的新鲜度、被细菌污染的程度、生产过程中食品是否变质和食品生产的一般卫生状况等。因此它是判断食品卫生质量的重要依据之一。

2. 大肠菌群：一群能发酵乳糖、产酸产气、需氧和兼性厌氧的革兰氏阴性无芽孢杆菌，它们是寄居于人及温血动物肠道内的常居菌，可随粪便排出体外。主要包括大肠杆菌、产气杆菌等一些细菌。食品中如果大肠菌群的数量越多，说明食品受粪便污染的程度越大，因此大肠菌群常作为粪便污染指标来评价食品的卫生质量。

3. 致病菌：致病菌能够引起人们发病。对不同的食品和不同的场合，应选择一定的参考菌群进行检验。例如海产品可以以沙门氏菌、副溶血性弧菌作为参考菌群。

4. 霉菌及其毒素：主要涉及到黄曲霉毒素等真菌毒素。

5. 其他指标：微生物指标还应包括病毒，如肝炎病毒、禽流感病毒、口蹄疫病毒等；另外，对于某些产品，寄生虫也被列为检验的指标：如进出口鱼类中的寄生虫的检验，出口韩国泡菜寄生虫卵的检验等。

四、食品微生物检验程序

（一）检验前准备

1. 准备好需要的各种仪器：如培养箱、水浴锅、天平、显微镜等。

2. 各种玻璃仪器：如吸管、平皿、试管等均需刷洗干净，包装，湿法灭菌（121℃，20min）或干法灭菌（180℃，2h），冷却后送无菌室备用。

3. 准备好试验所需的各种试剂、药品。

4. 无菌室灭菌。采用紫外灯灭菌法，时间不少于30min，关灯0.5h后方可进入无菌室工作，如用超净工作台，需提前半个小时开机。定期进行无菌室的空气检验。

5. 检验人员的工作衣、帽、口罩等灭菌后备用。工作人员进入无菌室后，在试验没有结束前不得随便出入无菌室。

（二）样品的采集

在食品的检样中，样品的采集是极为重要的步骤，所采集的样品必须具有代表性。样品的种类不同，采取的数量及采用的方法也不一样。但是，一切样品的采集必须具有代表性。样品一般分为大样、中样、小样三种。大样指一整批；中样是从样品各部分取的混合样，一般为200g；小样又称为检样，一般为25g，用于检验。

按照取样方案，能采取最小包装的食品就采取完整包装，必须拆包装的应按无菌操作进行。

不同类型的食品应采用不同的工具和方法：

1. 液体食品：充分摇匀，无菌操作开启包装，用100ml无菌注射器抽取液体食品，注入无菌盛样容器。

2. 半固体食品：无菌操作拆开包装，用无菌勺从几个部位挖取样品，放入无菌盛样容器。

3. 固体食品：大块整体食品应用无菌刀具和镊子从不同部位割取，割取时应兼顾表面与深部，注意样品的代表性，小块大包装食品应从不同部位的小块上切取样品，放入无菌盛样容器。

4. 冷冻食品：大包装小块冷冻食品按小块个体采取；大块冷冻食品可以用无菌刀从不同部位削取样品或用无菌小手锯从冻块上锯取样品，也可以用无菌钻头钻取碎屑状样品，放入无菌盛样容器。

固体样品和冷冻样品取样还应注意检验目的，若需检验食品污染情况，可取表层样品；若需检验其品质情况，应取深部样品。

生产工序监测采样：

a. 车间用水：自来水样从车间各水龙头上采取冷却水；

b. 车间台面、用具及加工人员手的卫生监测。具体检测方法见第二节，也可以采用3M测试试纸片法，按照厂商的说明书进行操作；

c. 车间空气采样：直接沉降法。将5个直径90cm的普通营养琼脂平板分别置于车间的四角和中部，打开培养皿盖5min，盖盖后送检。也可以采用3M测试试纸片法，按照厂商的说明书进行操作。

（三）样品的送检与检验

1. 采集好的样品应及时检验，一般不应超过3h。如果样品需要送检，可将不需冷冻的样品保持在1～5℃的环境中，不要冻结。如需保持冷冻状态，则需保存在泡沫塑料隔热箱中，放入包装好的冰块或干冰，应防止样品的反复冰冻和融解。

2. 样品送检时，必须认真填写申请单，以供检验人员参考。

3. 检验人员接到送检单后，应立即登记，填写序号，并按检验要求，立即将样品放置合适的环境中，并积极准备条件进行检验。

（四）检验

食品微生物的检验所采用的方法，应根据不同的食品、不同的检验目的来选择恰当的检验方法。目前，可以参考选择的检验方法主要有我国国家标准、进出口食品检验行业标准，国外有国际标准（如ISO标准）和每个食品进口国的标准（如美国FDA标准、日本厚生省标准），企业也可以制定自己的标准操作程序。企业可以根据食品的消费去向选择相应的检验方法。

第二节　出口食品生产厂卫生细菌检验方法

一、食品接触面

食品接触面（包括工作台、工器具操作者的手和内包装物料等）细菌污染情况的检验。

检测项目：细菌总数、大肠菌群、金黄色葡萄球菌。

（一）细菌总数的测定

1. 培养基制备：

（1）营养琼脂培养基：

蛋白胨	10.0g
牛肉膏	10.0g
氯化钠	5.0g
琼脂	15g
蒸馏水	1 000ml

将各成分加入到蒸馏水中，煮沸溶解，分装试管或烧瓶，121℃高压灭菌15min，最终pH7.4～7.6。

（2）生理盐水：

氯化钠　　　　　　　8.5g

蒸馏水　　　　　　　1 000ml

搅拌均匀装瓶或试管，121℃高压灭菌 30min。

2. 操作步骤：

(1) 取样。工器具表面样的检验：在食品接触面上（冬季取 100cm²，夏季取 50cm²）用无菌镊子夹取无菌棉球蘸无菌水揩拭，然后放入无菌生理盐水中（10ml）充分振摇，制成原液。

操作者手的检验：用无菌镊子夹取无菌棉球揩拭操作者任何一只手的掌面后将棉球放入 10ml 灭菌生理盐水中，充分振摇均匀制成原液。

(2) 用 1ml 的灭菌吸管分别吸取上述原液 1ml 注入含有 9ml 灭菌生理盐水的试管内，制成 1∶10 的稀释液。按上述操作顺序做 10 倍递增稀释液，每稀释一次换一支 1ml 灭菌吸管。

(3) 选择 2～3 个适宜的稀释度即取 1ml 稀释液注入灭菌的平皿中，每个稀释度的样液用两个平皿（做好适宜标志）倒入凉至 45℃的培养基 12～15ml，立即将平皿内的样液和琼脂培养基充分混合。混合方法是将平皿倾斜和旋转。

(4) 培养。待琼脂凝固后将平皿翻转，立即放进 36±1℃的恒温箱内培养 24h 计数。

(5) 结果报告。报告每平方厘米食品接触面（操作台、工器具）中的平板菌落数或每一只手面的平板菌落数。

计算取样表面 N_S 每平方厘米的菌落数（CFU），公式如下：

$$N_S = N \times F / A \times D$$

其中：N——1ml 稀释液中的 CFU；

F——试管中均质袋中的毫升数；

A——取样面积；

D——稀释倍数。

计算一只手的 CFU，公式如下：

$$N_{SW} = N \times F \times D$$

（二）大肠菌群

1. 培养基制备：

蛋白胨　　　　　　　10g

氯化钠　　　　　　　5g

磷酸氢二钾 2g 或 $K_2HPO \cdot 3H_2O$ 2.62g

去氧胆酸钠　　　　　1g

中性红　　　　　　　0.041 25g（国产）

乳糖　　　　　　　　10g

柠檬酸铁铵　　　　　2g

琼脂　　　　　　　　12～14g

蒸馏水　　　　　　　1 000ml

蛋白胨、氯化钠、磷酸氢二钾加入蒸馏水，加热溶解，并用 10%碳酸钠溶液（调 pH7.3～7.5），加琼脂溶化，再加柠檬酸铁铵，去氧胆酸钠溶解后，补充消耗水分，用 250ml 三角瓶，每瓶分装 100ml 112℃灭菌 20min，临用前以无菌操作向每瓶（100ml 培养基）中加0.33%中性红水溶液1.25ml、20%乳糖溶液（已112℃20min灭菌）5ml。

2. 检验方法：

（1）取样。工器具表面样的检验：在100cm^{2}或50cm^{2}的工器具面积上（冬季取100cm^2，夏季取50cm^2）用消毒棉签蘸无菌蒸馏水揩拭，然后加入10ml无菌蒸馏水中充分振摇制成原液。

操作者手取样的检验：方法同工器具的检验，用灭菌的棉签揩拭手掌面（手背面不取）将棉签放入已准备好的灭菌生理盐水中（10ml），振荡摇匀。

（2）接种与培养。用无菌吸管分别吸取上述原液1ml注入灭菌平皿中，作两个平皿，倒入冷至45℃左右的培养基约15ml，摇匀凝固后再在上层倒入3～5ml培养基旋转平皿，覆盖，于表面37℃培养18h，控制菌落密度在每个平皿10个左右阳性率最正确，如果菌落密度大，可以将原液稀释10倍、100倍等。

（3）结果报告。平板上出现的大肠菌群呈深红色，菌落直径大于0.5mm，周围可能有雾状胆盐沉淀，菌落形态有的边缘整齐，呈圆形，扁平，有的边缘不齐，表面凸起或呈波状，且为玫瑰红色，这时检验即为阳性，每平方厘米大肠菌群＝测得菌落数×稀释度/取样面积，每1平方厘米上的大肠菌群数不到1个的，可化为每平方米上的个数，操作者手一只手掌面的大肠菌群个数为报告结果。

（三）金黄色葡萄球菌

1. 培养基：

（1）生理盐水：	氯化钠	8.5g
	蒸馏水	1 000ml

搅拌均匀装瓶或试管以121℃高压灭菌30min。

（2）B—P培养基（配制方法同“出口食品中金黄色葡萄球菌检验方法”）。

（3）兔血浆：①可购买成品。②可以自制：即从活兔的耳朵或心脏取出兔的新鲜兔血。采血时取3.8%柠檬酸钠1份（即取柠檬酸钠3.8g，加蒸馏水100ml，待溶解后，以121℃高压灭菌15min）。加入刚刚采的新兔血4份，混合后放冰箱使血球沉降后取上清液进行血浆凝固酶试验。

2. 检验方法：

（1）取样：在100cm^{2}或50cm^{2}的工器具或工作台面积上用消毒棉签（稍微湿一些）揩拭，然后放入10ml灭菌生理盐水中充分振摇制成原液。

（2）接种与培养：①将上述制成的原液取1ml放入灭菌平皿后，倾注15～20ml的B—P培养基，36±1℃培养46±2h。②或是吸取0.1ml，用L棒涂布于表面干燥的B—P琼脂平板，36±1℃培养46±2h。③从每个平板上至少挑取1个可疑金黄色葡萄球菌的菌落进行血浆凝固酶实验和革兰氏染色。

（3）报告结果：定性报告：如B—P琼脂平板的可疑菌落的为凝固酶试验阳性的G^+球菌，即报告100cm^{2}或50cm^{2}工器具上有金黄色葡萄球菌存在。

二、原料、半成品卫生细菌检验

检验项目：细菌总数、大肠菌群、金黄色葡萄球菌，大肠杆菌、沙门氏菌、芽孢数、平酸菌。

（一）罐头检测细菌总数、大肠菌群、芽孢数，必要时加测金葡菌和平酸菌检验。

1. 细菌总数的测定：

（1）培养基：营养琼脂。

蛋白胨	10g	琼脂 10～20g	
牛肉膏	10g	蒸馏水 1 000ml	
氯化钠	5g	pH7.4～7.6	121℃灭菌 20min

（2）操作方法：①以无菌操作，取 25g 样品，放入盛有 225ml 灭菌生理盐水的瓶内，充分振摇，做成 1∶10 的均匀稀释液。②用 1ml 灭菌吸管，吸取 1∶10 的稀释液 1ml 注入含有 9ml 灭菌生理盐水管内作成 1∶100 的稀释液。③按上述操作顺序作 10 倍递增稀释液，每稀释一次就换用一支灭菌吸管。④选择 2～3 个适宜的稀释度，即吸取 1ml 放入灭菌的平皿中，每个稀释度作 2 个平皿，倒入凉至 45℃的琼脂摇匀，凝固后，翻转倒置 36±1℃培养 24h 计数。⑤报告：每克样品中的杂菌数（乘以稀释倍数）。

2. 大肠菌群的测定：

（1）培养基：同前面工具的培养基。

（2）检验方法：无菌称取 25g 样品，加 225ml 灭菌生理盐水作 10 倍递增稀释。

（3）每个稀释度作两个平皿，倒入培养基，凝固后将平皿翻转，放入 36±1℃培养后计数。

（4）结果报告：每克样品大肠菌群的个数。

3. 金黄色葡萄球菌的测定：

（1）培养基：生理盐水。

B—P 培养基

（2）检验方法：无菌称取样品 25g 加 225ml 灭菌生理盐水制成 1∶10 的样品匀液。①吸取 0.2ml 放入两个 B—P 琼脂平板各 0.1ml，用 L 棒涂布均匀，36℃培养 48h，挑取可疑菌落，作细菌凝固酶试验。②用 MPN 法进行检验。

（3）结果报告：每克样品金黄色葡萄球菌阳性或每克样品中的个数。

4. 芽孢数的测定：

（1）培养基：

牛肉膏	10g	
氯化钠	5g	
蛋白胨	10g	
K_2HPO_4	3g（$K_2HPO_4 \cdot 3H_2O$	3.9g）
$MnSO_4$	0.03g	

琼脂 25g，黄豆浸液[*] 1 000ml，pH7.2～7.4，121℃15min 灭菌

营养琼脂培养基（但要以黄豆浸汁代替蒸馏水配制。如果鉴别是否为平酸菌，每

* 黄豆浸出液的制法：黄豆粉或黄豆 100g，水 1 200ml，置 100℃水中溶 1h 取出冷却后，置冰箱内过夜，第二天过滤补足无菌水至 1 000ml，再加 K_2HPO_4 0.5g 备用。

1 000ml 黄豆浸液可加 1.6%溴甲酚紫 2ml)。

(2) 操作方法：无菌操作取半成品 50g，盛装于已灭菌的三角瓶中，加无菌蒸馏水 50ml 煮沸 15min 快速冷却，用无菌吸管分别吸取 1ml 注入两个平皿中，倒入凉至 45℃左右的培养基约 15ml，摇匀置 37℃温箱中培养 48h，直接计数。

(3) 报告：两只平皿的平均菌落数就是每克半成品中所含的芽孢数。

(二) 其他产品检验方法同成品

三、空气中杂菌数的测定（沉降法）

1. 培养基：普通营养琼脂。

2. 操作方法：将培养基凉至 45℃，倾注入平皿，每皿约 15ml，36±1℃培养 24h，检查有无杂菌生长，取无菌的平皿，在车间的前后、左右、中 9 个点各放置 1 个平皿，并打开盖暴露 5min，随即放在 36±1℃培养 24h，计算菌落数。

3. 计算：

每立方米细菌数＝50 000N/AT

式中：A——所用平皿面积（cm^2）；

T——平皿暴露于空气中的时间（min）；

N——培养后，平皿上的菌落数。

第三节　进出口食品微生物检测相关标准

一、出口食品中微生物学检验通则（SN0330－94）

1. 主题内容与适用范围

本标准规定了食品中微生物学检验的取样、检验和结果报告的一般要求。

本标准适用于出口食品中微生物学检验一般规则。

2. 取样

2.1 一般要求

2.1.1 取样必须遵循无菌操作程序，防止一切可能的外来污染。每取完一份样品，应更换新的取样用具或将用过的取样用具迅速消毒后，再取另一份样品，以免交叉污染。

2.1.2 从取样至开始检验的全过程中，应采取必要的措施防止食品中固有微生物的数量和生长能力发生变化。

2.1.3 确定检验批，应注意产品的均质性和来源。如产品包括若干不同的质量档次或来源，应将质量档次或来源相同的那些产品划分在一起，组成若干分批，然后由这些分批按分层随机取样法取样。

2.1.4 取样必须是随机取样，可利用随机取样表或其他适当方法进行。

2.2 取样数量

2.2.1 出口贸易合同对食品取样数量有明确规定的，按合同规定取样；出口贸易合同没有规定具体取样数量的，可参照同一产品的品质检验取样数量取样，或按单位包装件数 N 的 $N^{\frac{1}{2}}$ 值取样。无论采取何种方法取样，每批货物的取样数量不得少于 5 件。

2.2.2 对于需要检验沙门氏菌的食品，取样数量应适当增加，最低不少于 8 件。

2.2.3 如出口贸易合同规定在一批货物的若干个子样中，任何一个子样均不得发现致病菌或含菌量不得超过某一限量，而检验方法又有足够的灵敏度时，可将各子样合并为一个样品进行检验，并根据并样后的检验结果判定整批产品合格与否。

2.2.4 实验室检验样品一般为 25g；如合同有特殊规定，按合同规定办理。

2.3 取样方法

2.3.1 直接食用的小包装食品，尽可能取原包装，直到检验前不要开封，以防污染。

2.3.2 统装或大容器包装的液体食品

2.3.2.1 取样前摇动或用灭菌棒搅拌液体，尽量使其达到均质。

2.3.2.2 取样时应先将取样用具浸入液体内略加漂洗，然后再取所需量的样品。装入灭菌盛样容器的量，不应超过其容量的 3/4，以便于检验前将样品摇匀。

2.3.2.3 取完样品后，应用消毒的温度计插入液体内测量食品的温度，并作记录。尽可能不用水银温度计测量，以防温度计破碎后水银污染食品。

2.3.2.4 如为非冷藏易腐食品，应迅速将所取样品冷却至 0～4℃。

2.3.3 统装或大容器包装的固体和半固体食品

2.3.3.1 每份样品应用灭菌取样器由几个不同部位采取，一起放入一个灭菌容器内。

2.3.3.2 注意不要使样品过度潮湿，以防食品中固有的细菌增殖。

2.3.4 统装或大容器包装的冷冻食品

2.3.4.1 对大块冷冻食品，应从几个不同部位用灭菌工具取样，使之有充分的代表性。

2.3.4.2 在将样品送达实验室前，要始终保持样品处于冷冻状态。样品一旦融化，不可使其再冻，保持冷却即可。

2.3.5 生产过程中的取样

2.3.5.1 划分检验批次，应注意同批产品质量的均一性。

2.3.5.2 如用固定在贮液桶或流水作业线上的取样笼头取样时，应事先将笼头消毒。

2.3.5.3 当用自动取样器取不需要冷却的粉状或固定食品时，必须履行相应的管理办法，保证产品的代表性不被人为地破坏。

2.4 样品的标记

2.4.1 所有盛样容器必须有和样品一致的标记。在标记上应记明产品标志与号码和样品顺序号以及其他需要说明的情况。标记应牢固，具防水性，字迹不会被擦掉或脱色。

2.4.2 当样品需要托运或由非专职取样人员运送时，必须封识样品容器。

2.5 取样报告

当取样结束后，应由取样人写出完整的取样报告。取样报告应包括以下内容：

a. 产品名称；

b. 加工者和买卖双方名称；

c. 发货地点和到达地点；

d. 发货日期和到达日期；

e. 发运工具；

f. 每批货物的标志和号码；

g. 每批货物所包含的产品数量、大小和单位；

h. 取样目的；

i. 取样方法；

j. 样品的大小和数量；

k. 取样时产品的温度；

l. 取样时的气象状况；

m. 取样日期、地点和时间；

n. 检验样品的实验室名称和地址；

o. 要求检验的项目；

p. 取样人签名。

2.6 样品的保存和运送

2.6.1 取样结束后应尽快将样品送往实验室检验。如不能及时运送，冷冻样品应存放在－15℃以下冰箱或冷藏库内；冷却和易腐食品存放在 0～4℃冰箱或冷却库内；其他食品可放在常温冷暗处。

2.6.2 运送冷冻和易腐食品应在包装容器内加适量的冷却剂或冷冻剂。保证途中样品不升温或不融化。必要时可于途中补加冷却剂或冷冻剂。

2.6.3 如不能由专人携带送样时，也可托运。托运前必须将样品包装好，应能防破损、防冻结或防易腐和冷冻样品升温或融化。在包装上应注明“防碎”、“易腐”、“冷藏”等字样。

2.6.4 做好样品运送记录，写明运送条件、日期、到达地点及其他需要说明的情况，并由运送人签字。

3. 样品的验收、存放和检验样品的制备

3.1 样品的验收和存放

3.1.1 当样品送达实验室后，应立即对照取样报告单核查样品。核查内容包括：

a. 样品件数；

b. 包装是否完整；

c. 样品容器上的标记是否清晰可认；

d. 测量样品温度并核对是否和取样时的食品温度一致；

e. 干燥样品有无受潮和细菌增殖征象；

f. 冷冻样品是否融化；

g. 易腐样品有无腐败征象。

3.1.2 记录样品核查结果并由核查人签字。

3.1.3 样品如不能及时检验，应及时存放在妥善的地方。

a. 冷冻样品应放入－15℃以下的冰箱内；

b. 易腐和冷却样品应放入 0～4℃冰箱内；

c. 干燥食品可放在常温冷暗处。

3.1.4 待检样品存放时间一般不应超过 36h。

3.2 检验样品的制备

3.2.1 样品的全部制备过程均应遵循无菌操作程序。

3.2.2 检验冷冻样品前应先使其融化。可在 0～4℃融化，时间不超过 18h，也可在温度不超过 45℃的环境中融化，时间不超过 15min。

3.2.3 检验液体或半固体样品前应先将其充分摇匀。如容器已装满，可迅速翻转容器 25 次；如未装满，可于 7s 内以 30cm 的幅度摇动 25 次。从混样到取样检验相隔时间不应超过 3min。

3.2.4 检验干燥样品前应先用灭菌勺或刮板将样品搅拌均匀。

3.2.5 开启样品容器前，先将容器表面擦干净，然后用 70％乙醇消毒开启部位及其周围。

3.2.6 非黏性液体样品（黏度不大于牛乳），可直接用吸管吸取一定量，加于适量的稀释液或培养基内。吸管插入样品内的深度不应超过 2.5cm，也不得将吸有样品的吸管浸入稀释液或培养基内。

3.2.7 黏性液体样品可用灭菌容器称取一定量，然后加入适量的稀释液或培养基。

3.2.8 固体和半固体样品可用灭菌的均质杯称取一定量，再加适量的稀释液或培养基进行均质。从样品的均质到稀释和接种，相隔时间不应超过 15min。

4. 检验

4.1 凡出口食品的微生物学检验，必须按出口食品微生物学检验方法标准执行。

4.2 在检验中，和食品及其稀释液、试剂、培养基接触的一切器皿必须经过有效的灭菌。所有检验操作，必须严格遵循无菌操作程序。

4.3 制备试剂和培养基所用的水，应为无离子水或用玻璃器皿蒸馏的蒸馏水。水的质量应符合以下规格：

a. 单一金属含量在 0.05mg/1 000ml 以下；

b. 总金属含量不高于 1.0mg/1 000ml；

c. pH 在 5.5 至 5.7 之间；

d. 残留氯含量不高于 0.1mg/1 000ml。

4.4 实验室所用仪器、设备的性能，应定期检查和校正。

4.5 新购的试剂和脱水合成培养基，在使用前应用已知菌进行试验，证明无毒、被检菌能正常在其中生长时，方可使用。

4.6 每次检验都应用已知阳性菌和阴性菌作对照。

4.7 检验结束后，所有带菌的培养基、试剂、稀释液和器皿必须尽快灭菌和洗刷。清洗过的器皿，不应残留洗涤剂痕迹。

5. 检验记录和结果的报告

5.1 经检验的每份样品都应有完整的检验记录。记录的内容应包括：

a. 样品名称；

b. 样品来源（货主和产地）；

c. 样品编号；

d. 收样和开始检验日期；

e. 检验项目和生长及各项反应情况；

f. 评语和判定；

g. 检验结束日期；

h. 检验者和复核人签字。

5.2 检验结束后，应尽快根据实际检验结果填写检验结果报告单，经有关负责人审核签字后，及时发证。

附加说明：

本标准由中华人民共和国国家进出口商品检验局提出。

本标准由中华人民共和国内蒙古进出口商品检验局负责起草。

本标准主要起草人甄宏太、周云霞。

二、出口食品平板菌落计数（SN 0168－92）

1. 主题内容与适用范围

本标准规定了出口食品平板菌落计数的方法。

本标准适用于各种出口食品及其原料，有专门规定检验方法的除外。

2. 设备和材料

2.1 工作台：超净工作台或放于清洁、光线充足的实验室里的水平工作台。琼脂平板在工作台上暴露15min，每平板不得超过15个菌落。

2.2 恒温培养箱：36±1℃。

2.3 恒温水浴箱：45±1℃。

2.4 均质器。

2.5 振荡器。

2.6 吸管：1、10和25ml，具0.1ml刻度。

2.7 平皿：直径为90mm。

2.8 稀释瓶：广口瓶或三角烧瓶，容量为200ml和500ml。

2.9 玻璃珠：直径为5mm左右。

2.10 天平：感量0.1g。

3. 培养基和试剂

3.1 平板计数琼脂。

3.2 75％乙醇。

3.3 稀释剂：磷酸盐缓冲稀释液。

4. 操作程序

4.1 样品制备

4.1.1 以无菌操作取有代表性的样品盛于灭菌容器内，如有包装，则用75％乙醇在包装开口处擦拭后取样。

4.1.2 制备样品匀液

4.1.2.1 固体或半固体食品：以无菌操作取 25g 样品，放入装有 225ml 稀释剂的灭菌均质杯内，于 8 000r/min 均质 1～2min，制成 1∶10 的样品匀液。如样品均质时间超过 2min，应在均质杯外加冰水冷却。

4.1.2.2 干燥或干粉食品：以无菌操作取 25g 样品，放入装有 225ml 稀释剂和适量玻璃珠的 500ml 稀释瓶中。迅速振摇，将样品混匀，制成 1∶10 的样品匀液。振摇时，幅度为 30cm，7s 内振摇 25 次，也可用机械振荡器振荡 15s 代替手摇。

4.1.2.3 液体食品：用灭菌吸管吸取 25ml 样品，放入装有 225ml 稀释剂的 500ml 稀释瓶中，按 4.1.2.2 条中所述方法迅速振摇，制成 1∶10 的样品匀液。吸取样品时，吸管插入液面下不要超过 2.5cm。吸管内液体要在 2～4s 内完全排入稀释剂中。不要在稀释剂中吹洗吸管。

4.2 稀释样品匀液

4.2.1 用 10ml 灭菌吸管准确吸取 1∶10 的样品匀液 10ml，放入装有 90ml 稀释剂的 200ml 稀释瓶中。按 4.1.2.2 条中所述的方法，迅速振摇。制成 1∶100 的样品液。从容器中吸取样品匀液和以后的稀释操作中，吸管尖不要碰着瓶口。吸入的液体应先高于所要求的刻度，然后提起吸管使其尖端离开液面并贴在容器内壁将液体调至所要求的刻度。

4.2.2 分别用 10ml 灭菌吸管按 4.2.1 条所述方法将样品匀液制成 10 倍递增稀释的样品液，如 10^{-3}、10^{-4}、10^{-5}……。

4.3 平板接种

4.3.1 对于每一个样品，选用合适的三个连续稀释度的样品液进行平板计数。

4.3.2 分别用灭菌吸管吸取 1ml 样品液放入做了适宜标志的平皿内。每个稀释度的样品液用两个平皿。如果某一样品液在取出供试部分前的放置时间超过 3min，应按 4.1.2.2 条所述方法再振摇该样品液。

4.3.3 分别加 12～15ml 平板计数琼脂（已放 45+1℃的水浴中恒温）到各平皿内。立即将平皿内的样品液和琼脂培养基充分混合。混合方法是将平皿倾斜和旋转。要防止把混合物溅到平皿壁和盖上。同时将平板计数琼脂倾入加有 1ml 稀释剂的另一灭菌平皿作空白对照。将样品液加入平皿后应立即倾注琼脂培养基，每个样品从开始稀释到倾注最后一个平皿所用的时间不得超过 20min。

4.4 培养：待琼脂凝固后将平皿翻转，立即放进 36±1℃的恒温培养箱内培养 48±2h。培养箱应保持一定的湿度，经 48h 培养的琼脂培养基的失重不得超过 15%。

4.5 菌落计数和记录

4.5.1 培养后，立即计数每个平板上的菌落数。25～250 个菌落为合适范围。如果不能立即计数，应将平板存放于 0～4℃，但不得超过 24h。

4.5.2 如只有一个稀释度的两个平板上的菌落在合适范围内，先计算两个平板的平均值，再将平均值乘以相应稀释倍数，作为每克（毫升）样品中平板菌落数（表 4－1，样品 1）。

4.5.3 如有两个稀释度在合适范围内，先计算每个稀释度两个平板的平均值，再计算两个稀释度的平均值，然后计算每克（毫升）样品中平板菌落数（表4－1，样品2）。

4.5.4 当最低稀释度的两个平板上都少于25个菌落时，计数这一稀释度两个平板上的实际菌落数，计算两个平板上的平均菌落数，将平均菌落数乘以稀释倍数，得到估计的平板菌落数。给这个数注上星号（*），表明该数系从菌落数在25～250个这一范围之外的平板估计所得（表4－1，样品3）。

4.5.5 当所有平板上的菌落都超过250个时，则应将最高稀释度的两个平板的平均菌落数乘以稀释倍数，得到估计的平板菌落数。给这个数注上星号（*）（意义同4.5.4）（表4－1,样品4）。

4.5.6 如果所有稀释度的平板都没有菌落，则以小于1乘以最低稀释倍数报告平板菌落数。给这个数注上星号（*）（意义同4.5.4条）（表4－1，样品5）。

4.5.7 同一稀释度的两个平板中，一个有25～250个菌落，另一个的菌落多于250个，两个平板都要计数。计算方法同4.5.2条（表4－1，样品6）。

4.5.8 两个连续稀释度中的每个稀释度都有一个平板的菌落数在25～250个范围内，而另一个的菌落数高于250个或低于25个，四个平板都要计数。计算方法参照4.5.2条和4.5.3条（表4－1，样品7）。

4.5.9 某稀释度的两个平板都有25～250个菌落，而另一稀释度的两个平板中只有一个平板的菌落数在25～250个范围内。四个平板都要计数，计算方法参照4.5.2条和4.5.3条（表4－1，样品8、9）。

4.5.10 蔓延生长菌落：通常有三种不同类型的蔓延生长菌落。第一种类型是链状菌落，菌落之间没有明显界线，这些菌落是当琼脂和试验物混合时，一个细菌块被分散所致；第二种类型是在琼脂和平皿底之间形成的水膜样菌落；第三种是在平皿边缘或琼脂表面形成的水膜样菌落。如果所选择的平板出现过量的蔓延菌落生长，以致a. 被蔓延菌落盖住的地方，包括由于蔓延菌落造成的抑制生长区面积超过平板面积的50%，或b. 由于蔓延菌落造成的抑制生长区面积超过平板面积的25%，这样的平板报告为“蔓延菌落”，不予计数。计数其他平板上的菌落数，将这些数值的算术平均值报告为平板菌落数（表4－1，样品10）。当有必要计数除以上a和b外的蔓延生长菌落时，将三种不同类型的蔓延菌落分别计数。对于第一种类型，如果仅有一条链，将它作为一个菌落计。如果有来源不同的几条链，将每条链作为一个菌落计，不要把链上生长的各个菌落分开来数。第二种和第三种类型的蔓延生长形成易于鉴别的菌落，即按一般菌落计数，把计数的蔓延生长菌落数同一般菌落数加在一起，计算平板菌落数。

4.5.11 操作者对同一平板复核自己的计数结果，其差异应在5%之内，而其他人对这一平板重复计数，其差异应在10%之内。否则，应找出原因，加以校正。

4.6 计算和记录数字：适宜稀释度的两个平板的菌落数平均值或两个稀释度的平板菌落数平均值乘以相应稀释倍数计算出每克（毫升）样品中平板菌落数。记录时，只有在换算到每克（毫升）样品中平板菌落数时，才能定下两位有效数字，第三位数字采用四舍五入的方法记录。也可将样品的平板菌落数记录为10的指数形式（见表4－1中的例子）。

5. 结果报告： 报告每克（毫升）样品中平板菌落数或估计的平板菌落数。

表 4-1 平板菌落数计算

样品号	菌落数			平板菌落数/g (ml)
	1∶100	1∶1 000	1∶10 000	
1	多不可计 多不可计	175 208	16 17	190 000 (1.9×10^5)
2	多不可计 多不可计	224 245	25 30	250 000 (2.5×10^5)*
3	18 14	2 0	0 0	1 600 (1.6×10^3)*
4	多不可计 多不可计	多不可计 多不可计	523 487	5 100 000 (5.1×10^6)*
5	0 0	0 0	0 0	<100 (<1.0×10^2)*
6	多不可计 多不可计	245 278	23 20	260 000 (2.6×10^5)
7	多不可计 多不可计	225 255	21 40	270 000 (2.7×10^5)
8	多不可计 多不可计	210 240	18 28	230 000 (2.3×10^5)
9	多不可计 多不可计	260 230	30 28	270 000 (2.7×10^5)
10	多不可计 多不可计	245 230	35 蔓延菌落	290 000 (2.9×10^5)

注：带星号*者为估计数。

附 录 A
培 养 基 制 备

A1 平板计数琼脂

胰蛋白胨	5.0g	酵母浸膏	2.5g
葡萄糖	1.0g	琼　脂	15.0g
蒸馏水 1 000ml			

将各成分加于蒸馏水中，煮沸溶解。分装试管或烧瓶，121℃高压灭菌 15min。最终 pH7.0±0.1。

A2 磷酸盐缓冲稀释液

贮存液：磷酸二氢钾（KH_2PO_4）34.0g　　　　蒸馏水 500ml

用大约 175ml 的 1mol/L 氢氧化钠溶液调节 pH 至 7.2，用蒸馏水稀释至 1 000ml 后贮存于冰箱。

稀释液：用蒸馏水稀释 1.25ml 贮存液至 1 000ml，分装于合适容器，121℃高压灭菌 15min。

三、出口食品中大肠菌群、粪大肠菌群和大肠杆菌检验方法（SN0169－92）

1. 主题内容与适用范围

本标准规定了出口食品中大肠菌群、粪大肠菌群和大肠杆菌的检验方法。

本标准适用于出口食品的检验。

2. 设备和材料

2.1 吸管：1ml，具 0.1ml 刻度；5ml 和 10ml，具 1ml 刻度。

2.2 水浴箱：44.5±0.5℃。

2.3 培养箱：36±1℃，44.5±0.5℃。

2.4 冰箱：0～5℃和－15～－20℃。

2.5 均质器。

2.6 乳钵和研棒。

2.7 平皿：直径 90mm。

2.8 天平：感量 0.1g。

2.9 显微镜。

2.10 稀释瓶：100ml、200ml 和 500ml 三角烧瓶及广口瓶。

2.11 玻璃珠：直径约 5mm。

2.12 菌落计数器。

3. 培养基及试剂

3.1 月桂基硫酸盐胰蛋白（胨）（LST）肉汤。

3.2 煌绿乳糖胆盐（BGLB）肉汤。

3.3 EC 肉汤。

3.4 伊红美蓝琼脂（EMB）。

3.5 营养琼脂斜面。

3.6 色氨酸肉汤。

3.7 MR-VP 培养基。

3.8 Korser 氏枸橼酸盐肉汤。

3.9 结晶紫中性红胆盐琼脂（VRBA）。

3.10 Butterfield 氏磷酸盐缓冲稀释液。

3.11 生理盐水。

3.12 革兰氏染色液。

3.13 Kovacs 氏靛基质试剂。

3.14 甲基红指示剂。

3.15 Voges-pros kauer（V—P）试剂。

4. 样品制备

4.1 以无菌操作取有代表性的样品。如有包装则用75%乙醇在开口处擦拭后取样。若不能及时检验，应将冷冻样品置于－15℃保存；非冷冻而易腐的食品，应置于4℃冰箱保存。检验前冷冻样品可于2～5℃18h内解冻，或在45℃以下15min内解冻。

4.2 不同食品样品匀液的制备

4.2.1 液体食品以灭菌吸管取样25ml放入装有225ml稀释剂的灭菌玻璃瓶（瓶内预置适当数量的玻璃珠），以30cm幅度、于7s内振摇25次（或以机械振荡器振摇），制成1：10的样品匀液。

4.2.2 固体和半固体食品以无菌操作取25g样品，放入装有225ml稀释剂的灭菌均质杯内，于8 000r/min均质1～2min，制成1：10样品匀液（也可用灭菌乳钵研磨的方法代替）。

4.3 稀释样品匀液根据对样品污染情况的估计，用稀释剂将样品匀液制成一系列10倍递增的样品稀释液，如10^{-2}、10^{-3}、10^{-4}……。从制备样品匀液至稀释完毕，全过程不得超过15min。

5. 大肠菌群的测定

5.1 大肠菌群MPN值的测定

5.1.1 对每个样品，选择适宜的三个连续稀释度的样品稀释液。每个稀释度接种三管月桂基硫酸盐胰蛋白（胨）（LST）肉汤，每管接种1ml。

5.1.2 将接种管置于36±1℃培养48±2h。

5.1.3 观察试管的产气情况：检查倒管内是否有气泡产生，记录在24h和48h内产气的LST肉汤管数。如所有LST肉汤管均未产气，则可报告为大肠菌群阴性；如有产气者，则进一步作证实试验。

5.2 大肠菌群的证实试验

5.2.1 将所有产气管用直径为3mm的接种环移种到煌绿乳糖胆盐（BGLB）肉汤管中。

5.2.2 置BGLB肉汤管于36±1℃培养48±2h。

5.2.3 记录所有BGLB肉汤管的产气管数。

5.2.4 结果报告：按BGLB肉汤产气管数，查MPN表［见附录B（补充件）］报告每克（毫升）样品中大肠菌群的MPN值。

6. 粪大肠菌群测定

6.1 用直径为3mm的接种环将所有48±2h内产气的LST肉汤管培养物移种于EC肉汤管中。

6.2 将所有接种的EC肉汤管在30min内放入带盖44.5±0.5℃水浴箱内，培养24±2h。水浴箱的水平面应高于肉汤培养基液面。应以已知为44.5℃产气阳性的大肠杆菌和44.5℃不产气的产气肠杆菌或其他大肠菌群细菌作阳性和阴性对照。

6.3 记录EC肉汤管的产气情况。产气管为粪大肠菌群试验阳性；不产气管为粪大肠菌群试验阴性。

6.4 结果报告：按产气管数，查 MPN 表报告每克（毫升）样品中粪大肠菌群的 MPN 值。

7. 大肠杆菌测定

7.1 将 6.3 条中的 EC 肉汤管继续培养 24h，取其产气管的培养物划线接种于伊红美蓝（EMB）平板，36±1℃培养 24±2h。

7.2 检查平板上有无具黑色中心有光泽或无光泽的典型菌落。

7.3 如有典型菌落，则从每个平板上至少挑取 2 个典型菌落；如无典型菌落，则从每个平板上至少挑取 2 个可疑菌落。用接种针接触菌落中心部位，移种到营养琼脂斜面上，36±1℃培养 18～24h。

7.4 将斜面培养物移种到下列培养基中进行生化试验。

7.4.1 色氨酸肉汤：在 36±1℃培养 24±2h 后，加 Kovacs 氏试剂 0.2～0.3ml，上层出现红色为靛基质阳性反应。

7.4.2MR－VP 培养基：在 36±1℃培养 48±2h。以无菌操作移取培养物 1ml 至 13mm×100mm 试管中，加 5％α-萘酚乙醇溶液 0.6ml，40％氢氧化钾溶液 0.2ml 和少许肌酸结晶，振摇试管后静置 2h，如出现伊红色，为 VP 试验阳性。

将 MR－VP 培养物的剩余部分再培养 48h，滴加 5 滴甲基红溶液。如培养物变红色，为甲基红试验阳性，若变黄色则为阴性反应。

7.4.3 Koser 氏枸橼酸盐肉汤：于 36±1℃培养 96h 记录有无生长。

7.4.4 LST 肉汤：于 36±1℃培养 48±2h，观察试管中是否产气。

7.4.5 革兰氏染色：取 18h 营养琼脂斜面培养物作革兰氏染色。大肠杆菌为革兰氏阴性。

7.4.6 大肠杆菌与非大肠杆菌生化鉴别如下：

靛基质	MR	VP	枸橼酸盐	鉴定（型别）
＋	＋	－	－	典型大肠杆菌
－	＋	－	－	非典型大肠杆菌
＋	＋	－	＋	典型中间型
－	＋	－	＋	非典型中间型
－	－	＋	＋	典型产气肠杆菌
＋	－	＋	＋	非典型产气肠杆菌

如出现上表以外的生化反应类型，表明培养物可能不纯，应重新划线分离，必要时做重复试验。

7.5 结果报告：大肠杆菌为革兰氏阴性无芽孢杆菌，发酵乳糖产酸产气，IMViC 试验为＋＋－－或－＋－－，再根据 LST 肉汤阳性管数查 MPN 表，报告每克（毫升）样品中大肠杆菌 MPN 值。

8. 大肠菌群固体培养基测定法

8.1 样品制备同 4。

8.2 计数

8.2.1 选取适宜的三个连续稀释度的样品液，每个稀释度接种两个灭菌平皿，每皿 1ml。

另取1ml稀释剂加入一个灭菌平皿中，作空白对照。

8.2.2 将冷至45±0.5℃的结晶紫中性红胆盐琼脂（VRBA）10～15ml倾注于每个平皿中。小心旋转平皿，将培养基与样液充分混匀。

8.2.3 待琼脂凝固后，再加3～4ml VRBA覆盖平板表层。

8.2.4 翻转平板，置于36±1℃培养18～24h。

8.2.5 选用有30～150个菌落的平板，计数平板上出现的典型大肠菌群菌落。典型菌落为紫红色，菌落周围有红色的胆盐沉淀环。菌落直径为0.5mm或更大。

8.2.6 证实

8.2.6.1 从VRBA平板上挑取10个不同类型的典型和可疑菌落，移种于BGLB肉汤管内，36±1℃培养24h和48h，观察产气情况。

8.2.6.2 将出现产气的肉汤管判为大肠菌群阳性。对形成菌膜的阳性管，应进行革兰氏染色，以便排除革兰氏阳性杆菌。

8.2.7 结果报告

经最后证实为阳性（产气，革兰氏阴性杆菌）的试管百分比乘以于8.2.5条中计数的平板菌落数，再乘以稀释倍数，即为每克（毫升）样品中大肠菌群数。

例：10^{-4}样品稀释液1ml，在VRBA平板上有100个典型和可疑菌落，挑取其中10个接种BGLB肉汤管，证实有6个阳性管，则该样品的大肠菌群数为：

$100\times6/10\times10^{-4}$/g（ml）$=6.0\times10^{5}$/g（ml）

附　录　A
培养基和试剂（补充件）

A1　月桂基硫酸盐胰蛋白胨（LST）肉汤

胰蛋白（胨）或胰酪胨	20g	氯化钠	5.0g
乳糖	5.0g	磷酸氢二钾（K_2HPO_4）	2.75g
磷酸二氢钾（KH_2PO_4）	2.75g	月桂基硫酸钠	0.1g
蒸馏水	1 000.0ml		

将各成分溶解于蒸馏水中。分装到有倒立发酵管的20mm×150mm试管中，每管10ml。121℃高压灭菌15min。最终pH6.8±0.2。

A2　煌绿乳糖胆盐（BGAB）肉汤

蛋白胨	10.0g	乳糖	10.0g
牛胆粉溶液	200.0ml	0.1%煌绿水溶液	13.3ml
蒸馏水	1 000.0ml		

将蛋白胨乳糖溶于约500ml蒸馏水中，加入牛胆粉溶液200ml（将20.0g脱水牛胆粉溶于200ml蒸馏水中，pH7.0～7.5），用蒸馏水稀释到975ml，调pH7.4。再加入0.1%煌绿水溶液13.3ml，用蒸馏水补足到1 000ml，用棉花过滤后，分装到20mm×150mm试

管（管内有倒立的小发酵管）中，每管 10ml。121℃高压灭菌 15min。最终 pH7.2±0.1。

A3　EC 肉汤

胰蛋白胨或胰酪胨	20.0g	3 号胆盐或混合胆盐	1.5g
乳糖	5.0g	磷酸氢二钾（K_2HPO_4）	4.0g
磷酸二氢钾（KH_2PO_4）	1.5g	氯化钠	5.0g
蒸馏水	1 000.0ml		

将以上成分溶解于蒸馏水中，分装 16mm×150mm 试管（管内有倒立的小发酵管），每管 8ml。121℃高压灭菌 15min，最终 pH6.9±0.1。

A4　伊红美蓝琼脂（EMB）

蛋白胨	10.0g	乳糖	10.0g
磷酸氢二钾（K_2HPO_4）	2.0g	琼脂	15.0g
伊红 γ（水溶性）	0.4g 或 2%水溶液 20ml		
美蓝	0.065g 或 0.5%水溶液 13ml		
蒸馏水	1 000.0ml		

在 1 000ml 蒸馏水中煮沸溶解蛋白胨、磷酸盐和琼脂，加水补足至原量。分装于三角烧瓶中。每瓶 100ml 或 200ml，高压灭菌 15min。最终 pH7.1±0.2。使用前将琼脂融化，于每 100ml 琼脂中加 5ml 灭菌的 20%乳糖水溶液、2ml 的 2%伊红 γ 水溶液和 1.3ml0.5%的美蓝水溶液，摇匀，冷至 45～50℃倾注平皿。

A5　营养琼脂斜面

牛肉膏	3.0g	蛋白胨	5.0g
琼脂	15.0g	蒸馏水	1 000.0ml

将各成分加于蒸馏水中，煮沸溶解。分装合适的试管。121℃高压灭菌 15min。最终 pH7.3±0.1。灭菌后摆成斜面备用。

A6　色氨酸肉汤

胰胨或胰酪胨	10.0g	蒸馏水 1 000.0ml	

加热搅拌溶解胰胨或胰酪胨于蒸馏水中。分装试管，每管 5ml。121℃高压灭菌 15min。最终 pH6.9±0.2。

A7　MR－VP 培养基

脲胨	7.0g	葡萄糖	5.0g
磷酸氢二钾（K_2HPO_4）	5.0g	蒸馏水	1 000.0ml

将各成分溶于蒸馏水中，分装试管，121℃高压灭菌 15min，最终 pH6.9±0.2。

A8　Koser 氏枸橼酸盐肉汤

磷酸氢铵钠	1.5g	磷酸氢二钾	1.0g
硫酸镁	0.2g	枸橼酸钠	3.0g
蒸馏水	1 000.0ml		

将各成分溶解于蒸馏水中，分装试管，每管 10ml，121℃高压灭菌 15min。最终 pH6.7±0.2。

A9　结晶紫中性红胆盐琼脂（VRBA）

蛋白胨	7.0g	酵母膏	3.0g
乳糖	10.0g	氯化钠	5.0g
胆盐或3号胆盐	1.5g	中性红	0.03g
结晶紫	0.002g	琼脂	15～18g
蒸馏水	1 000.0ml		

将上述成分溶于蒸馏水中，静置几分钟，充分搅拌，调至pH7.4±0.1。煮沸2min，将培养基冷至45～50℃倾注平板。临用时制备，不得超过3h。

A10　Butterfield氏磷酸盐缓冲稀释液

贮存液　　磷酸二氢钾（KH_2PO_4）34.0g　　蒸馏水500ml

将磷酸二氢钾溶于蒸馏水中，用1mol/L氢氧化钠约175ml调至pH7.2。用蒸馏水加至1 000ml贮存于冰箱。

稀释液：取贮存液1.25ml，用蒸馏水稀释至1 000ml，分装于合适容器后，121℃高压灭菌15min。

A11　生理盐水

氯化钠　　8.5g　　蒸馏水　　1 000.0ml

将氯化钠溶于蒸馏水中，121℃高压灭菌15min。

A12　革兰氏染色液

A13　Kovacs氏靛基质试剂

附　录　B

1g检样中最近似值（MPN）表

（补充件）**使用三管法，接种量分别为0.1，0.01和0.001g。**

阳性管数			MPN	阳性管数			MPN
0.1	0.01	0.001		0.1	0.01	0.001	
0	0	0	＜3	2	0	0	9.1
0	0	1	3	2	0	1	14
0	0	2	6	2	0	2	20
0	0	3	9	2	0	3	26
0	1	0	3	2	1	0	15
0	1	1	6.1	2	1	1	20
0	1	2	9.2	2	1	2	27
0	1	3	12	2	1	3	24
0	2	0	6.2	2	2	0	21
0	2	1	9.3	2	2	1	28

（续）

阳性管数			MPN	阳性管数			MPN
0	2	2	12	2	2	2	35
0	2	3	16	2	2	3	42
0	3	0	9.4	2	3	0	29
0	3	1	13	2	3	1	36
0	3	2	16	2	3	2	44
0	3	3	19	2	3	3	53
1	0	0	3.6	3	0	0	23
1	0	1	7.2	3	0	1	39
1	0	2	11	3	0	2	64
1	0	3	15	3	0	3	95
1	1	0	7.3	3	1	0	43
1	1	1	11	3	1	1	75
1	1	2	15	3	1	2	120
1	1	3	19	3	1	3	160
1	2	0	11	3	2	0	93
1	2	1	15	3	2	1	150
1	2	2	20	3	2	2	210
1	2	3	24	3	2	3	290
1	3	0	16	3	3	0	240
1	3	1	20	3	3	1	460
1	3	2	24	3	3	2	1 100
1	3	3	29	3	3	3	＞1 100

注：①本表采用 3 个稀释度［0.1g（ml）、0.01g（ml）和 0.001g（ml）］，每个稀释度接种 3 管。

②表内所列检样量如改用 1g（ml）、0.1g（ml）和 0.01g（ml）时，表内数字应相应降低 10 倍；如改用 0.01g（ml）、0.001g（ml）和 0.0001g（ml）时，则表内数字应相应增加 10 倍，其余类推。

第四节　出口食品加工企业实验室基本要求（以水产品企业为例）

一、化验室结构布局

1. 化验室位置的选择：化验室位置通常选择在周围环境良好、进出和工作方便的地方，一般应远离生活区、锅炉房和车库以及交通要道等，以减少外来不良因素的影响。化验室和车间的距离要以方便取样和报送检验结果为宜。化验室周围环境应保持清洁安静，有条件的要进行绿化。

2. 化验室结构和布局：化验室的结构和布局要结合生产实际和检验工作需要来设计。一般的出口水产品生产企业化验室应具备：微生物检验室、无菌操作室、培养基制作室、理化分析室（可兼作感官检验室）、仪器室、洗刷消毒室和办公室。

2.1 化验室基本要求：化验室内的各工作室应保证足够的面积，以方便工作。一般微生物检验室的面积应保证 $4m\times5m=20m^2$ 以上，无菌室应 $7m^2$ 以上，理化分析室也应保证 $20m^2$，其他各室的大小可根据具体条件选定。

微生物化验室的门窗一般不要设置在同一直线上，避免空气对流，门一般也不能直接开在户外，而应设置走廊或过道起缓冲作用。化验室上下水管道应畅通，化验室用电负荷要以化验室全部用电设备和实际工作要求而设计。化验室的窗最好安装双层窗，地面以水磨石或地砖材料为宜。

2.2 微生物检验室要求：微生物检验室是细菌培养和检验的主要操作间，其主要设施是实验台，实验台的大小应根据微生物检验室的面积而定，以方便操作为宜，一般应满足 $2.4m\times1.3m$。实验台应安置于微生物检验室中心位置，有充足的光线。实验台两侧或一侧安装有水盆和龙头。实验台中间设置试剂架，试剂架装有日光灯罩和电插座。实验台以耐热、耐酸、耐碱材料为宜（或采用环氧树脂压制材料、木质结构的材料可刷以生漆）。

无菌室是处理样品和接种培养的主要工作间，应与微生物检验室紧密相连，无菌室内设有操作台（操作台可设置于中间，也可以设计在一侧边台）。无菌室和缓冲间均要求装有吊顶式紫外杀菌灯，一般每 $10m^2$ 需 2 只 30W 紫外杀菌灯。杀菌灯距工作台面 1.2～1.5m。每次工作前至少照射 20min 以上。无菌室和微生物检验室中间可设有窗口通道，便于工作。一般以双层窗口即可。

2.3 培养基制作室要求：培养基制作室是制作配制微生物培养基所需培养基和检验用各种试剂的主要场所，大小可以根据本单位的实际情况而定，一般要求配有操作台和药品试剂橱，以便工作和贮放商品培养基及某些理化试剂、药品（注意，商品培养基以及有机和无机试剂应分别存放，危险药品和有毒有害试剂不能放置于试剂橱窗内，而应设有专门的保险柜存放危险药品和有毒有害试剂）。培养基制作室内要设有一小型边台，台面以水磨石材料为宜，上安置电炉，以满足溶化和煮沸培养基的工作所需。

2.4 理化分析室：理化分析室是进行物理化学分析的主要操作室，除与微生物检验室有同样的要求外，还必须有通风窗，以便满足在通风橱内进行加热、干燥、灼烧和化学试剂处理等的工作需要。一般可按要求由生产通风设备的单位上门安装，也可自行设计安装。

2.5 仪器室：加工厂在建立实验室时应安排一适当房间作为仪器室。仪器室一般不要求很大，主要安放显微镜，电子称量天平以及理化分析用小型仪器设备。仪器室要求清洁干燥，仪器台要稳固，室内避免直射光照射。室内要防潮、防尘。

2.6 洗刷消毒室：每一个化验室必须有洗刷消毒室，以便消毒工作中所使用的培养或污染了的玻璃器皿以及因检验工作需要而培养的带菌危险培养物。洗刷消毒室的大小，可根据日常工作量来定，但一般应满足至少 $10m^2$ 以上。洗刷室的上下水必须畅通。至少有 2 个洗刷池，洗刷池的大小、高低以方便为宜。配有手提式或立式高压蒸汽消毒器。配备合适的器皿橱，以便放置洗刷好的或备用的常规玻璃器皿。消毒好的供检验工作用的玻璃器皿应单独放置一橱，以免混乱，影响工作。洗刷消毒室也应安装通风装置或换气扇，以便及时排出室内异味。

二、主要仪器设备

1. 一般仪器设备：

1.1 显微镜：细菌检验工作中，最常用的是放大1 000～15 000倍的普通生物显微镜，主要用于细菌形态和细菌运动性的观察。一般国内生产的供科研使用的普通生物显微镜即可。

1.2 天平：化验室中常用有托盘天平和电子天平。托盘天平一般不很精致，对称量要求不严格情况下可以使用。对称量要求精确或称量微量药品可使用电子分析天平。

1.3 电冰箱：为普通电冰箱，主要用途是存放配制的生化试剂、血清制品和配制备用的培养基以及某些需较低温度存放的试剂、药品等。

1.4 恒温培养箱：是培养细菌的主要设备，一般采用隔水式恒温培养箱，因其具有箱内温度恒定均匀的优点，山东潍坊医疗器械厂有生产。

1.5 电热干燥箱：主要用于玻璃器皿的干烤和干热灭菌。山东潍坊医疗器械厂生产。

1.6 高压蒸汽消毒器：有手提式、立式、卧式3种。一般化验室都备有手提式高压蒸汽消毒器，因其体积小、使用方便，可在电炉或燃气炉上加热。但因其容积小，对工作量大的化验室，则满足不了需要，因此可再配备立式高压蒸汽消毒器，因其体积较大，一次可消毒较多物品，能满足工作需要。上海医用核子仪器厂生产的LS－B50L型即可。

2. 常规玻璃器皿：补充化学分析仪器：

2.1 吸管：分别是0.1ml和1.0ml刻度的1.0ml和10.0ml的吸管。

2.2 试管：大小为10mm×100mm、15mm×150mm、17mm×170mm。

2.3 培养皿：直径90mm。

2.4 广口瓶：容积为100ml、250ml、500ml。

2.5 三角烧瓶：容积为250ml、500ml。

2.6 量杯或量筒：10ml、250ml、1 000ml。

三、化学试剂和培养基

微生物检验所需化学试剂以无机盐类为最多，尤其是氯化钠。此外酒精也是常用试剂之一，再就是一些生化指示剂、染色剂等，一般工作中需要的各种试剂在化学试剂商店均可购到。

在细菌检验工作中培养基用量最大，现在大部分培养基都有商品，可直接向厂家订货。

四、化验室管理

1. 仪器的管理：仪器要有固定的房间和位置，要有专人负责管理，要防止腐蚀性气体或潮湿水汽侵蚀仪器，烘箱和高温炉应放置于不易燃的稳固的台或架上。天平或精密仪器要安放在防震、防晒的地方，并罩上棉布罩，小型仪器应放在专用仪器柜中。所有仪器应建立保管使用档案。定量仪器要定期鉴定调试。

2. 玻璃仪器管理：玻璃仪器或器皿容易损耗，应建立使用和破损登记制度，并应分门别类存放。

3. 化学药品及试剂和培养基的管理：较大量的化学药品应放在储藏室中，储藏室应是相对安全的朝北的房间，避免阳光直射和明火靠近，室内应通风。易燃易爆试剂应放于安全可靠的专用储藏室。危险药品、有毒有害试剂应放于专用保险柜中。化学试剂和药品的使用也应建立领用登记制度。成品培养基应放于专用的培养基柜中，并按不同的检验项目，分门别类放好，做好登记。

4. 安全管理：

4.1 所有药品、试剂、溶液均应贴有正确标签，严禁在容器内装入与标签不符的物品。

4.2 禁止使用化验室内任何器皿盛装食品。

4.3 使用酸、碱时一定要按要求操作。

4.4 禁止在化验室内进食和吸烟。

4.5 遵守用电规程。

4.6 化验室中配有有效的消防安全器材。

4.7 每日工作前后应认真检验水、电、煤气、门窗等的安全，建立每日安全登记卡。

5. 档案管理：

5.1 做好检验记录，认真填写检验结果报告，对检验工作中发现的问题，及时向有关领导或负责人汇报，以便指导生产。

5.2 对检验记录和检验结果报告要有专人管理，并登记归档。

5.3 补充检验记录和检验结果报告格式报表等。

五、检验人员要求

化验室人员应具备高中以上文化程度，热爱本职工作，有刻苦钻研精神和良好素质，并经过检验检疫局专业技术培训，经考核合格后持证上岗。检验检疫局每年将对加工厂化验室人员进行考核，不合格者不得从事出口食品卫生检验工作。

第五章　卫生注册登记企业检查中发现的问题

黄岛检验检疫局卫生注册登记企业清理整顿记录表（1）

企业名称：＃＃＃＃＃＃＃＃＃＃＃＃＃	注册编号：＃＃＃＃＃＃＃＃＃
获得国外企业注册情况（请列明所有已获得的注册）：	
检查人：＃＃＃＃＃＃、＃＃＃＃＃＃	检查时间：2004.09.22
检查依据：国家质检总局20号令、全省出口食品生产企业清理整顿工作文件汇编	
存在的主要问题 1. 实验室：标准不全，缺完整的工作计划。 2. 设备缺少校准（车间设备与实验室设备）。 3. 对有毒有害物质的控制：缺少使用记录。 4. 人员培训记录：缺少记录。	
检查结论：限期整改	企业负责人签字：＃＃＃＃＃＃
检查组成员签字：＃＃＃＃＃＃、＃＃＃＃＃＃	局长签字：＃＃＃＃＃＃、＃＃＃＃＃＃

黄岛检验检疫局卫生注册登记企业清理整顿记录表（2）

企业名称：＃＃＃＃＃＃＃＃＃＃＃	注册编号：＃＃＃＃＃＃＃＃
获得国外注册情况（请列明所有已获得的注册）：	
检查人：＃＃＃＃＃＃、＃＃＃＃＃＃	检查时间：2004.11.29
检查依据：全省出口食品生产企业清理整顿工作文件汇编	

存在的主要问题：

1. 更衣室：工作服混放，空间狭小，无消毒措施，内墙有发霉的地方。

2. 加工车间：①老化比较严重，墙壁瓷砖破损严重，地面有破损积水，不利于清洗消毒。②密封性不好，有多处出口处直接开着门，窗户的破损也比较多。③车间内有多处墙皮发霉。④标识不全或者基本没有标识。⑤下水道防鼠设施失效。⑥车间内无洗手消毒、工具器消毒设施。⑦设备无标准标识。

3. 实验室：空间小，布局不合理，无工作计划，监控检测项目不全。

4. 体系文件：版本老化，没有认真执行，记录不全，存在假记录。

检查结论： 达不到卫生注册企业要求，停产整顿。	企业负责人签字： ＃＃＃＃＃＃
检查组成员签字： ＃＃＃＃＃＃、＃＃＃＃＃＃	局长签字： ＃＃＃＃＃＃、＃＃＃＃＃＃

黄岛检验检疫局卫生注册登记企业清理整顿记录表（3）

企业名称：＃＃＃＃＃＃＃＃＃＃＃	注册编号：＃＃＃＃＃＃＃＃＃
获得国外注册情况（请列明所有已获得的注册）：	
检查人： ＃＃＃＃＃＃、＃＃＃＃	检查时间： 2004.12.02
检查依据：全省清理整顿工作文件汇编、国家质检总局20号令	

存在的主要问题：

硬件：1. 一楼车间的工作台老化、生锈。

2. 仪器设备缺少校准记录。

3. 洗手消毒槽内消毒液偏少，不利于消毒。

软件：1. HACCP计划，缺少对CCP的验证。

2. 缺少官方水质检测报告。

3. 各种记录表格需要进一步规范。

检查结论： 限期整改。	企业负责人签字： ＃＃＃＃＃＃
检查组成员签字： ＃＃＃＃＃＃、＃＃＃＃	局长签字： ＃＃＃＃＃＃、＃＃＃＃＃＃

黄岛检验检疫局卫生注册登记企业清理整顿记录表（4）

企业名称：＃＃＃＃＃＃＃＃＃＃＃	注册编号：＃＃＃＃＃＃＃＃＃
获得国外企业注册情况（请列明所有已获得的注册）：	
检查人：＃＃＃＃＃＃、＃＃＃＃＃＃＃、＃＃＃＃＃＃＃	检查时间：2004.9.11
检查依据：国家质检总局20号令、全省出口食品生产企业清理整顿工作文件汇编	

存在的主要问题：

1. 速冻间外侧的走廊部分墙砖已脱落。
2. 解冻间的塑料袋处理不及时。
3. 烧烤车间地面有积水。
4. 洗手消毒处个别水龙头的脚踏开关损坏。

检查结论：合格。	企业负责人签字：＃＃＃＃＃＃
检查组成员签字：＃＃＃＃＃＃、＃＃＃＃＃＃＃、＃＃＃＃＃＃	局长签字：＃＃＃＃＃＃、＃＃＃＃＃＃＃

黄岛检验检疫局卫生注册登记企业清理整顿记录表（5）

<table>
<tr><td>企业名称：＃＃＃＃＃＃＃＃＃＃</td><td>注册编号：＃＃＃＃＃＃＃＃</td></tr>
<tr><td colspan="2">获得国外注册情况（请列明所有已获得的注册）：
2004 年 8 月，获得 HACCP 认证。</td></tr>
<tr><td>检查人：
＃＃＃＃＃＃、＃＃＃＃＃＃、＃＃＃＃＃＃、＃＃＃＃＃＃、＃＃＃＃＃＃</td><td>检查时间：
2004.09.11</td></tr>
<tr><td colspan="2">检查依据：全省出口食品生产企业清理整顿工作文件汇编</td></tr>
<tr><td colspan="2">存在的主要问题：
1. 记录不规范，如对金属探测的监控频率的记录、CCP1 的时间记录不很准确等。
2. 有些标识不准确：如 CCP2 的标识、警示标识等。</td></tr>
<tr><td>检查结论：
合格。</td><td>企业负责人签字：
＃＃＃＃＃＃＃</td></tr>
<tr><td>检查组成员签字：＃＃＃＃＃＃、＃＃＃＃、＃＃＃＃＃＃、＃＃＃＃＃＃、＃＃＃＃＃＃</td><td>局长签字：
＃＃＃＃＃＃、＃＃＃＃＃＃</td></tr>
</table>

黄岛检验检疫局卫生注册登记企业清理整顿记录表（6）

企业名称：＃＃＃＃＃＃＃＃＃＃＃		注册编号：＃＃＃＃＃＃＃＃＃
获得国外注册情况（请列明所有已获得的注册）： 欧盟、美国、韩国。		
检查人： ＃＃＃＃＃＃＃	陪同人员： ＃＃＃＃	检查时间： 2004.12.07
检查依据：《出口食品生产企业注册登记管理规定》以及相关卫生规范所规定的卫生条件		
存在的主要问题： 1. CCP2 点失控。 2. 更衣室的工作服间无衣；工作服与个人衣物混放。 3. 二楼通道未封闭。 4. 化验室取样数量与实际不一致。 5. 加工间更衣室无杀菌设施、未使用防爆灯。 6. 污水漫流。 7. 化学药品记录符合要求。		
检查结论：存在不符合项，限期整改。		
备注：		

黄岛检验检疫局卫生注册登记企业检查记录表（7）

企业名称：＃＃＃＃＃＃＃＃＃＃＃＃		注册编号：＃＃＃＃＃＃＃＃＃
获得国外注册情况（请列明所有已获得的注册）：		
检查人： ＃＃＃＃＃＃、＃＃＃＃	陪同人员： ＃＃＃＃、＃＃＃＃＃＃	检查时间： 2004.12.29
检查依据：《出口食品生产企业注册登记管理规定》以及相关卫生规范所规定的卫生条件		

存在的主要问题：

1. 原料供应商的评估材料欠缺。
2. HACCP 体系对危害的描述不准确，且与现场不一致。
3. 对 HACCP 的培训不够。
4. 实验室标准不全。
5. 车间标识不清楚。
6. 无化学药品配制记录、靴鞋消毒浓度不够。
7. 无废弃物桶。
8. 冷库无温度打印装置，无温度校准。
9. 金属操作失灵。
10. 所有设备无计量证明。
11. HACCP 无确认和验证报告。
12. CCP2 监控记录未体现应监控的内容。

检查结论：存在不符合项，限期整改。

备注：

黄岛检验检疫局卫生注册登记企业检查记录表（8）

企业名称：＃＃＃＃＃＃＃＃＃＃＃		注册编号：＃＃＃＃＃＃＃＃＃
获得国外注册情况（请列明所有已获得的注册）：		
检查人： ＃＃＃＃＃＃、＃＃＃＃、＃＃＃＃＃＃	陪同人员： ＃＃＃＃、＃＃＃＃＃	检查时间： 2004.11.12
检查依据：《出口食品生产企业注册登记管理规定》以及相关卫生规范所规定的卫生条件		

存在的主要问题：

1. 蒸煮车间与前处理车间未完全隔离，存在人流、物流的交叉。
2. 选别车间与二楼更衣室卫生条件不符合要求。
3. 车间进出口过多，合理布局，封闭多余的进出口。
4. 化学药品的管理混乱。
5. 设施维护不够，存在锈蚀和卫生死角。
6. 车间杂物太多。
7. 车间内有木门、木柜等木质器具。
8. 缺少必要的标识，如水管编号等。
9. 记录不全。
10. 体系文件、HACCP 计划需进一步完善。

检查结论：整改后，重新审查。

备注：企业申请增加新品种。

黄岛检验检疫局卫生注册登记企业检查记录表（9）

企业名称：＃＃＃＃＃＃＃＃＃＃		注册编号：＃＃＃＃＃＃＃＃
获得国外注册情况（请列明所有已获得的注册）：		
检查人： ＃＃＃＃＃＃、＃＃＃＃＃＃	陪同人员： ＃＃＃＃、＃＃＃＃＃＃	检查时间： 2004.11.19～20
检查依据：《出口食品生产企业注册登记管理规定》以及相关卫生规范		

存在的主要问题：

1. 工艺布局存在问题，人流、物流存在交叉，下脚料出口与内包装入口共用。

2. 更衣室卫生条件差，更衣柜上有杂物，紫外灯数量不足。

3. 加工过程安全卫生控制不够：①人员管理不到位，有的工人鼻子漏在口罩外边。②工器具清洗消毒用静止水，上下水位置不合理。③生产现场发现刀片、铁钉等金属物。④浸泡薯片用静止水，更换不及时，且无记录。

4. 车间、卫生间洗手用手动开关，并有异味。

5. 化验室人员、设备不足，应加强生产用水和表面样品的检测。

6. 卫生质量文件应注意有效性和实用性，实际操作应与文件规定一致。

检查结论：存在不符合项，限期整改。

备注：卫生注册企业评审。

黄岛检验检疫局卫生注册登记企业检查记录表（10）

企业名称：＃＃＃＃＃＃＃＃＃＃　　注册编号：＃＃＃＃＃＃＃＃＃

获得国外注册情况（请列明所有已获得的注册）：

检查人： ＃＃＃＃＃＃、＃＃＃＃	陪同人员： ＃＃＃＃	检查时间： 2004.12.29

检查依据：《出口食品生产企业注册登记管理规定》以及相关卫生规范所规定的卫生条件

存在的主要问题：

1. 无不合格品的控制措施，现场不合格品无标识。
2. 未对产品进行金属探测。

检查结论：存在不符合项，限期整改。

备注：卫生注册企业评审。

黄岛检验检疫局卫生注册登记企业检查记录表（11）

企业名称：＃＃＃＃＃＃＃＃＃＃＃		注册编号：＃＃＃＃＃＃＃＃＃
获得国外注册情况（请列明所有已获得的注册）：		
检查人： ＃＃＃＃＃＃＃、＃＃＃＃	陪同人员： ＃＃＃＃＃、＃＃＃	检查时间： 2004.10.26
检查依据：《出口食品生产企业注册登记管理规定》以及相关卫生规范所规定的卫生条件		
存在的主要问题： 1. 厂区环境卫生不良，有苍蝇。 2. 工器具清洗消毒间软管入水。 3. 包装间与冷库存在人流、物流交叉。 4. 水管编号不全。 5. 洗刷间污水漫流。 6. 实验室每个稀释度只做一个样。 7. 原、辅料应加强控制。		
检查结论：整改后推荐上报。		
备注：出口食品企业卫生条件审查。		

黄岛检验检疫局卫生注册登记企业检查记录表（12）

<table>
<tr><td colspan="2">企业名称：＃＃＃＃＃＃＃＃＃＃＃</td><td>注册编号：＃＃＃＃＃＃＃＃＃＃＃</td></tr>
<tr><td colspan="3">获得国外注册情况（请列明所有已获得的注册）：</td></tr>
<tr><td>检查人：
＃＃＃＃＃＃、＃＃＃＃＃＃</td><td>陪同人员：
＃＃＃＃＃＃、＃＃＃＃＃＃、＃＃＃＃＃＃</td><td>检查时间：
2004.11.21</td></tr>
<tr><td colspan="3">检查依据：《出口食品生产企业注册登记管理规定》以及相关卫生规范</td></tr>
</table>

存在的主要问题：

1. 厂区原料存放区域卫生状况较差，没有有效的防鼠措施。
2. 蒸煮柜的表盘式温度计没有校准标识。
3. 包装间顶棚冷凝水严重。
4. 冷库区域卫生状况较差，垫木、废旧纸箱存放不整洁。
5. 车间用水缺乏控制，湿度大。
6. 与食品接触的设备没有明确的清洗消毒方法。
7. 冷库、化验室存在卫生死角。
8. 实验室没有独立的质量体系。
9. 车间现场：①停用设备无标识，卫生状况维护较差。②油罐、蒸煮柜处排水口无反水弯。③面包糠存放间、辅料间地面有积水。④已清洗的工器具放在员工入口处。⑤辅料存放在成品库。⑥面粉过筛工序位置不合理，建议与药品间调换。⑦包装间与包装物料间应适当隔离。⑧员工洗手消毒程序不合理，效率低。

检查结论：存在不符合项，限期整改。

备注：卫生注册企业评审。

黄岛检验检疫局卫生注册登记企业检查记录表（13）

企业名称：＃＃＃＃＃＃＃＃＃＃＃		注册编号：＃＃＃＃＃＃＃＃＃
获得国外注册情况（请列明所有已获得的注册）：		
检查人： ＃＃＃＃＃＃、＃＃＃＃＃＃＃	陪同人员： ＃＃＃＃	检查时间： 2004.09.24
检查依据：《出口食品生产企业卫生要求》以及相关卫生规范		

存在的主要问题：

1. 更衣卫生设施：①面积不足，墙壁材料差，卫生不良。②工作服杀菌效果不好。③淋浴间与厕所位置不合理。④与室外相通的门应加防蝇门帘。⑤工作鞋与便鞋的存放存在交叉污染。⑥消毒员不称职，不戴工作帽，无记录。

2. 各种标识要增加。

3. 加工间顶棚用吊布，卫生不易保持。

4. 成品库应有除湿设备。

5. 厂区缺少卫生间。

6. 化验室：①各操作室要有操作规程。②有独立的质量手册。

7. 加强源头控制。

检查结论：存在不符合项，限期整改。

备注：卫生注册企业评审。

黄岛检验检疫局卫生注册登记企业检查记录表（14）

企业名称：＃＃＃＃＃＃＃＃＃＃＃		注册编号：＃＃＃＃＃＃＃＃＃
获得国外注册情况（请列明所有已获得的注册）：		
检查人： ＃＃＃＃＃＃＃、＃＃＃＃	陪同人员： ＃＃＃＃	检查时间： 2004.10.29
检查依据：《出口食品生产企业注册登记管理规定》以及相关卫生规范		

存在的主要问题：

1. 车间照明灯无防暴装置。
2. 主要设备的清洗消毒记录不完整。
3. 不合格品存放容器无明显标记。
4. 未发现针对出口食品生产企业注册卫生要求的培训记录。

几点建议：

1. 实验室、半成品检验区存在交叉污染。
2. 每个设备清洗消毒应有明确的作业指导书。
3. 一楼化验室现场要做警示，玻璃仪器有台账，玻璃瓶最好用棕色瓶。
4. 产品的批次管理和可追溯性应加强。
5. 每个操纵场所应有相应的标识或作业指导书。
6. 车间现场的工器具应有专人管理，有专门的存放位置。
7. 水龙头为手动开关。
8. 厕所、更衣室排风不良，建议用强力排风。
9. 与生产无关的物品不要存放在车间。
10. 过滤网要定期清洗。

检查结论：存在不符合项，限期整改。

备注：卫生注册企业评审。

黄岛检验检疫局卫生注册登记企业检查记录表（15）

企业名称：＃＃＃＃＃＃＃＃＃＃		注册编号：＃＃＃＃＃＃＃＃
获得国外注册情况（请列明所有已获得的注册）：		
检查人： ＃＃＃＃＃＃、＃＃＃＃	陪同人员： ＃＃＃＃、＃＃＃＃＃＃	检查时间： 2004.10.21
检查依据：《出口食品生产企业注册登记管理规定》以及相关卫生规范		

存在的主要问题：

1. 人员入口要有防鼠板。
2. 车间墙角、地角无弧度。
3. 不合格品无标识。
4. 记录填写不完整，无审核人签字。
5. 鞋消毒垫应喷洒200mg/kg消毒液。
6. 内、外包装应分开存放。
7. 脱氧剂直接存放在车间，应隔离存放。
8. 操作台、周转筐消毒频率不够。
9. 周转筐直接落地。
10. 产品靠墙存放。
11. 工人口罩戴的不规范。
12. 防蝇设施：门帘应挂在所有通道；防蝇灯靠墙挂放。

检查结论：存在不符合项，限期整改。

备注：卫生注册企业评审。

黄岛检验检疫局卫生注册登记企业检查记录表（16）

<table>
<tr><td colspan="2">企业名称：＃＃＃＃＃＃＃＃＃＃＃</td><td>注册编号：＃＃＃＃＃＃＃＃＃</td></tr>
<tr><td colspan="3">获得国外注册情况（请列明所有已获得的注册）：</td></tr>
<tr><td>检查人：
＃＃＃＃＃＃、＃＃＃＃</td><td>陪同人员：
＃＃＃＃、＃＃＃＃＃＃</td><td>检查时间：
2004.10.21</td></tr>
<tr><td colspan="3">检查依据：《出口食品生产企业注册登记管理规定》以及相关卫生规范所规定的卫生条件</td></tr>
<tr><td colspan="3">存在的主要问题：
1. 无 2004 年水质检测报告。
2. 厂区有旱厕。
3. 工人体检证与人数不符。
4. 车间有木质门窗、鞋架等。
5. 灭蝇器具等位置不合理。
6. 工器具、靴鞋消毒浓度不合理。
7. 车间水龙头无编号。
8. 厂区有裸露地面。
9. 车间内垃圾筒盖应为脚踏式。
10. 产品缺少标识。
11. 冷库除霜不及时。
12. 记录签字不全。
13. 计量器具无计量证书。
14. 内外包装应分别存放，且缺少防尘措施。</td></tr>
<tr><td colspan="3">检查结论：存在不符合项，限期整改。</td></tr>
<tr><td colspan="3">备注：卫生注册企业评审。</td></tr>
</table>

第六章　部门国外检查情况通报

第一节　日本农林水产省检查偶蹄类热加工企业记录

日期：2005年3月20日，周日

迎检企业：＃＃＃＃＃＃食品有限公司

参加人员：日本检查官：滨名仁

国家局：韩

山东局：田

翻译：洪

黄岛局：卢，马，王，卜

＃＃＃＃食品有限公司：望月，刘，山冈

检查时间：9：00～11：30

地点：企业接待室

检查内容：总经理和滨先生、国家局、省局领导互相交换名片。

田：请韩委员将检查程序简单介绍一下。

韩：根据CAC第二批偶蹄类热加工企业复查和对新增加禽肉注册计划，今天上午对＃＃＃＃公司偶蹄类热加工产品和对新增加禽肉产品注册。公司对日本新的卫生要求了解很多，同时对中国卫生注册的要求都清楚吧。今天上午在检查前，关于问卷及公司地址进行检查确认。检查结束后会有小结，如有什么问题，可以反馈。

望月：百忙中打扰，非常感谢，我们公司董事长从日本飞来，今天可以直接和滨名仁先生交谈，但有一点紧张。

滨名仁：答卷很清楚，提的问题不是很多，有可能有重复的地方，请多关照。

问：生区人数确认？

答：100人上班，上午8：00～下午5：00。

问：上次调查到现在有没有改造的地方。

答：没有。

问：很多规章制度都是根据SSOP操作？

答：是。

问：提供一份SSOP可以吗？

答：可以。

问：工厂厂区平面图可以提供吗？

韩答：现场检查完后一起提供。

问：排水沟处有U字形防鼠设施吗？

答：有。
问：换气扇是有总的入口还是各个独立的?
答：是独立的。
问：有过滤器吗?
答：有。
问：生区原料库面积、容量是多少?
答：偶蹄类10t，鸡肉库10t，面积计算后提供。
问：鸡肉没有注册，原料库是否用?
答：没有。
（之后，刘将资料给望月）

问：两个原料库：一个保存偶蹄，一个鸡肉，都是冷冻的吗?
答：是。
问：生区的主要操作内容?
答：原料肉切割，加上调味料调味成型。
问：生区的检测（原料肉）、卫生、品质检查及具体内容?
答：主要是异物、品质、味道、颜色，即感官检查、卫生检查。
问：具体讲一下卫生检查。
答：常规五项，根据日本冷冻品行业标准检查（原料接受检查）。
问：在哪里检查?
答：化验室。
问：图上的位置?
答：厂区内（并在车间平面图指出原料库位置，原料肉的入口，确认取样位置），由化验室工作人员取样。
问：化验室至车间有通道?
答：专用通道。
问：鸡肉也是同一个通道吗?
答：是的。
问：化验员进去是否更衣?
答：是的。
问：熟区的操作内容?
答：蒸柜出来后──→感官检查（调味）{ 冷冻（直接入速冻库）。
网烤后──→速冻。 }
问：是否有切的?
答：有一部分用刀切，基本上原状。
问：包装?
答：速冻后包装。
问：熟区工器具、设备?

答：烤炉、真空包装机、充填机、金探、X射线机、打包机。

问：熟区的检查办法？

答：根据CIQ要求，5大类化验。

问：你们在哪里检查，工厂是否独立检查？

答：工厂独立检查微生物5大项、细菌、大肠杆菌、大肠菌群、金黄色葡萄球菌、沙门氏菌。

问：如果有猪肉新产品开发，是否对猪肉原料的药残进行检查？

答：原料在化验室内检查，也有带到日本检查（具体说明是用新的原料加工成新产品后到日本检查）。

日检查官：原料不会许可。

山东CIQ：CIQ也不允许。

问：检查是在化验室，取样方式？

答：加热区的出入口拿去化验的。

问：是否换衣服？

答：是，样品用塑料袋包装密封。

问：生区和熟区化验室化验后的成品和肉废弃吗？

答：保存2天后，无问题后废弃。

问：化验室人数？

答：10人。

问：加热设备温度确认方法？

答：自动、手动两种。

问：手动确认方法？

答：6个点，分上、中、下各两个点。

问：记录保存时间？

答：2年。

问：是否有规定的制度？

答：是。

问：是否有成品肉的断面检查？

答：有，用手掰开，每箱都做。

问：蒸箱操作人数（包括感官检查）？

答：生区2人，熟区2人。

问：对速冻设备确认，用的是平板式吗，有多大？

答：是，每天10t左右。

问：速冻机操作人员？

答：4人。

问：成品库面积、容量？

答：$230m^2$，50t。

问：成品库卫生管理？

答：每天清扫。

问：包装方式？
答：纸箱、真空包装、非真空包装。
问：都是塑料袋包装后入纸箱？
答：是。
问：包装物料进车间是否消毒？
答：内袋臭氧消毒，纸箱不消毒。
问：当天包装当天出库吗？
答：头一天出库，第二天用。纸箱从大库按时间段从传递口进入。
问：纸箱多长时间进货？
答：一月两次左右。
问：入库在工作时间吗？搬入时开门吗？
答：是，不开，是双层窗。
问：熟区地面清扫频率？
答：每天。
问：温度计的校正方法？
答：官方一年一次，公司内部每天作业前。用日本买的标准温度计校正。
问：自动、手动都校正吗？
答：是。
问：手动几个？
答：1 个。
问：酒精消毒后用吗？
答：是。
问：车间用水？
答：自来水。
问：有水塔吗？
答：无。
问：有污水处理设施吗？
答：有。
问：处理能力多大？
答：一天 450t。
问：实际每天排水量多大？
答：每天 150t。
问：污水处理设施定期打扫吗？
答：是。
问：职工教育的频率？
答：按计划，以厂长为主，对管理人员每天进行，班长对职工培训，也定期全体教育，一个月 3～4 次，总经理也参加。
问：公司职工人数？

答：230 人，生区 70，熟区 100，管理 10 人，余者为间接部门。
问：占地面积？
答：23 400m^2。
问：注册工厂面积？
答：4 600m^2。
问：附近有屠宰厂吗？
答：无。
问：原料采购几家？
答：猪肉 2，牛 1，将来鸡 1 家。
问：原料屠宰厂数量知道吗？
答：数量可能改变，但是都是 CIQ 注册厂。
问：用何偶蹄肉？
答：猪牛和牛肉。
问：羊肉、鸭肉用吗？
答：暂时不用。
问：日生产量？
答：10t。
问：年出口量？
答：1 400t。
问：全部对日？
答：是。
问：国内呢？
答：很少的土豆饼。
问：产品种类？
答：偶蹄类十几种左右。
问：具体说来？
答：猪肉牛蒡烧、中华盖饭等。
问：提供几种主产品工艺？
答：可以。
问：CIQ 检查频率？
CIQ 答：一周一次。
问：其结果有存档吗？
答：有。
问：存多长时间？
答：2 年。
问：HACCP 只得到中国官方认证，有其他国家？
答：无。
问：可以提供公司简介？

答：可以。日资企业，日本＃＃＃＃出资，日本人管理，CIQ人员监管，日本冷冻食品协会已认证该工厂。

问：工厂现场检查，是否可以带进相机、平面图、笔？是否有专用笔？

答：可以，手表和戒指请摘下，提供专用笔。

对会议室墙上挂的各种认证证书（HACCP、日本食品冷冻协会认定工厂等）照相。

10：00进工厂

熟区：

熟区入口照相，换鞋间照相。

更衣（时间约2min），穿水靴处照相，员工入口处照相。

入口总经理对隔断说明：为了不让蒸气进入加工间设置（按平面图）。

问：这是什么房间？

答：油炸室。油炸机，蒸完后沾粉油炸，油炸猪肉块。

问：这是什么房间？

答：调味室，放调味粉。

问：窗户打不开？

答：是，照相。

问：调味料？

答：按时间段进入，平时是锁着，标识牌上有时间段（照相）。

问：哪里是加热区蒸柜？照相（蒸柜），4个蒸柜吗？

答：是。

问：每个蒸柜带一个温度记录器？

答：是，照相。

问：在此处打印吗？

答：是，有打印机。

问：那是什么？

答：垃圾出口。

问：有缓冲间吗？

答：有。

问：这是什么？

答：杀菌用热水。

问：这是什么？

答：烤机。

问：这些窗打不开？

答：是。

问：这是什么？

答：洗刷不锈钢盘。

问：这是烤完后的出口？

答：是。

问：蒸柜多长时间蒸完？并照相（蒸柜，烤机）。
答：马上出来。
生熟界面的蒸柜询问，对产品照相，看工人手动测温操作并照相。
检查现场温度，对加热记录仔细确认并拍照，自动记录和手动记录对照。
问：高温高压杀菌锅拍照，是否使用？
答：是。
问：内包装室？内包装入口？（要求打开并照相）
答：（指着图说明定时开门）如果想看可以现在打开。
（日）答：不用了，现在工作时间打开不好。
问：冰箱干什么用？
答：品管抽样用。
内包装打码处照相，排水沟照相，速冻库在图纸确认。
问：工作结束后锁门吗？
答：是。
问：这是烤的产品吗？
答：是。
问：滚头发有专门工作人员干？
答：是。
问：戴黄帽的人员是什么人？
答：班长。
问：内包装检查什么？
答：检查异物。
问：那是检查什么？
答：品质抽样检查。
问：那是什么？
答：这是成品库。
问：成品库工作人员和车间人员分开吗？
答：是。
问：X射线检查什么？
答：金属、小石子、骨头等异物，出现异物就会自动停止。
问：那是入箱口吗？外包装入口照相。
答：是，用电话联系。
问：螺旋式单冻机？
答：现在坏了（正保修）。
问：用的时候怎么用？
答：现在用的平板速冻，约 2h。
问：修好后还要用吗？
答：是。

问：平面图上有个门是怎么打开的？
答：全都封死了。(拍照)
问：速冻库两边都用吗？
答：是。
问：这是什么？
答：这是另一个设备室（在速冻机房）。
10：40 出熟区
熟区入口两个门都可以进。
化验室拍照。
10：45 生区入口
入口处拍照，进入男更衣室检查。
问：一个人一个橱柜？(人员换鞋处照相)
答：是。
问：(对照）车间平面图，备品库？(照相)
答：是，出入有时间限制。
问：这是原料库？
答：是，平时锁着，今天开着。
问：外面是锁着吗？
答：是。
问：鸡肉不是这个库吗？
答：不是。
问：鸡肉是这个库吗？
答：是，(对照平面图指出）现在的位置。
问：肉原料是提前一天搬进来吗？
答：是。
问：那个隔壁有房间吗？
答：有。
问：是不是鸡肉和猪肉分开加工？
答：现在是，将来可能有混合产品。
问：墙上的窗推不开？
答：是。
问：窗户打不开吗？
答：是。
干燥库，在平面图确认。
问：调味料保管库？有缓冲间吗？
答：是。
问：平时有人专门保管吗？
答：是。

问：调味料库定期清扫卫生吗？
答：是。
问：入口在哪里？
答：这是入货口，外面有缓冲间。
问：那两个人干什么？
答：调味料库发货人员。
问：一直在此房间工作吗？
答：是，是担当者。
问：调味料计量室？
答：是。
打开门观看：
问：这是什么？
答：垃圾出口。
问：是双层窗吗？
答：是，平时锁着的。
打开并照相：
问：工作中往外投垃圾吗？
答：是。
问：备用品库吗？（2 班暗室）
答：是。
打开查看：
问：这是检查什么的？
答：检查鸡肉。
问：这是鸡肉原料库吗？
答：是。
问：在这之前用过吗？
答：没用，没有注册没用。
照相，蔬菜库，平面图确认，打开查看并照相：
问：这是什么？（蔬菜库内隔断）
答：处理好的原料可以马上用的，放在此处暂存。
问：那是垃圾出口吗？一样的构造吗？
答：是。
问：蔬菜搬入口？
答：是，内有缓冲间，后面有卷帘门。
墙壁风机拍照，排水沟拍照：
问：这是完全封闭的吗？
答：是。
问：这是什么？传递什么？（界面圆筒处）

答：这是传递口，传递蔬菜。
问：在哪边加热？
答：进货后，通知熟区加热，通过电话确认。
问：这是什么？
答：炒菜用的炒锅。
问：炒菜干什么？
答：和肉混合的。
问：鸡肉生产没有被许可的。
答：知道，今天试生产。

11：20 出生区
回会议室路上询问：
问：蒸之前调味吗？
答：是，调理食品。
出来后偶蹄类原料入口拍照。
问：屋顶上的梯子干什么？
答：修屋顶用的。
问：这个屋干什么？
答：设备室。
污水处理厂确认并拍照。

11：20 回会议室，总结会
厂区平面图确认：
问：吃饭时换衣服吗？
答：是。
滨名仁：人数齐了，在工作时间打扰了，抱歉。
今天我全面地参观了工厂，没有要提出需整改的地方，我将按实际看的，向卫生课汇报。因为是日本公司，所以有兴趣看一下，一旦鸡肉被许可放开，生产能力增加，就忙碌起来，望按卫生要求进行生产，动物检疫方面需你们的协助。
韩：公司方面是否有要了解的问题？
答：没有。
11：30 结束

第二节　美国 FDA 官员在贝类罐头加工企业的检查记录

检查时间：2004 年 5 月 19 日上午 8：30
检查地点：＃＃＃＃食品有限公司
参加人员：FDA 官员：3 人（2 女 1 男）（F）

CIQ 官员：孔、秦、仇、陈、马、李
＃＃＃＃食品有限公司接待人员：王、栾、孟（M）
会议室：
互送名片，看 FDA 证件。
F 对生产、法规进行检查。
问：主答是谁？
答：Mr. 孟，质检经理。
问：公司组织结构？
答：提供。
问：工厂上班时间？
答：已经开始了。
F 马上开始检查工厂、原料间，
F 从原料开始看，
F 抄下来标识上的洗手过程，
用试纸测消毒液浓度（洗手）。
问：原料怎么来的？
答：从原料入口进冷库。
问：什么车运的？
答：冷藏车。
问：今天生产什么品种？
答：牡蛎。
问：打开原料入口的门看一下？
答：只能去外面看。
问：外面是塑料膜的？
答：是。
问：有无向美国出口产品？
答：有。
问：是什么产品？
答：是贝类罐头。
问：哪年开始？
答：1998。
冷库内：
问：牡蛎来时是活的？
答：牡蛎肉，不是活的。
问：箱里是什么？
答：牡蛎。
问：进原料时有无检验程序？
答：有。

问：有原料验收记录？

答：有。

F 打开箱子看。

问：冻的？

答：鲜的。

F 照 CCP1 原料验收标识照片。

进车间：

问：原料进来后怎样加工？

答：清洗。

问：一个一个清洗？

（介绍清洗程序）

问：凉水？

答：是。

问：那是什么？

答：盐，用盐水浸泡。

F 拍照。

问：一次进几箱原料？

答：20 箱。

问：可以开始生产了？

F 要看 20 箱进料情况。

问：第一次洗时水中有其他添加剂？

答：无。

F 拍清洗过程。

问：是城市自来水、井水？

答：城市自来水。

问：水检测吗？

答：检测。

问：记录有吗？

答：有。

F 拍清洗照片。

问：开工前架子、工具怎么清洗？

答：先用消毒剂洗，再用清水洗。

问：就这样冲洗？

答：用刷子刷洗。

问：牡蛎清洗完怎样？

答：盐水浸泡。

问：时间？

答：3min。

问：原料从进来到清洗结束多长时间?
答：不超过 20min。
问：盐没有标签?
答：仓库内有标签，小分装袋没有。
问：每件包装都要确保有标签，这是规定。
答：马上改进。
问：原料控干多久?
答：一般 2min。
F 拍照摆盘间。
问：这个工序是什么?（拍照）
答：摆烟熏盘。
问：网是什么?
答：不锈钢网。
F 拍烟熏架、网。
问：刚才工人往网上喷什么?
答：棉籽油，防止牡蛎粘到网上。
问：油壶无标签?
答：马上改进。
问：工作台和网每次都清洗消毒?
答：每次清洗消毒。
问：有无记录?
答：有。
问：开始熏前在架子上放多久?
答：20min 左右，4 个车。
问：这间有温度监控记录?
答：无。
问：熏后架子多久能清洗?
答：一个班清洗一次。
问：一天几班?
答：一班。
问：那就是说一天洗一次?
答：是。
问：架上会换其他产品?
答：有时换贻贝。
问：架子怎么洗?
答：先用清洗剂清洗，再用消毒剂消毒。
问：我们走前想看看清洗架子。
答：可以，班后在清洗间洗。

问：炉子是做什么用？
答：烟熏炉。
问：这是什么？
答：温度计。
问：烟熏多久？
答：60min。
问：温度？
答：80～90℃。
问：记录留在这里？
答：是。
问：是连续性的吗？
答：是，一锅一记录。
问：怎么监控？
答：人工。
问：只有计算机监控才叫连续，这不叫连续。
答：有工人不断在监控。
问：几个炉？
答：3 个。
问：一天生产大约多少产品？
答：2～3t，今天只有 1t。
问：做多少罐？
答：今天约 1 万罐。
问：这间叫什么？
答：倒盘间。
问：多久？
答：最多 5min。
问：然后？
答：装到筐内。
问：烟熏车怎样清洗？有无记录？
答：每班清洗一次，有记录。
F 给炉外温度表拍照。
F 看烟熏炉内。
问：里面有木质材料？
答：没有。
问：烟怎么进入烟熏炉？
答：通过管道，从外面发烟间发烟进入烟熏炉。
F 给烟熏炉拍照，给炉外的表拍照。
厂方提供已贴标签的油壶给 FDA 官员看。

答：很好。

问：熏 60min 内监控几次？

答：不断监控。

F 看温控记录。

问：1、2、3 是烟熏炉的顺序吗？

答：是。

有一车产品推进来。

问：等里面的产品出来吗？

答：等 4 车齐了推进炉内烟熏。

问：都是做罐头的？

答：是。

问：有真空包装的出口美国？

答：没有。

F 拍倒盘间。

问：清洗剂成分？

答：十二烷基磺酸钠。

问：放在哪？

答：化学药品室。

问：需要时就去拿？

答：是，并做记录。

问：这儿清洗？

答：是。

F 测消毒池浓度，拍清洗间。

厂方提供已贴标签的盐袋给 FDA 官员看。

答：很好。

问：熏 60min 后我们再看？

问：秤多久校准一次？

答：半年一次。

问：谁来校准？

答：技术监督局半年一次，工厂 2h 用砝码校一次。

问：有记录？

答：有。

问：熏后怎样？

答：分级挑选→金属探测→称量→装罐。

问：这段程序多久？

答：到排气前最长不超过 60min。

问：1min 封多少罐？

答：60～100 罐。

问：手工封？
答：不，机器封。
问：先回去，装罐再看。
回到会议室：
问：刚才看了下面，精加工还没有开始，先作公司简介。
Bagbara（水产部）：有 USA 水产法规吗？
答：有。
F 看公司简介，要公司组织机构图。
提供。
问：今天生产的出口到美国？
答：是。
问：在场人员职务、工作？
提供。
问：公司反恐注册的材料要复印一份。
提供。
问：公司哪些人经过 HACCP 培训？
答：HACCP 小组成员及主要管理人员。
问：CIQ 培训？
答：是。
F 要 HACCP 计划。
提供给 FDA 一份 HACCP 计划。
问：原料海域？位置？
答：山东青岛胶州湾。
问：美国进口商名称？
提供。
问：什么时候去壳？
答：有个专门的加工厂。
问：厂的名字、地址？
答：＃＃＃＃水产食品有限公司，地址在＃＃＃＃。
问：这个厂有 HACCP 计划吗？
答：有。
问：你有此厂的 HACCP 吗？
答：没有。
问：原料来时，去壳的厂是否有个材料，可以证明原料是合格的？
答：有原料标签。
给 FDA 看海域图和使用证。
问：两个海域？
答：不是，一个海域。

问：看到使用权为 4 年，2004—2008 年。
问：这片海域的重金属、贝毒怎样检测？
答：由海洋渔业局检测。
问：多久检一次？
答：一年发一次年报，由海洋渔业局监控。
问：检测水或牡蛎？
答：都检，具体要问海洋渔业部门。
厂方提供渔业部门的环境调查年报。
问：检测项目？
答：环境年报上面都有，化学污染、赤潮等都有。
问：请将上面的检测项目的英文写上。
问：罐是方的还是圆的？
答：方的。
问：原料运输标签复印一份，刚才的牡蛎和贻贝都出口 USA？
答：是。
问：冰是自己做的？
答：不是。
问：哪个厂的？
答：朝洋水产。
问：写朝洋地址。
提供给朝洋的 CIQ、HACCP 验证证书、卫生注册证书复印件、原料标签。
问：罐头产品的保质期？
答：3 年。
问：保质期怎么标记？
答：在罐盖上打生产日期，标签上打保质期 3 年。
问：标签看一下，是打上去的？
答：标签是印上去的。
问：原料标签上捕捞日期应该写上从水中捕出来的具体时间。
答：以后改正。
问：可以从地图上看一下收牡蛎处吗？
答：可以。（在山东省地图上指明胶州湾位置）
F 要卫生监测记录和烟熏记录，整个加工程序的记录、灭鼠记录。
问：要过去 6 个月的原料标签，再随机抽几份。
答：记录很多。
问：那就 3 个月的吧。
问：原料在冷库内停多久？
答：不超过 24h。
问：原料来后怎么检测质量？

答：检测标签、规格大小、温度、感官质量。

F 看原料的这些记录。

问：原料停在冷库内还检测吗？

答：4h 测一次。

F 看这些检测记录。

问：每个箱都打开检吗？有记录？

答：不，抽检，有记录。

问：原料在冷库一天对冰检查几次？

答：4h/次。

问：一个周工作几天？

答：季节性生产，3～6 月 7 天，工人轮休。

问：一天工作时间？（3～6 月）

答：上午 6：30～下午 8：00。

问：那下午 8：00 以后，冷库内还会有人检吗？

答：一般原料就没有了，如有就检。

问：据美国法规要求，一天目测 2 次。

答：我们 4h 一次，超过其要求。

F 要车间清洗用自来水检测报告。

提供。

F 看原料标签。

提供。

问：这些都是牡蛎的？

答：有贻贝的。

F 要 FDA 注册表格的复印件，105g 方罐的。

问：运原料的车是谁的？

答：原料生产厂的。

F 要 HACCP 培训试题。

问：下午大概几点装罐？

答：3 点左右。

F 说下午 3 点看装罐，上午不看车间了，车间生产可以开始了。

F 要海域图环保年报复印件。

提供。

问：检测原料时，1、2、3、4、5 表示什么？

答：5 个样品。

问：取样比例？

答：1～50 箱取 2 箱。

51～500 箱取 3 箱。

501 箱以上取 5 箱。

问：HACCP 培训试题哪年的？
答：今年。
问：谁做贝毒检测？
答：委托 CIQ 做。
问：有记录？
答：有。
F 要 3、4、5 月的贝毒报告复印件。
答：5 月份时间未到，贝毒报告还没有。
F 说拿 3、4 月份的。
F 要重金属检测报告。
答：重金属半年检一次。
问：要今年、去年各一次检测报告。
提供。
12：30 结束
12：30—14：10 午饭休息
14：10 回会议室
问：今天生产什么罐？
答：405 方罐。
F 看成品、原料贝毒、重金属检测报告复印件。
问：RR—90 是什么？
答：是罐的型号，方罐，85g 的。
F 要 105g 的生产记录。
提供。
问：405 是什么？
答：罐型代号。
问：罐型和代号怎么对应，什么关系？
答：每个罐型都有代号。
提供全部罐型、代号对应表。
问：最低初温多少？
答：不低于 35℃。
问：文件内要求是多少？
答：不低于 35℃。
问：在哪测量？
答：在杀菌间。
问：第一罐还是最后一罐？
答：第一罐。
F 要热分布（随便要一份）、热渗透（要 105g）复印件。
提供。

问：有无空罐试验的？
答：有热分布。
提供相关材料。
问：产品一天作多少批次？
答：一班一批。
问：注册表上写的杀菌锅是从青岛一轻局买的。
问：多少个杀菌锅？
答：3个。
问：你们附近有无学校毕业的学生到你这工作并培训他们杀菌等操作？
答：有，培训。
问：有证书吗？
答：有。
F要证书。
F看热分布、热渗透。
问：热渗透的关键因子？
答：热渗透报告上有，初温、装罐量、摆放方式。
问：实际装罐量？
答：92g，最大装罐量多装20%。
问：谁作？
答：CIQ。
F要关键因子翻成英文。
F看杀菌、封口培训证书。
问：谁培训？
答：CIQ。
问：除这一张纸外，还有别的证书证明他参加了培训吗？例如培训课程设置、培训材料等。
答：有，但放在CIQ处。
F要一份杀菌培训证书复印件。
提供。
15：00进车间
问：分级有多少工人？
答：9个。
F拍照。
问：案台上电子称，有什么用？
答：检查大、中、小各有多少粒。
F在金属处探测拍照。
F在装罐处拍照。
问：分两排案台，有区分吗？
答：没有，一段时间内同时装一个级别。

问：称量装罐→摆罐，是这样的顺序？

答：是。

F 在排气入口处及出口处拍照。

问：排气的目的？

答：提高温度，在封口后形成真空。

问：多少时间？

答：7min。

问：排气后如何加工？

答：浇油。

F 拍照。

问：怎么确定放多少油？

答：一罐一勺，勺是定量的。

F 拍照封口（前、后）。

问：1min 封多少罐？

答：60 罐。

问：车间多少平方米？

答：$900m^2$。

F 在洗罐拍照。

问：封口解剖检验什么时候？

答：班前检验第一罐，生产中每 2h 检测一次，如设备有问题，修好后再检验。

问：如设备坏了，是否重新检验？

答：重新检验。

问：目测检验多久一次？

答：半小时一次。

问：罐怎么进杀菌间？

答：从入口。

F 拍照。

问：用什么冷却？

答：冷水。

问：杀菌时怎么分级别？

答：有标记。

问：怎么看出大小？

答：封罐时分出级别，杀菌筐上面有标识牌。

问：多少筐放入杀菌锅？

答：3 筐。

问：一筐装多少罐？

答：1 000 罐左右。

对照 DA 注册表。

问：怎么装筐?

答：无序摆放。

问：装到什么位置?

答：指出位置。

问：有证明可以装 1 000 罐?

答：有，我们数过。

问：怎样证明杀菌效果?

答：做热渗透测试。

示范拿 5 个罐捆在一起，把这 5 个罐放在中间，筐内装满罐头来做热渗透。

问：热渗透测试有 8 个点?

答：是。

问：位置?

答：中心 2 个，热渗透图上有标识。

问：做实验是这样，以后都这么做?

答：都这样做。

F 拍照杀菌筐推入杀菌锅。

问：银色管是什么?

答：排气管。

问：阀是什么?

答：闸阀。

问：黄管?

答：压缩空气。

问：水管在哪?

答：绿的。

问：他现在做什么?

答：排气。

问：这是什么?

答：排冷凝水。

F 看杀菌流程。

问：温度计最高温度多少?

答：130℃。

问：泄汽阀直径?

答：6.5 mm。

问：外径还是内径?

答：内径。

问：温度自动记录仪在哪?

答：质检部办公室。

问：现在开始杀菌吗?

答：正在排气升温。
问：仪器是手动的还是自动的?
答：自动控制恒温。
问：杀菌工能控制这个仪器?
答：不能，自动控制。
问：初温 36℃，没看到工人测?
答：在杀菌开始时已测。
问：蒸汽是怎么走的?
答：用图演示。
问：压力表通过怎么控制?
答：不控制压力，控制温度、控制进蒸汽量大小，压力表测锅内整个压力。
问：如果压力高了或低了，怎么控制?
答：自动控制仪控制进汽量大小。
F 看杀菌锅上温度计显示。
问：现在多少度?
答：119.5℃（杀菌工读数）。
问：怎么测初温?
答：拉开罐盖，用探针测。
问：最近做的是多少?
答：36℃。
问：哪一罐?
答：已经打开。
问：打开的罐在哪?
找出来。
问：恒温时间多长?
答：65min。
F 要求将今天所有的生产记录复印好，明天要。
问：封口结构在哪测?
答：质检部。
问：杀菌前还是杀菌后测?
答：封口后、杀菌前。
F 到质检部看封口检测。
F 看工人操作投影仪。
F 要求封口结构的检测进行全过程的操作。（拍照）
质检员观测紧密度 70%，与 FDA 官员观测一致。
16：57 结束，回会议室。
问：加工过程中最大固重多久测一次?
答：15min 一次。

问：提供空罐的生产商名称、地址？
17：14 今天检查结束。

检查时间：5 月 20 日上午 9：30
F 要水银温度计的校准记录。
包装材料生产厂名称（空罐）。
罐头的标签，每种要 4 个（小贝、贻贝、牡蛎 3 种）。
外包装纸箱复印件。
索赔记录、加工器具的消毒液成分。
带标签和生产日期的牡蛎罐头。
消毒液成分。
杀菌公式来源的相关证明。
提供。
问：这里邮编多少？
答：266555
问：罐上有日期标记吗？
答：有。
问：罐码代表什么？
答：H××工厂代号；
3700/010×× CIQ 代号；
SOY 烟熏牡蛎。
问：曾经发生过食用你们的产品死亡或患病吗？
答：没有。
问：有水煮贝类罐头出口到美国吗？
答：有。
问：要召回程序。
问：如有人食用后生病，有程序召回全部产品吗？
答：有。
问：通过什么方式联络？
答：Email，电话，传真……
问：清洁剂成分？
答：十二烷基磺酸钠（写分子式）。
问：是白猫的吗？
答：不是，白猫只是一个品牌。
问：你们用什么牌的？
答：丽日。
问：校正水银温度计的程序是怎样的？
答：由市计量局校正。

问：在这做？

答：不，送计量局做。

问：他们怎么校的？

答：他们怎么做我们不知道。

问：每日卫生记录中缺项目，不严重。

每天检查卫生时，一定要确保机油、清洁剂等不溅到食品中去。

巡视员每天检查时有防掺杂的记录吗？

答：这些记录我们是分开的。

问：确保机油等不掺杂进罐头中，有单独的表格吗？

答：没有，但我们在整个生产过程中已经能确保，这些工作我们已经都做了，但记录的形式可能不一样。

问：以后还是把这项做一个单独表，检查很多企业都发现过这个问题。

M：昨天你们说原料标签上只有日期，没有具体时间，今天的原料标签已写上时间了。

F：很好。

问：原料进冷库后，有感官检测记录吗？

答：有。

问：但记录上没体现冰的情况，建议在记录上体现冰的情况，冷库中 4h 测一次温度？

答：现在就检测。

问：建议冷库中牡蛎也定时检测一下温度，建议把这些检测记录集中体现在一个表上？

答：现在就在一个表上。

问：要反恐计划。

简单说一下反恐计划。

答：对外来人员进行登记。

问：有门卫吗？

答：有。

问：几个？

答：一班 2 人，共 6 人。

F 要杀菌锅的结构图和数据。

提供。

F：我们的问题结束了，你们有什么问题？

M 问：杀菌锅方面有没有不符合美国法规的？

F 答：没问题，只要用我们要求的表格去填写，按主管要求去做，所以设备一定要确保处于正常运行状态，如有问题，需要换零件等，一定要按原来一样的更换。

建议对杀菌锅的尺寸一定要弄准。

F：对工厂提出了 2 项意见，其中化学物品无标签问题看到工厂已经改正，我们在意见中已做说明。[防止—污染物] 一项，记录方面应该规范，当然这项我们在世界的许多工厂都发现被忽视。

M：你们提的意见我们纠偏后怎么给你们？

F：Email 或是传真。

M：一周内通过 Email 发过去。

F：好，你们还有问题吗？

M：我们近期有批货物准备要装船，它们被存放在仓库里。是否可以装运？

F：请立即将它们装出。

11：55 检查结束

第三节　关于韩国水产检查官员来华检查我水产品加工企业的情况报告

2004 年 10 月 18～27 日和 2004 年 11 月 2～11 日，韩国海洋水产部官员分两批来华检查了我国辽宁、福建和厦门等地的 20 家输韩水产品加工企业。国家认监委商总局食品局派员全程陪同了韩国官员的检查。

一、基本情况

近年来，我国输韩水产品因注水、金属异物和出口河豚鱼与规定的品种不符等问题，多次发生被韩国退运事件，引起韩国政府及舆论的高度关注。韩国官员此次来华目的是现场检查有关水产品加工企业的生产、管理情况，同时了解中国检验检疫系统对工厂的管理以及出口水产品检验情况。

来华之前，韩方提出了拟检查的水产品加工企业名单，其中：辽宁 24 家、福建 13 家、厦门 4 家。后经协商，确定检查辽宁 11 家、福建 7 家、厦门 2 家企业。它们分别是：丹东中粮三兴、丹东水产、东港炬丰、丹东元一、东港宏运、东港昌平、丹东泰丰、大连延杰、大连华联、大连宏业、大连兴洋、东山新福、龙海联成、龙海新联达、福州海鼎、福鼎海鸥、宁德岳海、宁德金盛、厦门宝林泰、同安源水。

韩国检查人员分两组。辽宁组：团长南仁洙（国立水产物品质检查院仁川支院院长）；宋润宪（国立水产物品质检查院浦项支院检查係长）；黄正石（国立水产物品质检查院仁川空港支院检查官）；福建、厦门组：团长申浩然（国立水产物品质检查院品质检查课事务官）；朴祯芳（国立水产物品质检查院釜山支院检查係长）；曹旭铉（国立水产物品质检查院品质检查课检查官）。

二、现场检查情况

（一）检查程序

1. 韩方首先说明检查的目的，听取企业介绍，检查车间、厂区现场，反馈意见、交流和讨论；企业提供卫生注册证书、CIQ 监管记录、水质报告、员工健康证、员工培训记录、工艺流程图（当天生产品种）、车间平面图、供排水网络图、HACCP 计划中 CCP 点等资料。

2. 重点检查了工厂的水源、员工卫生管理情况、防虫防鼠设施、卫生间、洗手消毒设施、药品、化学品管理情况、车间卫生管理、实验室检验情况、金探仪使用情况等。检查人员还对厂区、车间有关部位进行了拍照，并用随身携带的余氯测定试纸和中心温度测定温度计进行抽检。

（二）检查结果

韩国官员对20家工厂总体上表示满意，认为基础设施较好，管理比较严格，卫生状况良好。同时对我出入境检验检疫工作给予充分肯定。

韩国官员在检查过程中提出的问题和建议如下：

1. 车间卫生间冲水龙头应为非手动，最好为感应；有的没有垃圾桶或垃圾桶盖为手掀式，不是脚动；有的水龙头失灵，应尽快修；部分工厂卫生间内无手、鞋靴消毒设施；有的工厂卫生间距离车间太远，有的卫生间蹲位太少，应改善。

2. 车间的防鼠、防蝇虫设施不严密。

3. 有的实验室设备陈旧，应更新，应加大检测量，提高实验室的利用率。

4. 车间内清洁用具如拖把等应挂起来或有专门柜子集中管理。

5. 部分工厂的干手器数量不足；手消毒时间未在墙上标注；毛发去除最好用风淋室。

6. 车间的胶皮管应固定在墙上或支架上，避免落地被污染。

7. 个别车间的厕所没有卫生纸，门口缺少鞋的消毒池。

8. 车间内加工用托盘、碎冰机内有锈迹，易污染产品。

9. 个别工厂的贮水塔盖密封不严，水易被污染，应换盖；入水总阀应砌井、加盖、上锁；有的工厂水源处多处阀门漏水，应更换。

10. 个别工厂的包装仓库没有堆放包装材料的垫板。

11. 有的企业没有实验室，委托当地CIQ检测。韩方认为，工厂加工过程的卫生监控、半成品的检验，如无自身实验室是很难及时进行检验的；CIQ负责很多工厂的出口检验；很难再有精力对工厂生产加工环节进行检验，建议工厂应建立自身的实验室。

三、韩方与我有关部门的座谈情况

在丹东、东港、辽宁等出入境检验检疫局，韩方通过座谈方式重点了解了以下情况：输韩水产品的检验周期？目前输韩水产品金属异物是如何检测的？实验室人员和检验项目？是否有分包实验室以及分包项目？中国出口企业卫生注册的程序？对注册厂如何监管？是否有监管记录？注册企业出口产品发生质量问题如何处理？卫生证书数量、规格与实际数量、规格不符是何原因？卫生证书修改程序？是否有一票货同时出几份证书的情况？卫生证书的纸张和格式是否全国统一？出口水产品报检时是否要求提供原料鱼来源海域的监控记录？CIQ移动式金探仪数量多少？能否满足需要？

在福建、厦门局，韩方重点了解了以下情况：福建、厦门局的机构设置、职能情况，实验室的人员、检验项目、检验设备、检验批次？注册号中“D”表示什么意思？

韩方对我检验检疫系统的实验室实力表示钦佩。

四、几点体会

1. 韩国官员对我方卫生证书很重视，审核很严格。他们曾发现过只有英文而不是中英文对照的卫生证书，认为这是一个很严肃的问题，既然《中韩水产品卫生管理协议》规定卫生证书应是中英文对照，就应严格遵守。我方虽作了解释，但韩方仍建议中方将卫生证书的具体内容印制在模板证书上，以避免上述情况的发生。

2. 韩国检查官此次来华检查有比较系统和细致的检查提纲，据韩国官员透露，他们来华之前也都按照美国、欧盟的卫生要求进行过培训，检查跟以往相比，越来越系统和专业。但韩方不同组其检查的内容、方法、思路差别较大；现场检查，主要是针对一些硬件方面的基础要求，总体的感觉是，此次来华主要是了解 CIQ 和工厂的管理情况。韩方检查官有丰富的水产品感观检验经验。在辽宁东港，韩国官员现场演示了“注水鱼”的检验方法，与东港检验检疫局人员进行了交流。

3. 我企业在回答韩检查官的问题时，要实事求是，从正面回答，要合乎逻辑；给对方一个合理的解释，不要遮遮掩掩，躲躲闪闪，给人不诚实、不合作的感觉。如确实属于我方工作中存在的不足，要采明我方的态度、查找原因并提出改进的意见，努力与对方达成共识。在检查中，有个别出现过质量问题的企业回答问题时欲盖弥彰，给韩国检查官留下了不好的印象。

4. 向韩国检查官提供有关材料时，应慎重。特别是我们 CIQ 系统的内部资料不适合提供的，不能随意提供，以免给迎检工作带来被动和不利。

总之，由于我方与韩国海洋水产部在平时业务交往中，工作非常认真、细致，诚实守信，给韩国官员留下了良好的印象。同时，由于我方与韩国海洋水产部能够保持经常性的交流、磋商，努力将问题解决在萌芽状态，互通信息，互相学习，营造了非常融洽的工作气氛，对方非常满意。再者，韩国海洋水产部官员来华检查时，总局及认监委领导每次都非常重视，认真安排好接待计划，陪同人员尽心尽责，与韩国官员同甘共苦，交朋友，建友谊，每次都使韩国官员非常感动。因此，韩国海洋水产部官员来华检查，总体上是抱着交流、建议的态度，对我们 CIQ 系统比较信任，认为中国的事还是应由中国政府自己解决。在发现问题时能够比较友好的协商解决，能理解中方的有关做法。希望通过双方的相互合作、共同努力，确保我输韩水产品的安全卫生。

特此报告。

国家认证认可监督管理委员会

2005 年 1 月 5 日

第四节　韩国官员在肉类加工企业的检查记录

检查时间：2004 年 11 月 11 日下午 3：20

检查地点：山东＃＃＃＃食品有限公司第二加工厂

检查人员：韩国官员郑珍好、金哲希

陪同人员：省局田、烟台局王、孙、谷、林

公司代表：初、王、于

翻译：李升日

15：20 ＃＃＃食品集团有限公司 A 会议室

见面会

初：非常感谢，董事长在美国，总经理在新加坡，都不能到来，我代表公司欢迎你们的到来，我介绍一下企业概况。(观看幻灯片并具体讲述)

问：一亩多少平方米？(在观看基地幻灯片时)

答：660m^2。

问：你们的幻灯片可以给我们刻盘吗？

答：特殊格式不能刻盘，我们打印给你们。

韩国人员要求我们填写表格。

问：加工产品三班倒？

答：不，两班倒。

问：工作 24h？

答：是。

问：布局图可以看一下？

答：可以。

韩国人员要求看一下原料和成品检测报告。

问：屠宰企业在哪里？

答：山东诸城。

问：这个是先蒸再炸还是先炸再蒸？

答：先蒸再炸。

问：兽医是专业的吗？

答：是的，是专业学校毕业的。

韩国人员要求看一下 HACCP 计划体系。

问：认证后多长时间监督一次？

答：一年一次监督审核。

问：加工 24h？

答：中间有吃饭时间。

韩国人员看资料。

16：30 进入精加工车间

观看加热线。

于成坤：肉馅蒸 8min，达到 80℃持续 1min30s。

问：提前设定好的吗？

答：是的，8min 是提前设定好的。

问：这些温度是自动的吗？

答：是的，电脑控制的。

问：电脑有记录?

答：有，在外面，这里有手工记录。

看一下车间记录的《蒸柜使用记录》，于成坤具体讲述此表。

问：肉馅出来后怎样处理?

答：拉出来后入预冷库预冷。

观看预冷库。

问：这一车是一蒸柜吗?

答：是。

问：一蒸柜多少层?

答：14 层，每车有 2 520 个，16g/个，一蒸车 40kg。

问：肉馅预冷完后怎样处理?

答：进入精加工包制区包制。

观看切制方法，于成坤讲述 16g/个，一切两半。

问：大头菜是从这个窗口进来的吗?（从蔬菜处理区过来）

答：是。

观看干瓢处理间。

问：这个干瓢处理间的窗口可以打开?

答：不可以，这是双层窗，为了防止空气交叉污染，不能同时开启。

问：这消毒液是什么?

答：次氯酸钠溶液。

观看下脚料出口处。

问：下脚料是从这里出去?

答：是的，外界用水密封。

对照布局图看一下车间。

问：工器具是怎样处理?

答：生产完后在消毒间消毒。

对工器具消毒间进行拍照。

观看速冻机。

问：从入口到出口能放进去多少盘?

答：400 盘，100 个/盘。

对速冻机出口处拍照。

问：这链条是 1 条吗?

答：是，上下螺旋的。

对包装室包装菜卷进行拍照。

王介绍：装完袋后过金探、X 光，再装箱，装完箱后从成品出口进入成品库。

17：05 进入肉初加工车间

问：这是生区?

答：是的，是肉处理生区。

于介绍：原料肉从入口处进入，在车间用流动水解冻，然后再进行选别。
对鸡肉包装袋上的编号进行解释。
对生区蒸柜进行拍照。
王具体介绍了生产过程。
问：在会议室讲的油炸的机器在哪里？
答：我们没有加工油炸产品，所以机器没有放在车间里，如果加工油炸产品时，我们就拿来。
问：油炸的机器叫什么名字？
答：电炸锅。
要求看一下电炸锅。
因车间内无，画图表示。
问：宽多少？
答：60cm。
问：高多少？
答：50cm。
问：长多少？
答：1.2m。
以图样进行拍照。
问：有几个电炸锅？
答：20 个。
问：现在在哪里？
答：在车间外面的仓库存放。
问：你们多长时间做一次油炸产品？
答：根据计划才能做油炸产品。
问：20 个锅能同时搬进来使用？
答：是的，在熟区操作。
问：机器在什么地方？
答：在仓库，可以搬过来看看。
看一下初加工记录的 HACCP 报表。
问：这表每天收回？
答：是的。
问：消毒间的排水口在什么地方？
指示看一下。
17：30 进入原料肉储存库
问：原料在哪里验收？
答：在车间外面检查一次，在车间里面检查一次。
观看车间内的原料肉检查台。
观看箱子印记并拍照。

问：这个号和袋子内的号一样？
答：是，注册号 3700/03100 是单独对新加坡供应，中国推荐的号不同的国家有不同的号，这个号是专给新加坡的。
17：35 进入成品库
问：这些产品都出口吗？（指蔬菜产品）
答：是。
问：生产内销的吗？
答：是的。
问：库里没经过加热的成品，有吗？
答：没有。
17：40 在大院内
看电炸锅并拍照。
问：可以看一下全部的锅吗？
答：不可以，现在别的车间有加工油炸产品，不全在库内。
17：45 回到 A 会议室
问：刚才介绍时说有 30 万头猪，猪厂离这儿远吗？
答：远，离这儿 30 多 km。
问：这里周围有养鸡厂吗？
答：没有。
韩国人员看资料。
韩国人员：现在反馈一下刚才看到的问题，总体上看挺好，没发现大的问题，但是有一点疑问，我们谈的油炸产品，在车间内没看到油炸锅，这一点有疑问。油炸产品应在申请之前将油炸锅摆放在车间，应该让我们看到，这一点不合理，我们回去后与北京有关部门协商后再决定。其他品种将通过有关许可反映给你们，没有别的什么问题了。感谢大家的配合！
初：非常感谢，对于你们提出的问题，我们将通过 CIQ 来认证，争取我们的油炸产品能出口韩国。欢迎二位来公司指导工作，谢谢！
结束时间：2004 年 11 月 11 日下午 6：00